Ana Maria Trinconi Borgatto

Mestra em Letras pela Universidade de São Paulo (USP)

Pós-graduada em Estudos Comparados de Literaturas de Língua Portuguesa pela USP

Licenciada em Letras pela USP

Pedagoga graduada pela USP

Professora universitária

Professora de Língua Portuguesa do Ensino Fundamental e Médio

Atuação em processos de formação de professores

Terezinha Costa Hashimoto Bertin

Mestra em Ciências da Comunicação pela Universidade de São Paulo (USP)

Pós-graduada em Comunicação e Semiótica pela Pontifícia Universidade Católica de São Paulo (PUC-SP)

Licenciada em Letras pela USP

Atuou como professora universitária e professora de Língua Portuguesa do Ensino Fundamental e Médio

Atuação em processos de formação de professores

Vera Lúcia de Carvalho Marchezi

Mestra em Letras pela Universidade de São Paulo (USP)

Pós-graduada em Estudos Comparados de Literaturas de Língua Portuguesa pela USP

Licenciada em Letras pela Universidade Estadual Paulista "Júlio de Mesquita Filho" (Unesp – Araraquara, SP)

Professora universitária

Professora de Língua Portuguesa do Ensino Fundamental e Médio

Atuação em processos de formação de professores

O nome *Teláris* se inspira na forma latina *telarium*, que significa "tecelão", para evocar o entrelaçamento dos saberes na construção do conhecimento.

TELÁRIS
PORTUGUÊS

7

editora ática

editora ática

Direção Presidência: Mario Ghio Júnior
Direção de Conteúdo e Operações: Wilson Troque
Direção editorial: Luiz Tonolli e Lidiane Vivaldini Olo
Gestão de projeto editorial: Mirian Senra
Gestão de área: Alice Ribeiro Silvestre
Coordenação: Rosângela Rago
Edição: Ana Paula Enes, Carolina von Zuben, Emílio Satoshi Hamaya, Lígia Gurgel do Nascimento, Solange de Oliveira, Valéria Franco Jacintho (editores) e Débora Teodoro (assist.)
Planejamento e controle de produção: Patrícia Eiras e Adjane Queiroz
Revisão: Hélia de Jesus Gonsaga (ger.), Kátia Scaff Marques (coord.), Rosângela Muricy (coord.), Ana Maria Herrera, Ana Paula C. Malfa, Cesar G. Sacramento, Claudia Virgilio, Diego Carbone, Flavia S. Vênezio, Gabriela M. Andrade, Lilian M. Kumai, Luís M. Boa Nova, Maura Loria, Patricia Cordeiro; Amanda T. Silva e Bárbara de M. Genereze (estagiárias)
Arte: Daniela Amaral (ger.), Catherine Saori Ishihara e Erika Tiemi Yamauchi (coord.); Katia Kimie Kunimura, Tomiko Chiyo Suguita e Nicola Loi (edição de arte)
Diagramação: Estúdio Anexo, Nathalia Laia, Renato Akira dos Santos, Typegraphic e YAN Comunicações
Iconografia e tratamento de imagem: Sílvio Kligin (ger.), Claudia Bertolazzi (coord.), Cristina Akisino, Enio Rodrigues Lopes e Monica de Souza/Tempo Composto (pesquisa iconográfica); Cesar Wolf e Fernanda Crevin (tratamento)
Licenciamento de conteúdos de terceiros: Thiago Fontana (coord.), Liliane Rodrigues (licenciamento de textos), Erika Ramires, Luciana Pedrosa Bierbauer, Luciana Cardoso e Claudia Rodrigues (analistas adm.)
Ilustrações: Carlos Araújo, Chris Borges, Edson Ikê, Felipe Mayerle, Filipe Rocha, Gustavo Grazziano, Jean Galvão, Mauricio Pierro, Nik Neves, Simone Matias, Theo Szczepanski e Weberson Santiago
Cartografia: Eric Fuzii (coord.) e Robson Rosendo da Rocha (edit. arte)
Design: Gláucia Correa Koller (ger.), Adilson Casarotti (proj. gráfico e capa), Erik Taketa (pós-produção), Gustavo Vanini e Tatiane Porusselli (assist. arte)
Foto de capa: Hero Images/Getty Images

Todos os direitos reservados por Editora Ática S.A.
Avenida das Nações Unidas, 7221, 3º andar, Setor A
Pinheiros – São Paulo – SP – CEP 05425-902
Tel.: 4003-3061
www.atica.com.br / editora@atica.com.br

Dados Internacionais de Catalogação na Publicação (CIP)

```
Trinconi, Ana
   Teláris língua portuguesa 7º / Ana Trinconi,
Terezinha Bertin, Vera Marchezi. - 3. ed. - São Paulo :
Ática, 2019.

   Suplementado pelo manual do professor.
   Bibliografia.
   ISBN: 978-85-08-19316-5 (aluno)
   ISBN: 978-85-08-19317-2 (professor)


   1.   Língua Portuguesa (Ensino fundamental). I.
Bertin, Terezinha. II. Marchezi, Vera. III. Título.

2019-0104                      CDD: 372.6
```

Julia do Nascimento – Bibliotecária – CRB-8/010142

2023
Código da obra CL 742178
CAE 648315 (AL) / 648314 (PR)
3ª edição
6ª impressão
De acordo com a BNCC.

Impressão e acabamento: Bercrom Gráfica e Editora

Uma publicação

Apresentação

Interagir, compreender as mudanças trazidas pelo tempo, conviver com diferentes linguagens e comunicar-se são desafios que enfrentamos em nosso dia a dia.

Esta obra foi feita pensando em você e tem por finalidade ajudá-lo nesses desafios e contribuir para sua formação como leitor e produtor de textos. Também tem outros objetivos: aguçar a imaginação, informar, discutir assuntos polêmicos, contribuir para aflorar emoções, estimular o espírito crítico e, principalmente, tornar prazerosos seus estudos.

O que você encontrará aqui? Textos de diferentes tipos e gêneros: letras de canção, histórias, notícias, reportagens, relatos, textos expositivos ou argumentativos, debates, charges, quadrinhos, poesia e outras artes... E muita reflexão sobre usos e formas de organizar a língua portuguesa, instrumento fundamental para você interagir e se comunicar cada vez melhor.

Além disso, há uma novidade: o acréscimo de atividades voltadas para as tecnologias digitais de informação e comunicação, que você encontrará, nesta coleção, na seção *Interatividade*.

Venha participar de atividades diferenciadas, que podem ser realizadas ora sozinho, ora em dupla, ora em grupo, ora em projeto interativo que envolve todos os alunos na construção de um produto final.

O convite está feito! Bom estudo!

As autoras

CONHEÇA SEU LIVRO

Estudar a língua portuguesa é fundamental para dominar habilidades de leitura e de produção de textos apropriadas a diversas situações comunicativas. É essencial também para que você reflita sobre aspectos linguísticos e se habitue a identificar os contextos de produção e de circulação dos gêneros textuais.

Esse estudo é proposto também para encantá-lo com a linguagem: lendo, ouvindo textos, interpretando significados, estudando os usos da nossa língua, conversando informalmente sobre música e fotografia, dando opiniões...

Abertura das unidades

As imagens de abertura de cada unidade e as questões que as acompanham são propostas com a intenção de aguçar sua curiosidade e convidá-lo a explorar os conteúdos das seções ao longo da unidade.

Leitura

Cada unidade concentra o estudo em um gênero textual, tendo como base o texto proposto como **Leitura**. A **Interpretação do texto** é dividida em dois momentos – **Compreensão inicial** e **Linguagem e construção do texto** – para que você possa desenvolver com mais eficiência suas habilidades de leitura.

Prática de oralidade

Essa seção conta sempre com dois momentos: **Conversa em jogo**, com questões que propõem uma troca de ideias e opiniões sobre assuntos da unidade, e **produção de gêneros orais** afinados com uma situação comunicativa proposta (debate, exposição oral, sarau...).

Interatividade

Nessa seção, presente em algumas unidades, você terá a oportunidade de interagir com tecnologias digitais e participar mais ativamente de práticas contemporâneas de linguagem: produzindo *podcasts*, *vlog*, videopoemas, *playlist*, etc.

Conexões entre textos, entre conhecimentos

A seção traz textos em diferentes linguagens verbais e não verbais, indicando relações entre o texto de leitura e muitos outros e favorecendo, sempre que possível, as relações entre língua portuguesa, outras linguagens e outras disciplinas.

Outro texto do mesmo gênero

Nessa seção, é apresentado outro texto, ou mais de um, do mesmo gênero estudado na unidade, para você interpretar, apreciar e também para ajudá-lo na produção de texto.

Produção de texto

Aqui você será convidado a produzir textos escritos e orais, relacionados aos gêneros estudados, com uso de roteiros que vão ajudá-lo a criar textos com mais autonomia e facilidade.

Língua: usos e reflexão

Nessa seção você estuda as estruturas linguísticas fundamentais do gênero trabalhado na unidade.
Você ainda encontra: **No dia a dia**, com foco nos usos da língua cada vez mais presentes no cotidiano do português brasileiro; **Hora de organizar o que estudamos**, que traz um mapa conceitual que vai ajudá-lo a organizar seus conhecimentos sobre os conceitos linguísticos estudados; **Desafios da língua**, em que são apresentados conteúdos de ortografia, acentuação e convenções da escrita.

Autoavaliação

Presente no final de cada unidade, o quadro de autoavaliação vai ajudá-lo a rever o que você aprendeu e o que precisa retomar.

De olho na tela

Contém sugestões de filmes que se relacionam com o conteúdo estudado na unidade.

Minha biblioteca

Apresenta indicações de leitura que podem enriquecer os temas estudados.

Mundo virtual

Apresenta indicações de *sites* que ampliam o que foi estudado.

Ouça mais

Contém sugestões de músicas ou álbuns musicais que se relacionam com o conteúdo estudado.

PROJETO DE LEITURA

Com base em uma coletânea de textos disposta no final do livro, o **Projeto de Leitura** é um convite para você participar de atividades lúdicas e interativas.

SUMÁRIO

Unidade 8

Defender ideias e opiniões... 244

Artigo de opinião 246

Projeto de Leitura — Relatos: realidade
e imaginação em jogo

Bibliografia

Língua: origem e influências

Uma das características mais marcantes do Brasil é sua **diversidade**. Em um país grande como o nosso, as diferenças estão presentes na natureza, nas paisagens, na cultura e principalmente nas pessoas. O povo brasileiro resulta de uma mistura de etnias, culturas e tradições.

1▸ Roda de conversa. Apresente-se aos colegas e converse com eles sobre suas origens:

a) Você sempre morou no lugar em que vive hoje ou veio de outro lugar?

b) Onde nasceram seus pais ou as pessoas com quem você mora?

c) Na turma há colegas que falam com um sotaque diferente do seu e que usam expressões de outras regiões?

d) Que hábitos ou costumes diferentes há entre os alunos da turma por causa de origens diversas?

2▸ Leiam a letra de canção a seguir e, se possível, escutem uma gravação da música e cantem juntos.

Sob o mesmo céu

Lenine e Lula Queiroga

Sob o mesmo céu
Cada cidade é uma aldeia,
Uma pessoa,
Um sonho, uma nação
Sob o mesmo céu
Meu coração não tem fronteiras,
Nem relógio, nem bandeira,
Só o ritmo de uma canção maior

A gente vem do tambor do índio
A gente vem de Portugal
Vem do batuque negro
A gente vem do interior, da capital
A gente vem do fundo da floresta
Da selva urbana dos arranha-céus
A gente vem do pampa, vem do cerrado
Vem da megalópole, vem do pantanal,
A gente vem de trem,
Vem de galope,
De navio, de avião, motocicleta,
A gente vem a nado,
A gente vem do samba, do forró,
A gente veio do futuro conhecer nosso passado.

Pessoas dançando *hip-hop* em Embu das Artes, SP, 2013.

Crianças indígenas do povo Paiter Surui em Cacoal, RO, 2010.

Vista aérea da cidade de Belém, PA, 2017.

Percussionista tocando atabaque durante o Carnaval, no Rio de Janeiro, RJ.

Brasil!
Com quantos Brasis se faz um Brasil?
Com quantos Brasis se faz um país?
Chamado Brasil

A gente vem do *rap*, da favela
A gente vem do centro, e da periferia
A gente vem da maré, da palafita,
Vem dos Orixás da Bahia
A gente traz um desejo de alegria e de paz,
E digo mais
A gente tem a honra de estar ao seu lado,
A gente veio do futuro conhecer nosso passado.

Brasil!
Com quantos Brasis se faz um Brasil?
Com quantos Brasis se faz um país?
Chamado Brasil

Disponível em: <http://www.lenine.
com.br/discografia-lenine/lenine-doc/>.
Acesso em: 25 set. 2018.

Trabalhadores rurais conduzindo carros de boi em Mossâmedes, GO, 2018.

Pescador artesanal puxando rede de arrasto em praia em Tamandaré, PE, 2014.

Gaúcho tomando chimarrão em São Sepé, RS, 2017.

Tocador de pífano (um tipo de flauta) em banda de forró em Caruaru, PE.

Lenine nasceu em Recife, Pernambuco, em 1959. É um dos mais importantes artistas da música popular brasileira da atualidade, autor e compositor das próprias canções e de inúmeros trabalhos para trilhas sonoras de televisão e cinema.

a) Converse com os colegas sobre suas impressões e as reflexões provocadas pela letra dessa canção. Ouça o que todos têm a dizer com atenção e respeito.

b) Agora, pense em uma frase para expressar o que mais marcou você na letra da canção e na conversa com os colegas.
- Escreva a frase em uma tira de papel e junte-se aos colegas para montar um mural com as frases de toda a turma.
- Escolham um título para o mural. Busquem imagens que ilustrem as ideias de vocês.
- Leiam todas as frases e observem como ficou o mural. Se possível, convidem colegas de outras turmas para apreciarem o mural que vocês fizeram.

A língua portuguesa difundiu-se no Brasil por meio das pessoas que chegaram a este território vindas de Portugal. Por aqui, misturou-se com as línguas dos povos indígenas e, com o tempo, transformou-se ainda mais, pois recebeu e continua recebendo múltiplas influências: de falares de diferentes povos africanos que foram trazidos na época da escravidão, de grupos de imigrantes que se instalaram no país ao longo das décadas e de outros que continuam chegando, trazendo suas línguas, culturas e tradições.

Assim, nosso léxico é composto de palavras de diversas origens. Como usamos muitas delas em nosso dia a dia, nem sempre atentamos para suas raízes.

▶ **léxico:** conjunto de palavras de uma língua.

Veja, no quadro a seguir, algumas palavras originárias de outras línguas e que foram incorporadas ao vocabulário da língua portuguesa falada no Brasil:

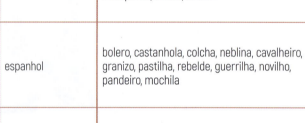

Língua de origem	Palavras
línguas indígenas (principalmente tupi-guarani)	açaí, abacaxi, beiju, jacaré, mandioca, paçoca, pipoca, tapioca
línguas africanas (banto, iorubá e quimbundo)	acarajé, bagunça, caçula, cafundó, cafuné, candomblé, camundongo, fubá, marimbondo, moleque, moqueca, samba, senzala, vatapá
árabe	arroz, azeite, açúcar, álcool, alface, alfafa, algema, almofada, alfinete, açougue, cuscuz, mesquinho, refém, xadrez
espanhol	bolero, castanhola, colcha, neblina, cavalheiro, granizo, pastilha, rebelde, guerrilha, novilho, pandeiro, mochila
francês	abajur, apartamento, ateliê, bicicleta, brisa, chofer, envelope, menu, restaurante, batom, bijuteria, boate, bufê, buquê, carrossel, chique, maiô, maquiagem, toalete
inglês	bar, basquete, bife, blecaute, boxe, clipe, clube, computador, coquetel, deletar, escanear, estresse, futebol, iate, jóquei, júri, piquenique, *playback*, *playground*, recital, repórter, sanduíche, tênis, teste, time, voleibol
italiano	aquarela, balcão, banquete, boletim, cenário, confete, fiasco, gazeta, macarrão, maestro, palhaço, piano, *pizza*, poltrona, serenata, soprano, tchau
japonês	biombo, caratê, caraoquê, haicai, nissei, origâmi, quimono, saquê, tatame

Alexander Ruiz Acevedo/Shutterstock

Paulo Vilela/iStockphoto/Getty Images

nito_in/Shutterstock

Vinicius Tupinamba/Shutterstock

Boris Medvedev/Shutterstock

YaiSirichai/Shutterstock

Também há transformações e incorporações de novas palavras na nossa língua provocadas pelo aprofundamento das relações econômicas, sociais e culturais entre povos de diferentes países e pelo desenvolvimento dos meios de comunicação — TV, rádio, computadores, celulares, internet. Assim, pessoas de diferentes lugares podem se comunicar de modo mais fácil e rápido, empregando palavras e expressões comuns a esses meios.

Vejam alguns exemplos de palavras de origem estrangeira empregadas atualmente, com naturalidade, em nosso cotidiano:

show	trailer	flashback	remake
script	rock	fitness	delivery	self-service
cheeseburger	shopping	diet	light	free	spray
bike	sale	skate	diesel	marketing

Também é importante considerar as tecnologias digitais que a todo momento introduzem novas formas de expressão, ampliando o conjunto de palavras usadas no dia a dia. Quem de vocês nunca usou, leu ou ouviu alguma das palavras a seguir?

site	selfie	game	stop	on-line	off-line
deletar	internet	link	smartphone	enter
software	download	chip	homepage	mouse

Entretanto, mesmo com toda essa diversidade de influências, é possível dizer que a língua portuguesa é um dos elementos que dão **unidade** e **identidade** a nosso país.

3▸ Converse com os colegas sobre a unidade e a identidade dadas ao nosso país pela língua portuguesa, apresente sua opinião e escute o que os colegas têm a dizer. Depois, com o professor, registrem as conclusões a que chegaram.

Jean Galvão/Arquivo da editora

1

Ler para se informar: um modo de aprender

Conhecer, ter contato com novas informações é uma forma de aprender. Quais assuntos despertam seu interesse para buscar informações? Em quais fontes você costuma procurar as informações que lhe interessam? Por quê?

Nesta unidade você vai:

- ler e interpretar texto de divulgação científica;
- ler e interpretar infográfico e gráfico;
- estudar recursos empregados para a comprovação de informações;
- fazer uma apresentação oral;
- produzir um *podcast* científico;
- produzir esquema de texto de divulgação científica;
- identificar as flexões de número, pessoa e tempo nos verbos;
- reconhecer as flexões de modo dos verbos: indicativo, subjuntivo e imperativo;
- conhecer usos de formas verbais;
- escrever palavras com as terminações **-am** e **-ão**.

Você vai ler um texto que traz informações sobre um material muito presente no nosso dia a dia. Ele é usado em garrafas, fraldas, cotonetes, talheres descartáveis, canudinhos, sacolas, confecção de roupas... Você sabe qual é esse material?

O texto que você vai ler a seguir é parte de um estudo divulgado em 16 de dezembro de 2017, pela BBC, um canal público de rádio, televisão e internet. Ele traz informações sobre esse material que dura muitos e muitos anos, mas que também pode ser considerado uma grande ameaça para a vida marinha.

Leia o texto para saber por que esse material pode ser considerado uma ameaça para a vida marinha.

> BBC é a abreviatura de British Broadcasting Corporation, um canal público do Reino Unido que é transmitido em 43 idiomas para o mundo.

Leitura

Que quantidade de plástico vai para o mar?

Calcula-se que 10 milhões de toneladas de plástico vão parar no mar todos os anos.

Em 2010, pesquisadores do Centro de Análises Ecológicas da Universidade da Georgia, nos Estados Unidos, contabilizaram 8 milhões de toneladas — e estimaram 9,1 milhões de toneladas para 2015.

O mesmo estudo, publicado na revista acadêmica *Science* em 2015, analisou 192 países com território à beira-mar que estão contribuindo para o lançamento de resíduos de plástico nos oceanos. E descobriu que 13 dos 20 principais responsáveis pela poluição marinha são nações asiáticas.

Fred Dufour/Agência France-Presse

> ▶ **contabilizar:** calcular; somar, contar.
>
> ▶ **resíduo:** substância restante de operação industrial e que pode ainda ser aproveitada industrialmente; sobra, resto.
>
> ▶ **asiático:** referente à Ásia, que é o maior dos continentes, tanto em área como em população.

▽ Estima-se que uma média de 10 milhões de toneladas de resíduos de plástico vão parar no mar todos os anos.

Enquanto a China está no topo da lista, os Estados Unidos aparecem na 20ª posição.

O Brasil ocupa, por sua vez, o 16º lugar do *ranking*, que leva em conta o tamanho da população vivendo em áreas costeiras, o total de resíduos gerados e o total de plástico jogado fora.

O lixo plástico costuma acumular em áreas do oceano onde os ventos provocam correntes circulares giratórias, capazes de sugar qualquer detrito flutuante. Há cinco correntes desse tipo no mundo, mas uma das mais famosas é a do Pacífico Norte.

Os detritos da costa dos Estados Unidos levam, em média, seis anos para atingir o centro dessa corrente. Já os do Japão podem demorar até um ano.

As cinco correntes apresentam normalmente uma concentração maior de resíduos de plástico do que outras partes do oceano. Elas promovem ainda um fenômeno conhecido como "sopa de plástico", que faz com que pequenos fragmentos do material fiquem suspensos abaixo da superfície da água.

Além disso, a decomposição da maioria dos resíduos de plástico pode levar centenas de anos.

Existem, no entanto, iniciativas para limpar a corrente do Pacífico Norte. Uma operação liderada pela organização não governamental Ocean Cleanup está prevista para começar em 2018.

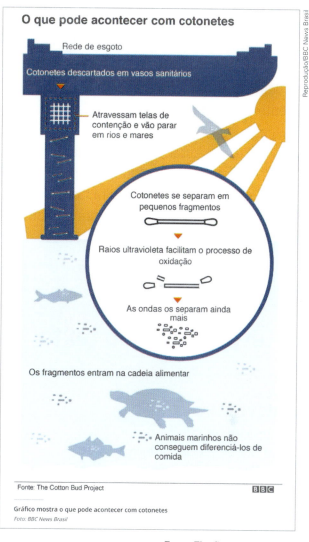

Gráfico mostra o que pode acontecer com cotonetes
Foto: BBC News Brasil

Fonte: The Cotton Bud Project.

Por que é prejudicial à vida marinha?

Para aves marinhas e animais de maior porte — como tartarugas, golfinhos e focas —, o perigo pode estar nas sacolas de plástico, nas quais acabam ficando presos. Esses animais também costumam confundir o plástico com comida.

Tartarugas não conseguem diferenciar, por exemplo, uma sacola de uma água-viva. Uma vez ingeridas, as sacolas de plástico podem causar obstrução interna e levar o animal à morte.

Pedaços maiores de plástico também causam danos ao sistema digestivo de aves e baleias — e são potencialmente fatais.

Com o tempo, os resíduos de plástico são degradados, dividindo-se em pequenos fragmentos. O processo, que é lento, também preocupa os cientistas.

▶ **área costeira:** faixa do litoral.

▶ **detrito:** resto de alguma substância.

▶ **fragmento:** parte, pedaço.

▶ **decomposição:** separação em elementos menores.

▶ **obstrução:** fechamento, bloqueio.

▶ **potencialmente fatal:** com alta capacidade de causar morte.

▶ **degradado:** desfeito, decomposto.

Uma pesquisa da Universidade de Plymouth, na Inglaterra, mostrou que resíduos de plástico foram encontrados em um terço dos peixes capturados no Reino Unido, entre eles o bacalhau.

Além de resultar em desnutrição e fome para os peixes, os pesquisadores dizem que, ao consumir frutos do mar, os seres humanos podem estar se alimentando, <u>por tabela</u>, de fragmentos de plástico. E os efeitos disso ainda são desconhecidos.

Em 2016, a Autoridade Europeia de Segurança Alimentar alertou para o crescente risco à saúde humana, dada a possibilidade de <u>micropartículas</u> de plástico estarem presentes nos tecidos dos peixes comercializados.

CINCO gráficos que explicam como a poluição por plástico ameaça a vida na Terra. Disponível em: <http://www.bbc.com/portuguese/geral-42308171>. Acesso em: 15 jun. 2018.

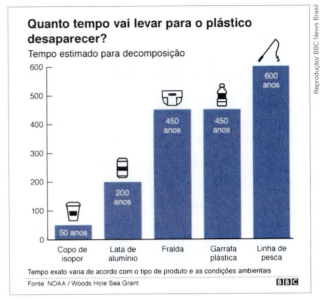

Quanto tempo vai levar para o plástico desaparecer?
Tempo estimado para decomposição

Copo de isopor: 50 anos
Lata de alumínio: 200 anos
Fralda: 450 anos
Garrafa plástica: 450 anos
Linha de pesca: 600 anos

Tempo exato varia de acordo com o tipo de produto e as condições ambientais
Fonte NOAA / Woods Hole Sea Grant
BBC

Fonte: NOAA/Woods Hole Sea Grant.

▶ **por tabela:** de modo indireto.

▶ **micropartícula:** parte muitíssimo pequena.

Interpretação do texto

Compreensão inicial

Texto verbal

1▸ Responda no caderno:
  a) Qual é o assunto do texto?
  b) O texto está dividido em duas partes. Do que trata cada uma delas?

2▸ No início do texto, há um indício de que o plástico é considerado uma grande ameaça à vida marinha. Que informação indica isso?

3▸ Qual é o nome dado ao fenômeno que faz com que pequenos fragmentos de plástico fiquem suspensos abaixo da superfície?

4▸ De acordo com o texto, muitos animais são prejudicados pelo lixo plástico. Quais são citados?

5▸ Localize no texto e escreva três motivos que demonstram que as sacolas plásticas são perigosas para os animais marinhos.

6▸ Assinale a alternativa que explica por que as tartarugas são vítimas das sacolas de plástico:
  a) As tartarugas confundem as sacolas de plástico com predadores que vão atacá-las.
  b) As tartarugas confundem as sacolas de plástico com barcos que vão capturá-las.
  c) As tartarugas confundem as sacolas de plástico com águas-vivas, que são seu alimento.
  d) As tartarugas confundem as sacolas de plástico com peixes que passam por elas.

Tartaruga marinha.

7▸ Escreva em seu caderno por que as micropartículas de plástico podem prejudicar:
  a) os peixes;
  b) as pessoas.

Infográfico

Releia e reveja o infográfico "O que pode acontecer com cotonetes" para responder às questões.

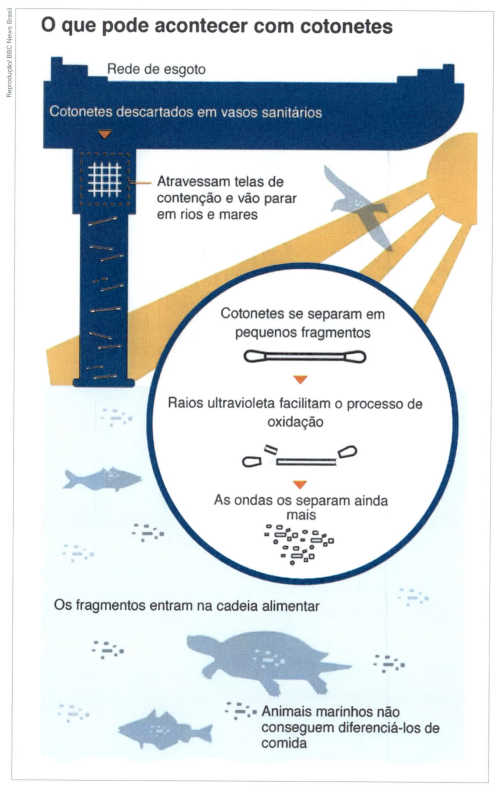

O que pode acontecer com cotonetes

Rede de esgoto

Cotonetes descartados em vasos sanitários

Atravessam telas de contenção e vão parar em rios e mares

Cotonetes se separam em pequenos fragmentos

Raios ultravioleta facilitam o processo de oxidação

As ondas os separam ainda mais

Os fragmentos entram na cadeia alimentar

Animais marinhos não conseguem diferenciá-los de comida

Fonte: The Cotton Bud Project.

1▸ Como os cotonetes chegam aos rios e mares?

2▸ O que acontece com os cotonetes no mar?

3▸ Por que os animais marinhos comem esse material?

Gráfico

Leia novamente o gráfico "Quanto tempo vai levar para o plástico desaparecer?" para responder às questões a seguir.

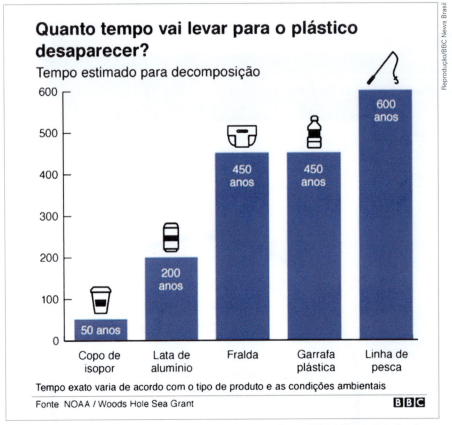

Fonte: NOAA/Woods Hole Sea Grant.

1▸ Quais materiais plásticos levam o mesmo número de anos para se decompor?

2▸ Qual é a diferença entre uma lata de alumínio e uma garrafa plástica quanto ao tempo de decomposição?

3▸ Qual dos materiais apresentados no gráfico leva mais tempo para se decompor?

4▸ Se o título do gráfico indica que será apresentado o tempo estimado de decomposição de produtos fabricados com plástico, por que ele relaciona também a lata fabricada com alumínio?

5▸ Qual é a principal diferença entre o infográfico e o gráfico?

Linguagem e construção do texto

1▸ O texto de divulgação científica que você leu traz vários números. Escreva no caderno os números referentes a:
   a) quantidade de plástico que vai parar no mar por ano;
   b) lugar ocupado pelo Brasil na lista de países responsáveis pela poluição marinha;
   c) tempo que os detritos do Japão levam para chegar às correntes circulares do oceano;
   d) tempo aproximado que leva a decomposição do plástico.

2▸ Assinale a(s) alternativa(s) que mostra(m) a finalidade de utilizar esses números.
   a) Comprovar a informação de que o plástico é uma ameaça à vida marinha.
   b) Mostrar que várias pesquisas foram feitas sobre o assunto.
   c) Assustar a população sobre o lugar ocupado pelo Brasil.
   d) Defender o consumo de produtos fabricados com plástico.

3▸ Releia estes trechos do texto de divulgação científica:

> Em 2010, pesquisadores do Centro de Análises Ecológicas da Universidade da Geórgia, nos Estados Unidos, contabilizaram 8 milhões de toneladas [...]

> O mesmo estudo, publicado na revista acadêmica *Science* em 2015, analisou 192 países com território à beira-mar [...].

> Uma pesquisa da Universidade de Plymouth, na Inglaterra, mostrou que resíduos de plástico foram encontrados em um terço dos peixes [...].

> Em 2016, a Autoridade Europeia de Segurança Alimentar alertou para o crescente risco à saúde humana [...].

Copie no caderno os dados presentes nos trechos que se referem a:

a) datas;

b) países das universidades citadas;

c) indicação de autoridade;

d) nome de revista científica;

e) palavras que indicam estudo.

4▸ Assinale a(s) alternativa(s) que mostra(m) a finalidade da apresentação desses dados.
   a) Dar maior credibilidade às informações dadas.
   b) Construir uma linha do tempo com várias datas.
   c) Mostrar que há muitos estudiosos envolvidos nesse assunto.
   d) Convencer o leitor a confiar nas indicações.

5▸ Você viu que a fonte do texto, o veículo em que foi divulgado, é a BBC, um canal público de rádio, televisão e internet, transmitido em 43 idiomas para o mundo. Qual é o possível público-alvo, isto é, a quem se dirige esse texto?

6▸ Para melhor entendimento do leitor, foram usados alguns recursos gráfico-visuais no texto de divulgação científica. Responda:
   a) A leitura do infográfico e do gráfico facilitou a compreensão das informações? Por quê?
   b) Você achou mais interessante o infográfico ou o gráfico? Por quê?

7▸ Releia o trecho:

> Em 2016, a Autoridade Europeia de Segurança Alimentar alertou para o crescente risco à saúde humana, dada a possibilidade de micropartículas de plástico estarem presentes nos tecidos dos peixes comercializados.

Sublinhe apenas os termos do quadro abaixo que dão indicação sobre a linguagem empregada nesse trecho.

> mais formal   mais informal   termos técnicos
> mais elaborada   menos elaborada   espontânea
> com opiniões pessoais   sem opiniões pessoais

Esquematizar: uma forma de compreender o texto

Um texto informativo como o que você leu traz muitas informações. Se essas informações não forem organizadas por nós, facilmente as esqueceremos e não poderemos lançar mão delas em outras situações. Isso acontece quando estudamos: lemos muita coisa, mas podemos esquecer com facilidade se não organizarmos as informações.

1▸ Em dupla. O esquema a seguir é uma forma de resumir e de estudar um texto informativo. Junte-se a um colega, releiam o texto "Como a poluição por plástico ameaça a vida na Terra", copiem o esquema em uma folha e completem-no com as informações solicitadas.

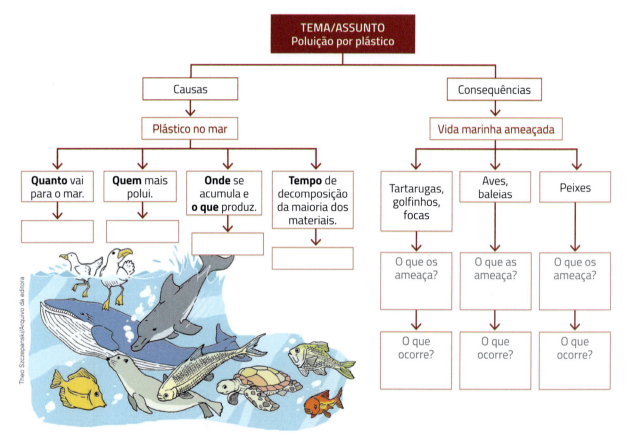

2▸ Em dupla. Depois de completar o esquema, façam a leitura oral dele. Nessa leitura oral é preciso fazer as ligações entre as partes do esquema ao falar. Para isso, empreguem palavras ou expressões de ligação como *assim*, *dessa forma*, *então*, *primeiramente*, *em seguida*, *certamente*, *provavelmente*, *quase*, *possivelmente* e outras que vocês conheçam e sejam adequadas.

Hora de organizar o que estudamos

▸ Copie e complete o esquema no caderno inserindo no espaço adequado as seguintes palavras:

dados   gráficos   informações   técnicos   estudos   formal

⟋ Prática de oralidade

Conversa em jogo

As pessoas estão usando os oceanos como lixeira

Além do plástico, que pode causar danos à vida marinha, o lixo que sai de nossa casa — papel, vidro, embalagens, etc. — pode aumentar a poluição, causar enchentes, trazer danos para a saúde e chegar ao mar.

Leia no quadro a seguir uma amostra do lixo encontrado por mergulhadores no fundo do mar.

> Uma amostra do lixo encontrado por mergulhadores, no fundo do mar:
> - 1 800 000 bitucas de cigarro
> - 1 500 000 garrafas plásticas
> - 800 mil tampinhas de garrafa
> - 400 mil canudos
> - 700 mil embalagens de alimentos
> - 300 mil embalagens de isopor

Fonte: *Veja*, São Paulo, 21 mar. 2018. p. 85.

Converse com os colegas sobre as questões a seguir.

1▸ Qual desses números mais surpreendeu você? Por quê?

2▸ Dos materiais apresentados no quadro, quais deles são descartados com mais frequência em sua casa como lixo?

3▸ Em sua opinião, por que motivo esse lixo chega ao mar?

4▸ O que pode ser feito para que isso deixe de acontecer?

Apresentação oral

Atitudes simples que podem ter efeito positivo

Agora você e os colegas vão propor uma lista de atitudes para não poluir as águas dos rios e mares e fazer uma exposição oral para apresentar e detalhar cada uma das atitudes listadas. Forme um grupo com alguns colegas e sigam estas orientações.

➡ **Planejamento**

1▸ O professor vai determinar o local, a data e o público da apresentação oral.

2▸ Cada grupo deverá escolher um dos assuntos sugeridos a seguir:
- Uso de garrafas plásticas.
- Uso de copos, talheres e canudos descartáveis.
- Embalagens de isopor e sacolas plásticas.
- Descarte e separação do lixo.
- Lixo na praia.
- Descarte de fraldas e cotonetes.
- Compra de espécies marinhas ameaçadas de extinção.
- Descarte de equipamentos eletrônicos.

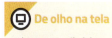

De olho na tela

Lixo extraordinário. Direção de Lucy Walker e João Jardim, 2011, Brasil.
Esse documentário mostra o trabalho realizado pelo artista plástico Vik Muniz num dos maiores aterros sanitários do mundo, em Duque de Caxias (RJ).

Divulgação/Almega Projects/O2 Filmes

3▸ Escolhido o assunto, conversem sobre as **atitudes do dia a dia** que podem ser tomadas e que tenham efeito positivo para reduzir a poluição das águas. As atitudes devem ser registradas em tópicos na forma de frases curtas que contenham as informações essenciais.

4▸ Na apresentação, os grupos deverão desenvolver cada tópico, acrescentando comentários e informações adicionais. Com a orientação do professor, pesquisem mais informações para complementar a apresentação.

5▸ Revisem os tópicos coletivamente, verificando se as frases estão claras e objetivas e se trazem as informações essenciais. Façam os ajustes necessários no texto.

6▸ Copiem a versão final da lista de atitudes em uma cartolina ou folha grande de papel. Usem letras grandes e destacadas, lembrando que os tópicos devem ficar visíveis na hora da apresentação.

7▸ Vocês também podem usar desenhos, fotos e outros recursos gráficos, para que esse material se destaque também por seu aspecto visual.

↠ Ensaio

1▸ Escolham quem vai ler e desenvolver cada um dos tópicos registrados.

2▸ Ensaiem a apresentação, observando o tom da voz, o ritmo da fala e a postura do corpo, de modo a garantir a compreensão do que está sendo apresentado e o interesse do público.

Theo Szczepanski/Arquivo da editora

↠ Apresentação

1▸ No início, apresentem para o público os integrantes do grupo e o assunto que será exposto.

2▸ Ao final, esclareçam eventuais dúvidas e agradeçam a atenção do público.

↠ Avaliação

▸ Conversem sobre o que aprenderam com a apresentação de cada grupo, as informações que acharam mais interessantes, o que acharam difícil de entender, etc. Relatem também quais das atitudes apresentadas vocês já praticam e quais poderão começar a praticar.

Podcast científico

Na seção *Prática de oralidade*, você e seus colegas elaboraram e apresentaram aos colegas uma lista de atitudes que podem ser tomadas para reduzir a poluição nas águas e evitar os danos causados aos seres que vivem no mar e no rio.

Chegou a hora de criar episódios de *podcast* científico sobre os assuntos pesquisados, a fim de conscientizar mais pessoas a respeito da importância dessas atitudes.

> O *podcast* é uma mídia digital de transmissão de informações em áudio. Pode ser entendido como um programa de rádio em que o ouvinte seleciona o que quer acessar, baixando os episódios de acordo com o interesse e o tempo disponível para ouvi-los. De temas variados, os *podcasts* podem tratar de cinema, literatura, ciências, *games*, política, notícias, etc. Os *podcasts* que divulgam conhecimentos científicos são chamados de *podcasts* científicos.

Vocês poderão publicar o *podcast* na internet e divulgá-los no *blog* da escola. Conversem com o professor sobre como colocar esse programa na rede!

Os episódios que vocês vão gravar também podem ser veiculados em um programa de rádio na escola. Assim, as informações poderão circular nos intervalos, na hora da entrada ou da saída, e chegarão a todos os alunos do colégio.

➡ **Planejamento**

1▸ Com a turma toda. Conversem com o professor e decidam como será o *podcast* e de que maneira ele será transmitido.

a) Escolham um nome para o *podcast* elegendo a sugestão mais votada pela turma.

b) Verifiquem a disponibilidade dos recursos necessários:
- A turma tem um *blog* para divulgar suas produções?
- A escola tem um *site*? A produção pode ser postada nele?

c) Se decidirem transmitir os episódios por rádio na escola, verifiquem se há caixas de som disponíveis e combinem em que período e com que frequência serão veiculados: se na hora do intervalo, no período que antecede a entrada ou a saída dos alunos.

d) Elaborem um cronograma para decidir quantos e quais episódios irão ao ar em cada dia. É possível programar a transmissão de todos eles durante uma semana, em horários regulares.

2▸ Organizem-se para a gravação.
- Escolham onde serão gravados os episódios e verifiquem a disponibilidade dos espaços e dos equipamentos.
- Combinem datas e horários para realizar as gravações, as edições de áudio e a publicação do *podcast* na internet e/ou transmissão deles na escola.
- Não se esqueçam de criar um episódio inicial que deve fazer a apresentação do *podcast*. Esse episódio deve contar aos ouvintes o que está por vir, informando os conteúdos programados.
- Vocês poderão criar vinhetas ou trilhas de abertura e de encerramento para o *podcast* a fim de dar uma identidade sonora para a programação.

➡ **Preparação**

1▸ Ouçam o *podcast* científico que o professor vai apresentar observando e anotando os aspectos que mais chamaram sua atenção para trocar impressões com os colegas.

2▸ Reúna-se com os mesmos colegas com quem você fez a apresentação oral na seção *Prática de oralidade*.

3▸ Produzam o texto do episódio a partir das informações que vocês pesquisaram e na lista das atitudes que organizaram em tópicos.

4▸ Desenvolvam um roteiro de elaboração do episódio do *podcast*, indicando:

a) quem fará a leitura de cada trecho do texto elaborado;

b) como será a abertura e o encerramento do áudio;

c) as pausas para as vinhetas ou outras sonorizações, se houver.

5▶ Ensaiem mais de uma vez para que, no dia da gravação, consigam fazer a leitura de maneira fluida, evitando muito trabalho de edição nos áudios depois de gravados.

➼ Gravação

1▶ No local, dia e horário previamente combinados, reúnam-se e gravem o episódio de acordo com o roteiro feito na etapa de preparação.

2▶ No início do áudio, anunciem o nome do *podcast* da turma. Em seguida, informem o título do episódio e o nome de vocês como autores desse conteúdo.

3▶ Após a abertura, cada integrante do grupo faz a leitura da parte definida no roteiro.

4▶ Ao final, despeçam-se e convidem os ouvintes a continuar acompanhando os próximos episódios do *podcast*!

➼ Edição e finalização

1▶ Depois da gravação, reúnam-se para fazer a edição do áudio e, se houver, a inserção das vinhetas, efeitos ou trilhas sonoras produzidas para o *podcast*. Essa etapa deve ser realizada em um ambiente da escola com computadores e acesso à internet, para utilização de *softwares* de edição *on-line*.

2▶ Salvem o episódio do grupo no local informado pelo professor e conversem com ele sobre como o *podcast* será publicado na internet.

➼ Circulação

1▶ Conversem com o professor sobre como disponibilizar esses áudios no *blog* da turma ou *site* do colégio. Vocês podem aproveitar o espaço onde afixaram o painel para divulgar a atualização do *blog* e convidar os outros colegas de escola a acessar o *podcast* científico da turma.

2▶ Caso decidam transmitir os episódios por rádio na escola, divulguem as transmissões para alunos, professores e funcionários, de acordo com o cronograma estabelecido no Planejamento. Organizem-se para que cada grupo fique responsável por acompanhar a transmissão do episódio que desenvolveu.

> **⊘ Atenção**
>
> Planejem uma abertura bem descontraída, em que todos do grupo possam se apresentar. Pensem também em como o grupo vai se despedir e convidar o público para a audição dos próximos episódios do *podcast* científico.

> **⊘ Atenção**
>
> Quando for a sua vez de ler, capriche na entonação e na articulação das palavras, usando tudo o que você já sabe sobre leitura expressiva de forma a envolver e manter a atenção do público.

Theo Szczepanski/Arquivo da editora

Outras linguagens: Foto em campanha

Você leu um texto verbal, um infográfico e um gráfico sobre a ameaça representada pelo plástico para a vida marinha.

Veja outra forma de apresentar informação: um cartaz de uma campanha lançada pelo WWF, organização internacional que tem por objetivo conservar e recuperar o meio ambiente.

O cartaz a seguir traz uma foto do fotógrafo Christian Waters para mostrar o que acontece com o lixo descartado que vai parar nos oceanos.

> O texto está escrito em inglês. A tradução é: "Sua conveniência é a extinção deles".

WWF é o nome de uma organização não governamental fundada em 1961, na Suíça, por vários cientistas preocupados com a devastação da natureza. A sigla WWF significa Fundo Mundial para a Natureza (em inglês: World Wilde Fund for Nature). Promover campanhas de conscientização sobre a realidade dos problemas ambientais e incentivar práticas que diminuam esses problemas são algumas das missões do WWF.

Christian Waters/ Acervo do fotógrafo

Disponível em: <http://olharanimal.org/fotos-impressionantes-expoem-o-terrivel-impacto-do-lixo-plastico-em-animais-marinhos/>. Acesso em: 18 jun. 2018.

Converse com os colegas sobre estas questões:

1▸ Qual é a sensação que você tem ao olhar para a foto?

2▸ Qual é a provável intenção de focar o peixe em um espaço em branco?

3▸ No cartaz, além da imagem, há um texto verbal:

> Sua conveniência é a extinção deles.

Qual foi a intenção/finalidade de usar as duas palavras destacadas?

4▸ Que informação do texto de divulgação científica que você leu pode corresponder a essa foto?

▸ **conveniência:** que é do interesse, de proveito, de utilidade.

▸ **extinção:** morte, desaparecimento, extermínio.

Notícia: um texto informativo

Muitas vezes, os dados apresentados em texto informativo e de divulgação científica nos levam a fazer relações com assuntos apresentados em jornais, noticiários, reportagens, mapas, fotos, ampliando nosso conhecimento com outros dados. Confira a notícia a seguir:

Baleia morre depois de engolir 80 sacolas plásticas na Tailândia

02/06/2018 | 10h48

Uma baleia morreu depois de ter engolido mais de 80 sacolas de plástico na Tailândia, anunciaram as autoridades do país que tentaram, em vão, salvar o animal.

A Tailândia é um dos países do mundo onde mais se usa sacolas plásticas. O costume causa, todos os anos, a morte de cerca de 300 criaturas marinhas que vivem perto das populares praias do sul do país, como baleias, tartarugas e golfinhos.

A baleia, um jovem macho, é a mais recente vítima achada entre a vida e a morte perto da fronteira com a Malásia, segundo informou o ministério da Marinha este sábado (2) no Facebook. Uma equipe de veterinários tentou salvar a baleia, mas não obteve sucesso.

Segundo a necropsia, ela tinha em seu estômago mais de 80 sacolas pesando cerca de oito quilos. A baleia chegou a vomitar algumas sacolas durante a tentativa de salvamento.

▸ **necropsia:** exame detido de um cadáver, realizado por especialista para determinar a causa da morte; autópsia.

As sacolas impediram que a baleia ingerisse qualquer outro alimento nutritivo, segundo Thon Thamrongnawasawat, biólogo da Universidade Kasetsart, de Bangcoc.

Disponível em: <https://noticias.uol.com.br/ultimas-noticias/afp/2018/06/02/baleia-morre-depois-de-engolir-80-sacolas-plasticas-na-tailandia.htm>. Acesso em: 19 jun. 2018.

▸ Releia estes trechos extraídos do texto de divulgação científica do início desta unidade:

Trecho 1

> O mesmo estudo, publicado na revista acadêmica *Science* em 2015, analisou 192 países com território à beira-mar que estão contribuindo para o lançamento de resíduos de plástico nos oceanos. E descobriu que 13 dos 20 principais responsáveis pela poluição marinha são nações asiáticas.

Trecho 2

> Uma vez ingeridas, as sacolas de plástico podem causar obstrução interna e levar o animal à morte.

Que parágrafo da notícia tem relação com o Trecho 1 do texto de divulgação científica? E com o Trecho 2?

Foto como texto informativo

A "sopa de plástico" é um enorme acúmulo de detritos flutuantes trazidos e mantidos no local pelo movimento das correntes oceânicas. No texto da seção *Leitura*, você leu que, além da corrente do Pacífico Norte, há outras que levam a esse fenômeno. Conheça outros casos de "sopa de plástico" nas fotos a seguir.

"Sopa de plástico". Roatán, Honduras, oceano Atlântico.

Peixe mordendo tampa de garrafa em meio ao lixo plástico que flutua na superfície marítima. Ilha Thilafushi, Maldivas, oceano Índico.

▶ Compare as fotos com estes trechos, retirados do texto que você leu no início da unidade:

> O lixo plástico costuma acumular em áreas do oceano onde os ventos provocam correntes circulares giratórias, capazes de sugar qualquer detrito flutuante. Há cinco correntes desse tipo no mundo, mas uma das mais famosas é a do Pacífico Norte.

> As cinco correntes apresentam normalmente uma concentração maior de resíduos de plástico do que outras partes do oceano. Elas promovem ainda um fenômeno conhecido como "sopa de plástico", que faz com que pequenos fragmentos do material fiquem suspensos abaixo da superfície da água.

O que mais impressiona você: as fotos ou os trechos do texto? Dê sua opinião aos colegas, justificando-a, e ouça a opinião deles.

◤ Língua: usos e reflexão

Verbo I

O **verbo** é uma classe de palavra muito utilizada na formação das frases da língua portuguesa. Veja a seguir o que o verbo pode expressar.

1 ▸ Releia estas frases extraídas do texto de divulgação científica que você leu nesta unidade, prestando atenção às palavras destacadas:

> [...] a China **está** no topo da lista [...]

> Pedaços maiores de plástico também **causam** danos ao sistema digestivo de aves e baleias [...]

> [...] os efeitos disso ainda **são** desconhecidos.

> [...] a Autoridade Europeia de Segurança Alimentar **alertou** para o crescente risco à saúde humana [...]

Gaivota sobrevoando o mar.

Copie no caderno as formas verbais destacadas nas frases relacionando-as ao tipo de ideia ou processo que expressam:

a) ação;

b) estado ou característica de algo ou alguém.

Os verbos expressam processos, situando-os sempre no tempo. Eles podem indicar ação, estado e também:

- mudança de estado de algo ou de alguém. Ex.: O mar **tornou-se** poluído.
- fenômeno da natureza. Ex.: **Chovia** e **ventava**.
- outros processos. Ex.: Os biólogos **entristeceram-se** por não conseguir salvar a baleia.

Há alguns verbos que apontam informações sobre o ser a que se referem e que não são ações, estados ou fenômenos da natureza. É o caso de verbos que indicam sentimentos, pensamentos, existência de algo, etc. Esses verbos indicam **outros processos**. Veja alguns exemplos: acreditar, gostar, entristecer, parar, dormir, sentir, morrer, haver, alegrar-se, envelhecer, etc.

Os verbos apresentam muitas **variações**. Para compreender melhor como podem ocorrer essas variações, observe o sentido destas formas verbais:

Eu	jog**o**	o lixo na lixeira.
Você	jog**ou**	o lixo na lixeira?
A gente	jog**ará**	o lixo na lixeira.
Nós	jog**amos**	o lixo na lixeira.
Se vocês	jog**assem**	o lixo na lixeira...
Eles	jog**aram**	o lixo na lixeira.
–	Jo**guem**	o lixo na lixeira!

2▸ Que alterações você observou em relação ao verbo *jogar*?

As terminações do verbo *jogar* indicaram variações de **pessoa**, **número**, **tempo** e **modo**.
Veja a seguir com mais detalhes:

- **número**: singular ou plural — jogou/jogaram
- **pessoa**: 1ª, 2ª ou 3ª pessoa — jogo/jogou/jogamos
- **tempo**: presente, passado, futuro — jogo/jogou/jogará
- **modo**: indicativo, subjuntivo, imperativo — jogo/jogassem/joguem

Dizer ou escrever as diversas formas de um verbo significa **conjugar** esse verbo. Veja essas variações com mais detalhes a seguir.

Número e pessoa

▸ Leia a tirinha:

GONSALES, Fernando. *Níquel Náusea.*

O que não foi entendido pelo personagem e que provoca o humor na tirinha?
Releia o que está escrito no balão inicial da tirinha:

> A vovó **dormiu** na frente da TV!

Veja como ficará essa frase se alterarmos a pessoa a quem o verbo se refere:

> A vovó e o vovô **dormiram** na frente da TV!
> Eu e a vovó **dormimos** na frente da TV!
> Eu **dormi** na frente da TV!

Observe que foram alterados a pessoa e também o número (singular e plural) do verbo *dormir*.

A flexão de **pessoa** e de **número** tem como base as pessoas do discurso. Leia o quadro com a conjugação do verbo *dormir* no presente:

Pessoas do discurso	Número	
	Singular	Plural
1ª pessoa: a que fala	**Eu** durmo	**Nós** dormimos
2ª pessoa: com quem se fala	**Tu** dormes/**Você** dorme	**Vós** dormis/**Vocês** dormem
3ª pessoa: de quem se fala	**Ele/Ela** dorme	**Eles/Elas** dormem

No português brasileiro, é comum o uso de *você* e *vocês* como pronomes de **2ª pessoa** para se referir à pessoa com quem se fala, no lugar de *tu* e *vós*.

Os pronomes *você* e *vocês* são empregados com o verbo na **3ª pessoa**. Observe esse emprego no quadro acima.

Tempo

O verbo pode marcar o tempo em que os fatos acontecem:

- **no momento** em que se **fala** ⟶ **presente**;
- **antes** do momento em que se **fala** ⟶ **passado** ou **pretérito**;
- **depois** do momento em que se **fala** ⟶ **futuro**.

1▸ Leia a tirinha:

GONSALES, Fernando. *Níquel Náusea.*

O que mostra que o cachorro está sem paciência?

Leia a frase do balão de fala do segundo quadrinho da tira:

> Ontem **joguei** vinte vezes e ele **pegou**!

Observe o tempo que as formas verbais destacadas indicam. Essas formas verbais estão indicando o **tempo passado** ou **pretérito**, pois expressam fato já ocorrido.

Para expressar o mesmo fato indicando que ele acontece no momento atual, a frase poderá ficar assim:

> **Jogo** vinte vezes e ele **pega**!

Na frase acima, os verbos foram flexionados para indicar que as ações expressas por eles ocorrem no presente, e não mais no passado ou pretérito. Então, nesses verbos, houve flexão para o **tempo presente**.

2▸ Leia a tirinha a seguir:

GONSALES, Fernando. *Níquel Náusea.*

O que provoca o humor na tirinha?

Observe o emprego do **presente** no balão de fala do garçom:

Só **servimos** carne de animais vegetarianos!

A forma verbal destacada está no **presente**. Ela indica ação que se refere a fatos ou ações habituais, que costumam acontecer sempre, e não apenas no momento da fala.

> O verbo no **tempo presente** pode indicar, além de fato que ocorre no **momento da fala**, algum fato habitual, que **costuma acontecer sempre**.

Releia o balão de fala da tirinha que você leu na atividade 1:

Como já vimos, a frase do balão está no tempo **pretérito/passado**:

Ontem **joguei** vinte vezes e ele **pegou**!

Se o personagem estivesse se referindo ao fato em um **tempo futuro**, veja como poderia ficar:

Jogarei vinte vezes e ele **pegará**! ⟶ Ideia de um futuro mais certo

Ou:

Jogaria vinte vezes e ele **pegaria**! ⟶ Ideia de um futuro mais incerto

Para concluir, leia a definição de **verbo**:

> **Verbo** é a palavra que pode indicar ação, estado, mudança de estado, fenômeno da natureza e outros processos, situando-os no tempo. Os verbos são flexionados em **pessoa**, **número**, **tempo** e **modo**.

Atividades: flexão de número, pessoa e tempo

1▸ O verbo expressa processos que podem indicar:

- ação;
- estado/característica;
- fenômeno da natureza;

- mudança de estado;
- outros processos.

Copie as frases a seguir em seu caderno e indique o que a forma verbal destacada nelas expressa:

> Jogadores da seleção **usarão** YouTube pra falar com fãs.

Folha de S.Paulo, São Paulo, 7 jun. 2018.

> A data de 20 de agosto de 1965 também **ficou** marcada na memória de muitos gaúchos, inclusive em cidades fora do chamado roteiro da neve. Durante 24 horas seguidas, **nevou** em metade das cidades do estado. A nevasca **foi** tão rigorosa que **danificou** telhados e **matou** o gado no pampa.

UOL Notícias, São Paulo, 4 jun. 2018.

> Já em maio de 1979, durante o outono, o Grêmio **jogava** contra o Esportivo no Estádio da Montanha, em Bento Gonçalves, quando a neve **caiu** sobre o campo.

UOL Notícias, São Paulo, 4 jun. 2018.

> Praia do Forte, na Bahia, **tem** atrativos para a criançada nas férias de julho.

Folha de S.Paulo, São Paulo, 7 jun. 2018.

2▸ Identifique o tempo — presente, pretérito ou futuro — em que estão as formas verbais destacadas nos trechos da reportagem "Festa de São João" (*Folha de S.Paulo*, 7 jun. 2018):

a) "A programação do São João do Nordeste **dura** um mês inteiro e **arrasta** multidões."

b) "No Recife **haverá** 35 arraiais espalhados pela cidade..."

c) "No Rio Grande do Norte, o São João mais famoso **é** o de Mossoró. O Pingo da Mei Dia, tido como o maior bloco junino do Brasil, **abriu** a festa na semana passada."

d) "Recife — a cidade do frevo, que **reúne** milhares no período carnavalesco — também **faz** um São João dos bons."

e) "A banda Cordel do Fogo Encantado, filha de Arcoverde (PE), que **voltou** aos palcos no mês passado [...] **fará** um dos *shows* mais esperados."

Apresentação de quadrilha em festa junina em Campina Grande, PB, 2015.

3▸ Observe a forma verbal destacada na frase a seguir e indique a pessoa a que essa forma verbal se refere.

> É claro que eu **ia participar** dessas festas tradicionais.

4▸ Reescreva estas frases no caderno fazendo alterações de concordância entre os verbos *ir* e *participar* e as pessoas propostas:

a) É claro que **meu irmão e eu** ▨ dessas festas tradicionais.

b) É claro que **nós** ▨ dessas festas tradicionais.

c) É claro que **ele** ▨ dessas festas tradicionais.

d) É claro que **a gente** ▨ dessas festas tradicionais.

Verbos

A língua passa por muitas transformações. Seu uso sofre influências dos falares dos diferentes grupos sociais, de modismos, do que aparece na TV, no rádio, em jornais e revistas, na internet, etc.

Nos últimos tempos, esses fatores têm modificado os usos da língua de um modo geral pela necessidade de que a comunicação seja cada vez mais rápida. Além disso, as variedades linguísticas estão aos poucos deixando de ser banidas, e formas que antes eram consideradas "incorretas", convivem com formas mais tradicionais, "corretas".

▶ **Em dupla.** Leiam um trecho do livro *O resgate das cobaias*, de Marcelo Leite, que conta a história de um grupo de jovens que salva cachorros utilizados em testes de laboratório. Durante a leitura, atentem para as formas verbais destacadas.

> **Tô** nessa. Eu preciso estudar para o vestibular, mas... Sempre fui a favor do direito dos animais. Contem comigo! Vocês já almoçaram? — perguntou John como quem não quer nada. [...]
>
> — Não — disse Francisco. — Enrolamos lá em casa uma conversa de ficar na escola e tomar um lanche por aqui. A gente vai comer um tipo de xis-qualquer coisa ali no boteco. **Tá** a fim?
>
> — Ih, preciso ligar pra casa e inventar uma desculpa. **Vão indo** que eu já encontro vocês lá.
>
> LEITE, Marcelo. *O resgate das cobaias*. São Paulo: Ática, 2007.

Conversem sobre as formas verbais destacadas e respondam às questões no caderno.

a) Por que elas foram usadas dessa forma no texto?

b) Essas formas são bastante comuns na linguagem do dia a dia. Em que situações elas são mais adequadas? Alguma delas pode ser considerada inadequada? Se sim, em que situação(ões)?

Na linguagem falada e também na escrita, as formas verbais de futuro têm sido usadas assim:

> Saiba como **vai ficar** a Praça da Liberdade depois da reforma
>
> *Hoje em dia*, Belo Horizonte, 10 jul. 2018.

> Fagner volta a treinar e **vai ser** titular do Corinthians na quarta
>
> *Gazeta Esportiva*, São Paulo, 14 jul. 2018.

Em alguns textos, especialmente em situações bastante formais, podemos observar um uso diferente das formas verbais do futuro. Leia outros dois títulos de notícia em uma variedade mais formal:

> Temperatura **ficará** abaixo da média em Porto Velho
>
> *Diário da Amazônia*, Porto Velho, 18 jul. 2018.

> Concurso **será** aberto para a saúde de Americana
>
> *O Liberal*, Americana, 18 jul. 2018.

Os dois usos podem ser encontrados em textos equivalentes (no caso, notícias de jornal) e até em um mesmo texto. É uma escolha do falante ou de quem escreve, que pode ser justificada pelo contexto, pela situação em que são empregados.

Modos verbais

O verbo é a classe de palavras da língua portuguesa que tem o maior número de flexões: flexiona-se em **pessoa**, **número**, **tempo** e **modo**.

Agora vamos estudar as **flexões de modo**.

1▸ Leia a tirinha a seguir.

BECK, Alexandre. *Armandinho*.

a) Que aspecto visual expressa a autoridade do adulto sobre a criança?

b) Explique o que a criança quis dizer com "fazer as pazes" referindo-se ao biscoito e aos dentes.

c) Releia o diálogo do segundo quadrinho prestando atenção às formas verbais destacadas:

— Você **sabe** que biscoitos não **são** amigos dos dentes!
— Sim, eu **sei**...

Assinale o item que indica o que as formas verbais destacadas acima podem expressar:

- incerteza, dúvida
- possibilidade, imaginação
- certeza, constatação
- ordem ou pedido

d) No último quadrinho o personagem Armandinho diz:

Mas talvez eles **possam** fazer as pazes...

Assinale o que a forma verbal destacada expressa:

- incerteza, dúvida
- certeza, constatação
- possibilidade, imaginação
- ordem ou pedido

Além de indicar o tempo e a pessoa a que se refere, o verbo indica o **modo** como um fato é expresso:

- algo real, certo — **modo indicativo**;
- possibilidade, hipótese — **modo subjuntivo**;
- ordem, pedido, conselho — **modo imperativo**.

2▸ Leia um trecho do livro *Fogo verde*, de Marcelo Leite, que conta as aventuras dos gêmeos Tiago e Francisco. Neste trecho eles estão em uma fazenda quando se inicia um incêndio:

—A gente pode ir também, pai? — arriscou Beto, mas imaginando que não ia rolar. Ele nunca tinha visto de perto um canavial em chamas.

—De jeito nenhum. Incêndio não é lugar para menino — cortou o general. — Onde já se viu?!

—Claro que não, Beto. É muito perigoso — completou o pai, pegando a chave do jipe na mão. —Vamos, pai. Dáblio, você pega o trator e vem atrás, pro caso de a gente precisar abrir um aceiro.

—Tenham cuidado! — gritou Cláudia, da varanda.

Voltaram para a mesa, mas já sem muito apetite. Tiago falou:

—Puxa, bem que eles podiam ter levado a gente. Já pensou? Ninguém ia acreditar na escola quando a gente contasse que ajudou a combater um incêndio.

LEITE, Marcelo. *Fogo verde*. São Paulo: Ática, 2009.

> ▸ **aceiro:** faixa de terra mantida limpa e sem vegetação para evitar que o fogo de queimadas ou incêndios se alastre.

Theo Szczepanski/Arquivo da editora

Releia e compare os trechos a seguir, observando as formas verbais que estão em destaque:

Trecho A	Trecho B	Trecho C
Voltaram para a mesa, mas já sem muito apetite.	Ninguém ia acreditar na escola quando a gente **contasse** que ajudou a combater um incêndio.	— **Tenham** cuidado!

De acordo com as formas verbais empregadas, indique a que trecho cada alternativa a seguir se refere:

a) Ordem, pedido. (   )

b) Ação realmente realizada no passado. (   )

c) Ideia de possibilidade, de algo que pode ou não acontecer. (   )

Modo indicativo

Releia estes trechos:

I.   Ele nunca tinha visto de perto um canavial em chamas.

II. Tiago falou [...]

III. [...] arriscou Beto [...]

IV. É muito perigoso [...]

V.   "Voltaram para a mesa [...]"

Theo Szczepanski/Arquivo da editora

Tanto a locução verbal da frase I (*tinha visto*) quanto as formas verbais dos trechos II, III, IV e V **expressam certeza** sobre os fatos que apresentam, portanto, estão no **modo indicativo**.

> **Indicativo** é o modo que indica **certeza**; é utilizado para expressar algo que acontece, aconteceu ou acontecerá seguramente.

> **Locução verbal** é a expressão formada por dois ou mais verbos com valor de um, pois expressam uma só ideia ou processo.

Modo subjuntivo

Releia este trecho:

> Ninguém ia acreditar na escola quando a gente **contasse** que ajudou a combater um incêndio.

Leia também estas frases:

> Se ele **conseguisse** contar isso na escola, ficaria feliz.
>
> Quando **contar** aos colegas, ficará feliz.
>
> Já imaginou se o pai **deixasse** o menino ir junto?
>
> O pai pediu que Dáblio **pegasse** o trator.

As formas verbais destacadas expressam dúvida sobre um fato que pode ou não acontecer, indicando incerteza, possibilidade, hipótese, desejo. Estão no **modo subjuntivo**.

> **Subjuntivo** é o modo que pode expressar **dúvida**, **hipótese**, **possibilidade**, **desejo** de que algo aconteça.

Modo imperativo

Observe a forma verbal destacada:

> — **Tenham** cuidado! — gritou Cláudia, da varanda.

Essa forma verbal expressa ordem, pedido ou recomendação. Está no modo **imperativo**.
Veja mais alguns exemplos:

> **Vá pegar** o trator e **venha** atrás, pro caso de a gente precisar abrir um aceiro.
>
> Nunca **se aproxime** demais do fogo.
>
> Não **chegue** muito perto do fogo!

Observe que há formas do imperativo acompanhadas de palavras negativas: *não, nunca*. É o **imperativo negativo**.

> **Imperativo** é o modo que pode expressar **ordem, pedido, súplica, recomendação, orientação, conselho, convite**. O imperativo pode ser **afirmativo** ou **negativo**.

Hora de organizar o que estudamos

▶ Se for necessário, consulte o que você estudou sobre os verbos. Copie e complete o esquema no caderno.

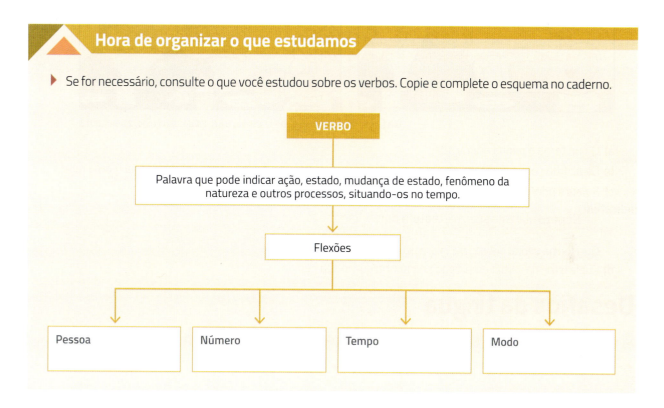

Atividades: usos de tempos e modos verbais

1▶ Recorde o que aprendeu sobre os **modos do verbo**:

> - **Indicativo** é o modo da **certeza**. É utilizado para expressar algo que acontece, aconteceu ou acontecerá seguramente.
>   Exemplo: Os governantes **fecharam** um acordo para diminuir a poluição.
>
> - **Subjuntivo** é o modo da dúvida; indica a possibilidade de algo ter acontecido ou vir a acontecer.
>   Exemplo: Se os governantes **fechassem** um acordo para diminuir a poluição, a atmosfera melhoraria.
>
> - **Imperativo** é o modo que expressa **ordem, pedido, súplica, recomendação, convite**. O imperativo pode ser **afirmativo** ou **negativo**.
>   Exemplos: Pelo bem do planeta, **fechem** um acordo para diminuir a poluição. / **Não desperdicem** água.

Agora, identifique o modo das formas verbais destacadas nas frases:

a) "Ouro Preto do Oeste **comemorou** 37 anos de emancipação" (*Diário da Amazônia*, Porto Velho, 21 jun. 2018)

b) "Calçados de borracha acrianos **encantam** lojistas de todo o Brasil" (*A Gazeta do Acre*, Rio Branco, 19 jun. 2018)

c) "Programa Educação Para Paz **será** executado nas escolas" (*A Gazeta AP*, Macapá, 17 jun. 2018)

d) "Devo, não nego, pago quando **puder**." (dito popular)

e) **Pense** globalmente e **aja** localmente.

2▶ Leia a tira a seguir e responda às questões no caderno.

WALKER, Mort. Recruta Zero. *O Estado de S. Paulo*, São Paulo, 21 dez. 2013.

a) O que torna a tirinha engraçada?

b) De acordo com o contexto, em que sentido está sendo usada a forma verbal *recobrar-se* na última fala?

c) Releia a primeira fala prestando atenção às palavras em destaque:

> **Espero** que este suco não **esteja** muito ácido.

Que forma verbal dessa fala expressa incerteza?

d) Copie a forma verbal empregada na tirinha que indica pedido.

Desafios da língua

A escrita e os sons da fala: palavras terminadas em -am e -ão

1▶ Leia a tira a seguir.

ZIRALDO. *As melhores tiras do Menino Maluquinho*. São Paulo: Melhoramentos, 2000. p. 46.

a) Que motivos Julieta teve para perguntar aos meninos se eles estavam brincando de super-heróis?

b) Qual é a crítica presente na fala "Não! De campanha eleitoral!"?

c) Na tirinha aparecem as formas verbais *pensavam*, *tinham*, *contavam*. Releia a tirinha em voz alta e identifique duas palavras em que a pronúncia final seja semelhante à dessas formas verbais, mas que tenham uma terminação diferente na escrita.

Na língua portuguesa, o som /ãum/, um **ditongo nasal**, pode ser representado de duas formas na escrita:

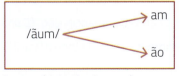

Lembre-se de que estamos falando de pronúncia. Assim, embora a escrita de palavras como *voltaram*, *cantam*, *amam*, *fizeram*, *tinham* seja feita com a terminação **-am**, isto é, com uma vogal e uma consoante, essa terminação é pronunciada como um encontro de vogais, portanto como um ditongo /ãum/.

Vamos observar em que palavras essas terminações podem aparecer.

2▸ Divida a folha de caderno em duas colunas. Escreva no topo de uma coluna **Oxítonas** e no topo da outra **Paroxítonas**.

a) Leia as palavras do quadro a seguir em voz alta e com naturalidade, isto é, sem forçar a pronúncia. Depois, distribua-as nas colunas correspondentes, de acordo com a posição da sílaba tônica.

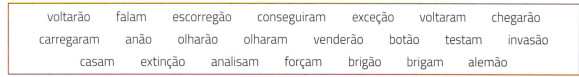

voltarão	falam	escorregão	conseguiram	exceção	voltaram	chegarão
carregaram	anão	olharão	olharam	venderão	botão	testam	invasão
casam	extinção	analisam	forçam	brigão	brigam	alemão

b) Releia as palavras de cada uma das colunas. O que você pode deduzir em relação ao uso do **-ão** e do **-am** no final dessas palavras no que se refere à tonicidade?

3▸ Observe e pronuncie esta sequência de palavras: *órfão, órgão, sótão*. No que se refere à tonicidade, é possível estabelecer uma regra única para as palavras terminadas em **-ão**?

4▸ Separe as palavras da atividade 2 novamente em duas colunas: uma para **Verbos** e outra para **Não verbos**. Releia as palavras que você escreveu na coluna **Verbos** e analise-as. É possível deduzir uma regra em relação às formas verbais no que diz respeito aos tempos verbais?

5▸ Copie as frases a seguir no caderno, substituindo o ▦ pela forma verbal mais adequada entre as que se encontram entre parênteses.

a) As andorinhas ▦ aos seus lugares de origem quando acabar o inverno.
(voltaram/voltarão/voltam)

b) Segundo o noticiário, os policiais ▦ rapidamente ao local do crime ontem.
(chegam/chegaram/chegarão)

c) Se vocês não se apressarem, não ▦ convites para o *show*.
(conseguiram/conseguem/conseguirão)

d) Atualmente, percebe-se que mais crianças ▦ pelos cruzamentos até altas horas da noite.
(ficarão/ficam/ficaram)

e) Quando o verão chegar, estas ruas ▦ a ser ruidosas e alegres.
(voltam/voltarão/voltaram)

f) No próximo mês, os coordenadores ▦ os resultados do exame aos candidatos.
(entregaram/entregarão/entregam)

g) Os últimos alunos ▦ a porta e saíram com lágrimas nos olhos depois da despedida do professor.
(fecham/fecharam/fecharão)

Mauricio Pierro/Arquivo da editora

6▸ Reescreva no caderno o parágrafo a seguir, de acordo com o que se pede, alterando o tempo das formas verbais e fazendo as adequações necessárias. Deve prevalecer a linguagem mais formal, mais monitorada.

> Pedaços maiores de plástico também causam danos ao sistema digestivo de aves e baleias — e são potencialmente fatais.

a) Comece com: Em outros tempos, ▦ .   **b)** Comece com: No futuro, ▦ .

7▸ **Em dupla.** Cada aluno da dupla fará uma lista com dez palavras que tenham a terminação **-am** ou **-ão**. Em seguida, vai ditá-las para o seu par, pronunciando-as naturalmente. Depois, troquem os cadernos e corrijam as palavras escritas pelo colega.

Outro texto do mesmo gênero

Leia o trecho de um texto de divulgação científica que trata dos nossos hábitos do dia a dia.

Pesquisa demonstra como anúncios de televisão difundem maus hábitos alimentares

A televisão (TV) é um veículo de comunicação utilizado para o entretenimento e para a educação e representa a fonte de informação sobre o mundo mais acessada pela maioria das pessoas, sendo capaz de transmitir aos mais diversos lugares e culturas dados sobre como as pessoas se comportam, o que vestem, o que pensam, como aparentam ser e o que comem.

Nota-se significativo aumento do tempo gasto com o hábito de assistir à TV. No Brasil, adolescentes passam cerca de cinco horas por dia diante da TV. Sabe-se que uma exposição de apenas 30 segundos a comerciais de alimentos é capaz de influenciar a escolha de crianças por determinados produtos, o que mostra que o papel da TV no estabelecimento de hábitos alimentares deve ser investigado.

Diante da TV, uma criança pode aprender concepções incorretas sobre o que é um alimento saudável, uma vez que a maioria dos alimentos veiculados possui elevados teores de gorduras, óleos, açúcares e sal.

Maus hábitos alimentares estão associados a diversos danos à saúde, entre eles, a obesidade, cujos índices têm crescido nas últimas décadas como resultado de aumento no consumo de alimentos com alta densidade calórica e redução na atividade física.

Há demonstrações de que, entre outros diversos fatores, o tempo que um adolescente passa assistindo à TV pode estar associado à obesidade: cada hora diante da TV pode ser associada, em média, a um aumento de até 2% na prevalência de obesidade.

A obesidade torna-se um problema de saúde pública agravado pelo fato de a TV exercer grande influência sobre os hábitos alimentares e promover o sedentarismo.

Conhecer como os meios de comunicação influenciam o estilo de vida e, principalmente, o comportamento alimentar, é essencial na tarefa de educar, informar e aconselhar os pais a respeito da influência da TV nas escolhas alimentares de seus filhos, além de dar subsídios para elaboração de estratégias de intervenção contra sua disseminação.

Assim, pesquisadores do Laboratório de Nutrição e Comportamento do Departamento de Psicologia e Educação da Faculdade de Filosofia, Ciência e Letras de Ribeirão Preto, no Estado de São Paulo, unidade da Universidade de São Paulo, propõem, neste estudo, registrar a quantidade e a qualidade de produtos alimentícios veiculados pelas principais redes de TV de canal aberto do País.

[...]

PORTAL de Divulgação Científica e Tecnológica. *Canal Ciência*. Disponível em: <http://www.canalciencia.ibict.br/pesquisa/0199-Anuncios-televisao-maus-habitos-alimentares1.html>. Acesso em: 21 jun. 2018.

Minha biblioteca

Tela plana: crônica de um país telemaníaco. Leo Cunha. Planeta do Brasil.

As 17 crônicas desse livro – algumas bastante críticas, outras muito divertidas – levam o leitor a refletir sobre o papel que a TV desempenha em nossa vida.

Reprodução/Editora Planeta do Brasil

Converse com os colegas e o professor sobre as questões a seguir.

1▸ Qual é o tema da pesquisa divulgada nesse texto?

2▸ Nesse texto a linguagem empregada é mais formal, mais monitorada, ou mais informal, espontânea? Indique alguns trechos que comprovem a sua resposta.

Esquema de texto de divulgação científica

Para organizar o conhecimento e não esquecer as principais informações, podemos fazer uso de **esquemas** que nos ajudem a produzir um resumo do conteúdo lido. O seu desafio é produzir um esquema com as ideias principais do texto "Pesquisa demonstra como anúncios de televisão difundem maus hábitos alimentares" e, depois, fazer uma apresentação oral a partir desse esquema. Para isso, junte-se a um colega e siga estas orientações.

➼ **Planejamento**

1▸ Copiem o esquema sugerido abaixo, no caderno ou em uma folha avulsa.

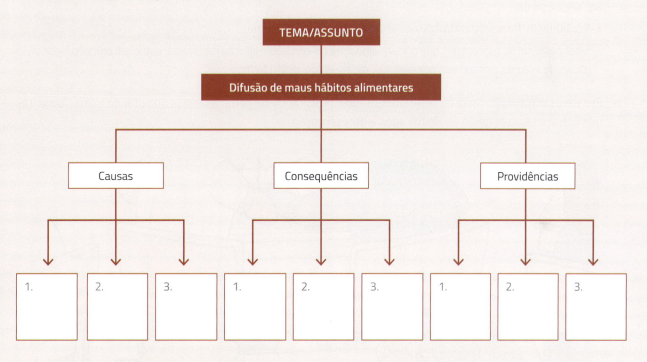

2▸ Os quadros a serem preenchidos são os últimos. Eles devem ser ampliados de acordo com o que vocês vão escrever neles. Se sentirem necessidade, o esquema pode ser alterado.

3▸ Providenciem uma cópia do texto "Pesquisa demonstra como anúncios de televisão difundem maus hábitos alimentares" e releiam-no, com o esquema em mãos, observando o que é solicitado nos quadros.

4▸ Grifem na cópia do texto as informações que consideram importantes.

5▸ Lembrem-se de que o assunto principal do texto é "Difusão de maus hábitos alimentares". Portanto, as informações do texto que vocês vão selecionar e grifar têm de estar relacionadas a esse assunto.

➼ **Versão inicial**

1▸ Preencham os quadros do esquema com as informações grifadas. Se houver necessidade, acrescentem outros quadros ao esquema.

2▸ Lembrem-se de que fazer o esquema de um texto é uma forma de resumi-lo, portanto escrevam as informações em tópicos, de forma resumida.

Revisão e versão final

1▸ Releiam o esquema e verifiquem se:

- todas as informações que vocês consideraram importantes estão presentes no esquema;
- há palavras que precisam ser corrigidas e se o texto está adequado;
- o esquema ficou claro para quem vai ler.

2▸ Façam os ajustes necessários e sigam a orientação do professor sobre como registrar a versão definitiva do esquema.

Apresentação oral com base no esquema

1▸ Aguardem as orientações do professor para fazer a apresentação oral a partir do esquema que vocês produziram.

2▸ Lembrem-se de:

- encadear as frases fazendo ligações entre as partes do esquema;
- usar palavras ou expressões que podem ajudar na construção e ligação das ideias, como *em primeiro lugar*, *além disso*, *no entanto*, *por sua vez*, *por exemplo*, *assim*, *então*, *dessa forma*.

3▸ Evitem usar frases do texto ou fazer comentários, procurando respeitar as ideias do autor do texto. Comentários sobre o texto poderão ser feitos após a apresentação.

Theo Szczepanski/Arquivo da editora

Chegou o momento de fazer um balanço de tudo o que foi estudado na Unidade 1. Leia o quadro de conteúdos para recordar o que estudou e, no caderno, avalie seu desempenho usando os tópicos propostos a seguir como orientação. Isso ajudará você na hora de organizar seus estudos.

Meu desempenho

- **Compreendi bem** (registre no caderno os itens que você compreendeu)
- **Avancei em** (registre no caderno os itens em que você melhorou)
- **Preciso rever** (registre no caderno os itens que você precisa estudar mais)
- **Outras observações e/ou outras atividades**

UNIDADE 1	
Gênero Texto de divulgação científica	**LEITURA E INTERPRETAÇÃO** · Leitura do texto de divulgação científica "Como a poluição por plástico ameaça a vida na Terra", BBC · Identificação das características da construção e da linguagem do texto de divulgação científica · Leitura e interpretação de infográfico e de gráfico **PRODUÇÃO TEXTUAL** **Oral** · Apresentação oral de informações com base em esquema · Interatividade: produção de *podcast* científico **Escrita** · Esquema de texto de divulgação científica
Ampliação de leitura	**CONEXÕES** · Outras linguagens: Foto em campanha · Notícia: um texto informativo · Fotos como texto informativo **OUTRO TEXTO DO MESMO GÊNERO** · "Pesquisa demonstra como anúncios de televisão difundem maus hábitos alimentares", Canal Ciência

Língua: usos e reflexão	· Verbo
	  – número e pessoa
	  – tempo
	  – modos: indicativo, subjuntivo, imperativo
	· Variedade linguística: usos de formas verbais
	· Desafios da língua: a escrita e os sons da fala: palavras terminadas em **-am** e **-ão**

Participação em atividades	· Orais · Coletivas · Em grupos

Theo Szczepanski/Arquivo da editora

UNIDADE

2

Entrevista

Muitos veículos de comunicação trazem entrevistas com pessoas que dominam um assunto, que se destacam em sua profissão ou que trazem alguma informação relevante.

Você gosta de ler ou assistir a entrevistas? Sobre quais assuntos? Lembra-se de alguma entrevista de que você gostou pelo assunto ou pelo entrevistado? Qual foi ela e por que você gostou?

Nesta unidade você vai:

- ler e interpretar entrevista;
- estudar estratégias de produção e recursos empregados em entrevistas;
- identificar alternância de turnos de fala;
- planejar, organizar, efetuar e registrar entrevista;
- reconhecer os usos do pretérito, do futuro e do presente;
- identificar formas nominais;
- identificar locuções verbais e seu uso;
- conhecer usos de variedades linguísticas.

ENTREVISTA

Nesta unidade, você vai ler uma entrevista feita com uma autora de livros cujo público-alvo são jovens e adolescentes. Ela foi escolhida para ser entrevistada por um jornalista em um *blog* do jornal *Folha de S.Paulo*, em sua versão *on-line*.

Na entrevista, a escritora responde a perguntas sobre seu trabalho, sobre os personagens que cria, bem como sobre seus leitores e a internet.

Será que escrever livros para jovens é uma tarefa simples e divertida? O que mudou em relação a isso em tempos de internet? Leia para saber o que pensa a entrevistada.

◣ Leitura

'Adolescente está lendo cada vez mais', diz Thalita Rebouças; leia entrevista com a autora

Bruno Molinero

9 jun. 2017 às 10h13

Os 2 milhões de exemplares vendidos no Brasil e os mais de 20 livros lançados deixaram o mundo da literatura pequeno — e fizeram Thalita Rebouças invadir o cinema. Já são seis filmes confirmados, todos inspirados em suas obras. "É Fada!", baseado em "Uma Fada Veio me Visitar", estreou com a *youtuber* Kéfera no papel principal. "Fala Sério, Mãe!" deve chegar às telas no início de 2018, com Ingrid Guimarães e Larissa Manoela no elenco.

Mas a autora não deixou a literatura de lado. Ela acaba de lançar "Confissões de um Garoto Tímido, Nerd e (Ligeiramente) Apaixonado", criado como um desdobramento do também longo título "Confissões de uma Garota Excluída, Mal-Amada e (um pouco) Dramática", lançado em 2016. No "*spin-off*", Davi tenta deixar a timidez de lado e se aventurar pelo campo da astrologia.

"As vendas de direitos dão uma ajudinha no orçamento. Mas, muito antes de fazer filme, eu já estava vivendo de literatura. Da venda de livros mesmo", diz Rebouças. Por isso, não tem dúvidas de afirmar: "Hoje o adolescente sente vergonha de dizer que não gosta de ler". "Ele está lendo cada vez [mais]", completa.

Thalita Rebouças, São Paulo, SP, 2018.

▶ ***spin-off:*** desdobramento; história originada de outra já existente.

Abaixo, ela fala sobre livros, internet e o rótulo "literatura de mulherzinha". Confira.

FOLHA — Hoje você vive de literatura?
Thalita Rebouças — Graças a Deus. Vivo não só dos livros, mas do que a literatura me trouxe. Peças, filmes… As vendas de direitos dão uma ajudinha no orçamento. Mas, muito antes de fazer filme, eu já estava vivendo de literatura. Da venda de livros mesmo.

Isso quebra a ideia de que o adolescente não lê no Brasil?
Com certeza. Adolescente está lendo cada vez mais. E as editoras estão oferecendo um catálogo mais diverso. Quando eu entrei na Rocco, por exemplo, eles tinham só os livros do Harry Potter, os de outra autora e os meus. Para esse público, era só isso. Dezessete anos depois, o mercado editorial cresceu, se especializou, descobriu novos autores.

Ler deixou de ser coisa de *nerd*?
Quando comecei, a coisa que mais ouvia era: "Ler é chato, odeio livros". Hoje o adolescente sente vergonha de dizer que não gosta de ler.
"Harry Potter" foi o grande responsável por essa mudança. Mostrou que não importa o tamanho da história ou se ela não tem ilustrações — se é boa e bem escrita, vai ser lida. A J. K. Rowling ajudou muitos novos autores a surgirem. Inclusive eu, sou muito grata a ela.

Dá tempo de conhecer os novos autores?
Tento acompanhar os lançamentos, nem sempre dá tempo. Mas já li Paula Pimenta, Laura Conrado… O contato com elas é ótimo. Ser escritora é uma profissão muito solitária.

O livro novo, "Confissões de um Garoto Tímido, Nerd e (Ligeiramente) Apaixonado", foi uma sugestão dos leitores?
Foi sim. O "Confissões de uma Garota Excluída, Mal-Amada e (um pouco) Dramática" foi o primeiro livro em que falei de verdade sobre *bullying*. Ele é quase um personagem. O Davi e o Zeca, personagens da história que são amigos da Tetê e tiram essa protagonista do desconforto de encarar uma escola nova, acabaram ganhando o coração dos leitores [no livro, Tetê muda de casa com a família e precisa trocar de colégio, de amigos e superar uma desilusão amorosa]. Todos me pediram uma história sobre os dois.
Achei que seria mais divertido falar do Davi. Gostei de escrever sobre um menino que fala como um velho, tratar de corações partidos. Chorei muito escrevendo.

Quanto tempo demora para escrever um livro como esse, de 304 páginas?
Deu muito trabalho. O Davi sempre amou estrelas e se interessou por astrologia. Por isso ele decide fazer um curso sobre o tema — e eu tive que entrar

NOME Thalita Rebouças //
IDADE 42 // **LIVROS RECOMENDADOS** "Ela Disse, Ele Disse", série "Fala Sério!", "360 Dias de Sucesso" // **LIVRO FAVORITO NA INFÂNCIA** "Marcelo, Marmelo, Martelo", de Ruth Rocha

nerd: gíria, pejorativa ou não (dependendo do contexto), usada para caracterizar pessoa tímida, pouco sociável, às vezes vista como pedante ou excêntrica, que se dedica muito a estudar e/ou a trabalhar.

nesse curso com ele. Pedi a consultoria de uma astróloga, que me ajudou em vários momentos. Perdi as contas de quantas mensagens mandei para ela de madrugada, perguntando o que um canceriano com lua em tal casa faria em determinada situação [risos].

Ela chegou até a fazer o mapa astral do Davi. O que é um pouquinho o meu mapa também, porque nós nascemos no mesmo dia: 10 de novembro. Foi muito interessante construir um personagem sabendo qual é o signo dele, o ascendente, a lua, a casa oito. E, a partir disso, escrever as minhas percepções.

Levei oito ou nove meses no processo de pesquisar, escrever, revisar. Foi um dos mais demorados.

Decidiu tratar desses assuntos porque astrologia está na moda?

Adolescente ama signo. Pensei: as meninas vão pirar se eu falar disso. Quando perguntei nas redes sociais sobre o que elas achavam… Nossa!

Como é essa interação com os leitores pela internet?

Eu e a internet nos damos superbem. Faz muita gente se aproximar de mim, conhecer os meus livros. Na época do livro da Tetê, pedi no Snapchat histórias de *bullying*. Foram mais de 5 000 relatos. Eu mesma leio e respondo tudo.

É possível ser escritor sem ser ativo nas redes sociais?

Claro. Mas é muito natural para mim. Estou conectada desde o começo. A facilidade de conversar com o leitor que mora no Maranhão, por exemplo, é fascinante.

Mas tem a questão do seu público também. Você está na internet porque o adolescente está 100% do tempo lá.

Exatamente. Não dá para estar *off-line*. O doido é que muitas leitoras que falam comigo pelas redes sociais ficam tão nervosas quando me encontram pessoalmente que ficam completamente mudas. Aí chegam em casa e me mandam um textão pelo computador ou pelo celular.

▶ *off-line*: sem conexão, desconectado, sem acesso à internet.

Após 17 anos de carreira, os seus primeiros leitores já são adultos, talvez muitos até tenham filhos. Por que seus livros não envelheceram com eles? Por que continuar escrevendo para adolescentes?

Acho que tenho 14 anos de maturidade [risos]. Certa vez, fiz um evento com a Ruth Rocha em São Paulo e perguntaram por que ela escrevia só para crianças. A resposta foi: "Porque, para mim, não faz sentido se não for para crianças". É lindo. E eu tenho isso com os adolescentes. Sei que eles estão crescendo, envelhecendo, procurando outras coisas. Mas acho incrível fazer parte de uma fase da vida tão complicada, que é a adolescência. Realmente não consigo pensar em histórias que não sejam para eles.

É para essa menina de 14 anos que você escreve?

Sempre penso nessa adolescente que mora em mim. Digo que essa menina de 14 anos escreve, e a jornalista de 42 anos revisa.

Na última Bienal do Livro de São Paulo, a escritora Marian Keyes, autora de "Melancia", reclamou do rótulo "*chick lit*" [algo como "literatura de mulherzinha"] que é dado para os seus livros. Suas histórias também são classificadas assim?

Não gosto desse rótulo. Faço livros para quem gosta de se divertir. Por que as meninas leem a vida inteira obras como "Menino Maluquinho", "Marcelo Marmelo Martelo" e "Harry Potter", mas não têm nenhum preconceito? Ninguém diz que o Ziraldo só faz livros para meninos. Mas adoram dizer que os meus são para garotas. É um machismo de berço, que faz meninos dificilmente passarem a barreira da capa. Só que, quando isso acontece, eles amam a história.

Espero sinceramente que essa barreira de gênero seja quebrada. Na verdade, acho que já está sendo. Da mesma forma que vi a galera começar a tomar gosto pela leitura, espero viver para acompanhar esse rótulo de "literatura de menina" desaparecer.

MOLINERO, Bruno. *Blog da Folha*. Disponível em: <https://eraoutravez.blogfolha.uol.com.br/2017/06/09/adolescente-esta-lendo-cada-vez-mais-diz-thalita-reboucas-leia-entrevista-com-a-autora/>. Acesso em: 23 jul. 2018.

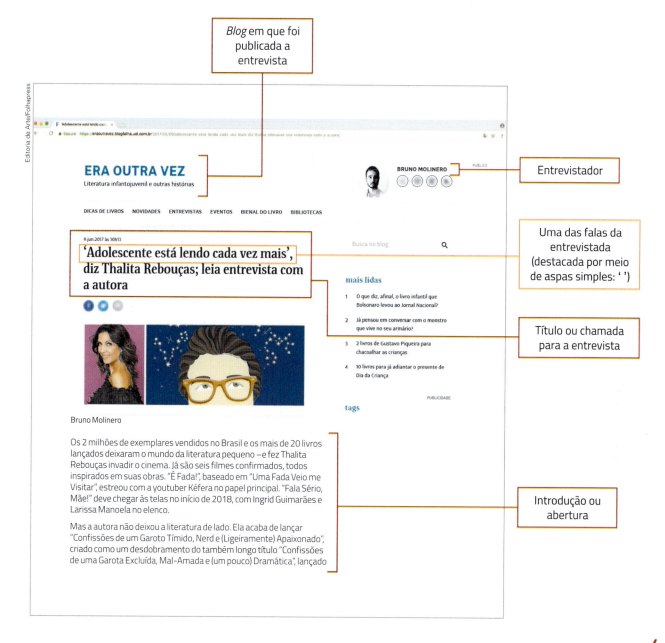

Editoria de Arte/Folhapress

Blog em que foi publicada a entrevista

Entrevistador

Uma das falas da entrevistada (destacada por meio de aspas simples: ' ')

Título ou chamada para a entrevista

Introdução ou abertura

Interpretação do texto

Compreensão inicial

1▸ Antes de começar a entrevista propriamente dita, há um texto de introdução que traz informações sobre a entrevistada:

a) Qual é o objetivo de colocar essas informações e uma introdução antes de dar início à entrevista?

b) Escreva três informações presentes na introdução que se destacam e revelam quem é a entrevistada.

c) Qual é o público-alvo do *blog*, ou seja, a quem se dirige? Justifique.

2▸ Releia o título da entrevista:

> Adolescente está lendo cada vez mais

A que a escritora atribui essa mudança? A quem ela se refere ao longo da entrevista?

3▸ Assinale as alternativas que indicam o que Thalita Rebouças afirma ser importante para fazer a leitura prazerosa de um livro.

a) O que influencia a escolha de um livro é o tamanho da história.

b) O que mais importa em um livro é a quantidade de ilustrações.

c) O importante na escolha do livro é que a história seja boa.

d) Um fator muito importante na escolha de um livro é a história ser bem escrita.

4▸ Pelas respostas dadas pela entrevistada, ela é favorável ao uso das redes sociais? Por quê?

5▸ Por que a entrevistada afirma ter 14 anos de idade?

6▸ Ao afirmar que meninas leem *O Menino Maluquinho*, de Ziraldo, mas meninos não leem seus livros, a entrevistada diz que se trata de "machismo de berço". Registre no caderno as alternativas que explicam o que isso quer dizer.

a) Meninos nem abrem os livros de Thalita Rebouças.

b) *O Menino Maluquinho* foi escrito para meninos.

c) Meninas preferem os livros de Thalita Rebouças aos do *Menino Maluquinho*.

d) Meninas leem *O Menino Maluquinho* e os livros de Thalita Rebouças.

e) Meninos acham que os livros de Thalita Rebouças são destinados a meninas.

7▸ Escreva no caderno o que a entrevistada gostaria de mudar com relação à leitura.

8▸ Depois de ter lido a entrevista, responda: escrever livros para jovens é uma tarefa simples e divertida?

Linguagem e construção do texto

Entrevistas geralmente contêm:

- introdução ou abertura;
- perguntas e respostas.

Turnos de fala

Para ler e compreender as perguntas e as respostas de uma entrevista, é preciso ficar atento aos **turnos de fala**.

> **Turno de fala** é o nome dado ao ato em que um falante toma a palavra. Na entrevista, um turno de fala é do entrevistador, e o outro é do entrevistado.

A diferenciação dos turnos de fala foi feita só na primeira pergunta e na primeira resposta da entrevista. Veja:

Entrevistador ⟶ **FOLHA — Hoje você vive de literatura?**

Entrevistada ⟶ **Thalita Rebouças** — Graças a Deus. Vivo não só dos livros, mas do que a literatura me trouxe. [...]

▶ No restante da entrevista, qual foi o recurso usado no *blog* para o leitor perceber a mudança dos turnos de fala?

Organização da entrevista

1▶ Em uma entrevista, é necessário que o entrevistador faça um roteiro de perguntas para não se perder. Dos temas a seguir, assinale apenas aqueles que **não** foram escolhidos para o roteiro da entrevista de Thalita Rebouças.

a) Adolescentes.　　**d)** Seus personagens.

b) Viagens.　　**e)** Leitores.

c) Redes sociais.　　**f)** Vida particular.

2▶ Mesmo com o roteiro pronto, muitas vezes o entrevistador se desvia dele para fazer perguntas baseadas em respostas dadas pelo entrevistado. Veja:

> **[...] Por que continuar escrevendo para adolescentes?**
> Acho que tenho 14 anos de maturidade.
>
> **É para essa menina de 14 anos que você escreve?**

Volte ao texto da entrevista e encontre outro exemplo de pergunta feita pelo entrevistador baseada em uma resposta da entrevistada. Registre no caderno.

3▶ Releia dois trechos de falas da entrevistada:

> Perdi as contas de quantas mensagens mandei para ela de madrugada, perguntando o que um canceriano com lua em tal casa faria em determinada situação **[risos]**.

> Ele é quase um personagem. O Davi e o Zeca, personagens da história que são amigos da Tetê e tiram essa protagonista do desconforto de encarar uma escola nova, acabaram ganhando o coração dos leitores **[no livro, Tetê muda de casa com a família e precisa trocar de colégio, de amigos e superar uma desilusão amorosa]**.

A palavra e a frase em destaque foram escritas dentro de colchetes (**[ ]**). No primeiro caso, o uso de colchetes indica algo que acontece durante a entrevista. No segundo, indica acréscimo de informação.
Encontre na entrevista outros exemplos de colchetes para indicar cada um desses usos.

4▶ A entrevista, registrada por meio de texto escrito, traz marcas da oralidade, com palavras e expressões comumente empregadas em situações de fala. Isso indica a variedade linguística usada, ou seja, uma linguagem mais informal.
No caderno, copie da entrevista exemplos de palavras ou expressões usadas no dia a dia, em situações de fala.

5▶ Releia estas expressões presentes nas respostas da entrevistada.

Graças a Deus	Com certeza	Foi sim	Claro	Exatamente

Assinale as alternativas que explicam o uso dessas expressões. Elas indicam que:
a) a entrevistada é objetiva.
b) a entrevistada não elabora bem suas respostas.
c) a entrevistada usa expressões próprias da fala.
d) a entrevistada procura falar pouco.

6 Na entrevista, além do texto verbal em forma de perguntas e respostas, também foram empregados recursos não verbais: fotos da escritora e da ilustração da capa de um dos seus livros.

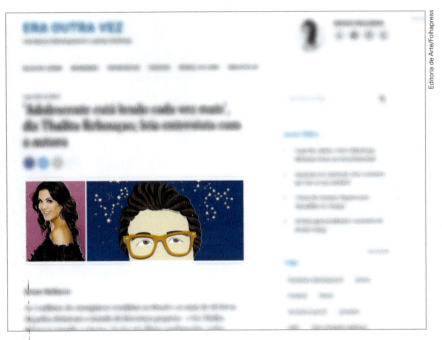

Em sua opinião, as imagens utilizadas ajudam a contextualizar a entrevista ou são dispensáveis?

Hora de organizar o que estudamos

▶ Copie o esquema no caderno e complete-o com as palavras adequadas, retiradas do quadro.

| informações | marcas de oralidade | abertura | fotos | turnos de fala |

ENTREVISTA

Conversa entre entrevistador e entrevistado veiculada em jornal, rádio, televisão ou internet, alternando ▉.

Intenção/finalidade
- Colher ▉, declarações e opiniões do entrevistado que interessem ao público-alvo.

Linguagem e construção
- ▉ ou introdução.
- Roteiro de perguntas previamente preparado pelo entrevistador.
- Recursos como ▉, ilustrações e letras em tamanhos diferentes.
- Linguagem mais informal com ▉, conforme a situação comunicativa.

Público-alvo/leitor
- Interessados em conhecer aspectos da vida, opiniões e informações das pessoas entrevistadas.

Prática de oralidade

Conversa em jogo

Adolescente é assim?

Afinal, o que é ser adolescente? Muito se fala sobre essa época da vida. Cada ser humano passa pelas diferentes fases da vida de uma maneira, conforme seus valores e suas vivências.

Na entrevista, há algumas declarações sobre a adolescência e sobre os adolescentes, a partir do ponto de vista da escritora. Releia:

Adolescente está lendo cada vez mais.

Hoje o adolescente sente vergonha de dizer que não gosta de ler.

Adolescente ama signo.

Não dá para estar *off-line*.

[...] uma fase da vida tão complicada, que é a adolescência.

Agora, a partir de seu ponto de vista de adolescente, você vai se posicionar sobre cada uma das declarações da entrevistada.

1▸ Copie essas declarações e, na frente de cada uma delas, escreva: "Concordo.", "Concordo só em parte." ou "Discordo.".

2▸ Pense em argumentos que você poderá usar para justificar sua opinião. Eles deverão ser bem fundamentados.

3▸ Aguarde a sua vez de se posicionar. Ouça as posições e os argumentos dos colegas, respeitando opiniões contrárias à sua.

Purestock/Getty Images

Apresentação oral

Análise de entrevista ouvida ou assistida

Vocês leram uma entrevista registrada por escrito. Entretanto, quando feita ao vivo, oralizada, em rádio, TV ou outras mídias, a entrevista apresenta características próprias.

➡ **Pesquisa**

▶ Reúna-se com alguns colegas. Cada grupo deverá:

a) escolher uma entrevista apresentada em vídeo na TV ou na internet para assistir e, se possível, gravar;

b) fazer um quadro onde deve ser anotado o resultado do levantamento dos elementos presentes na entrevista escolhida, como os indicados a seguir:

Entrevistado (Quem é, qual é sua importância.)	
Assunto (Qual é o foco de interesse da entrevista – pessoal, profissional, opiniões.)	
Suporte (De onde foi tirada a entrevista – TV, vídeo, internet.)	
Abertura (Como a introdução da entrevista é feita pelo entrevistador.)	
Roteiro de perguntas (Se o roteiro foi preparado; se foram feitas perguntas baseadas em alguma resposta; se as perguntas eram abertas, mais livres, ou fechadas, com respostas do tipo "sim" ou "não".)	
Variedade linguística (Se a linguagem empregada pelo entrevistado e pelo entrevistador é mais formal, mais informal, mais espontânea, mais cuidada, etc.)	
Fala do entrevistado (Elementos relacionados à fala do entrevistado, como voz, entonação, clareza.)	
Postura corporal (Aspectos relacionados às atitudes do entrevistado: gestos, expressão facial, contato com a plateia, em caso de entrevista realizada em algum programa com público).	
Comentários do grupo a respeito da entrevista (Se estava adequada, se foi muito longa ou curta, se manteve o interesse de quem a acompanhou).	

Minha biblioteca

Universo HQ Entrevista.
Sidney Gusman. Nemo.

O livro reúne 21 entrevistas com alguns dos quadrinistas mais consagrados no Brasil e no mundo. Os artistas dos quadrinhos falam dos mais variados assuntos, para deleite dos fãs das HQs.

Reprodução/Nemo

➡ **Apresentação**

1▶ Escolham um trecho da entrevista e a apresentem aos colegas.

2▶ Dividam os itens do quadro de anotações entre os membros do grupo para que todos tenham a oportunidade de participar da apresentação.

3▶ Apresentem aos colegas o trabalho realizado e aguardem para conhecer o trabalho feito por eles.

Outras linguagens: Pintura

Você leu uma entrevista que tem como foco a leitura nos dias atuais. Será que a forma de ler foi sempre assim?

Veja uma pintura feita em 1892 pelo artista brasileiro Almeida Junior (1850-1899). Seu título é *Leitura*.

Leitura, de Almeida Junior, 1892. Óleo sobre tela, 95 cm × 141 cm. Pinacoteca do Estado de São Paulo.

Uma informação interessante sobre a época em que essa pintura foi produzida, isto é, o final do século XIX: ler era um hábito pouco difundido e também não era prática muito comum entre as mulheres.

Em grupo, observem e comentem:

1 ▸ Como a jovem está vestida? Como é o local em que ela se encontra?

2 ▸ Como é a paisagem que está em segundo plano?

3 ▸ O que se nota na postura e na expressão da jovem?

4 ▸ O que a presença de uma cadeira vazia na cena pode indicar?

5 ▸ Esses elementos podem indicar a posição social da mulher que lê?

6 ▸ Com relação aos hábitos de leitura da época de produção da pintura, o que é possível concluir sobre a cena retratada?

A leitura nos dias atuais: gráficos e tabela

Muita coisa mudou de 1892 até os dias de hoje. Atualmente, quem lê? Por que lê? Quanto lê? O que lê?

Os gráficos reproduzidos a seguir fazem parte de uma pesquisa sobre a leitura no Brasil, feita com 2 798 leitores. Observe-os e verifique: Em quais categorias você se encaixa, de acordo com as perguntas feitas na pesquisa?

▶ Leia os gráficos ao lado e os demais dados, todos retirados da mesma pesquisa. Em seguida, responda às questões.

a) Considerando sua possível resposta à pergunta do **gráfico 1**, em que porcentagem do gráfico você se encaixaria?

Gráfico 1

Qual a principal razão para o(a) sr.(a) ler?

(%)	2015
Gosto	25
Atualização cultural ou Conhecimento geral	19
Distração	15
Crescimento pessoal	10
Motivos religiosos	11
Exigência escolar ou da faculdade	7
Atualização profissional ou exigência do trabalho	7
Outros	1
Não sabe/Não respondeu	5

RETRATOS *da leitura no Brasil*. 4. ed. São Paulo: Instituto Pró-Livro, 2016. p. 23.

Gráfico 2

b) Considerando sua possível resposta à pergunta do **gráfico 2**, em que porcentagem do gráfico você se encaixaria?

Qual destes fatores mais influencia o(a) sr.(a) na hora de escolher um livro ou autor para ler?

(%)	2015
Tema ou assunto	30
Dicas de outras pessoas	11
Autor	12
Título do livro	11
Capa	11
Dicas de professores	7
Críticas/resenhas	5
Publicidade/Anúncio	2
Editora	2
Redes sociais	2
Outro	1
Não sabe/Não respondeu	8

RETRATOS *da leitura no Brasil*. 4. ed. São Paulo: Instituto Pró-Livro, 2016. p. 26.

Tabela

Quais destes tipos de livro, em papel ou em formato digital, o(a) sr.(a) leu no último ano?

(%) 2015	TOTAL	Está estudando	Não está estudando
Base: Leitores	2 798	1 119	1 679
Bíblia	42	31	50
Religiosos	22	13	29
Contos	22	31	15
Romance	22	22	22
Didáticos, ou seja, livros utilizados nas matérias do seu curso	16	28	9
Infantis	15	21	11
Histórias em quadrinhos, Gibis ou RPG	13	18	9
Poesia	12	17	9
História, Economia, Política, Filosofia ou Ciências Sociais	11	13	9
Ciências	10	18	5
Culinária, Artesanato, "Como Fazer"	10	5	13
Técnicos ou universitários, para formação profissional	10	11	9
Saúde e Dietas	8	6	10
Biografias	8	10	7
Autoajuda	8	5	10
Artes	7	11	4
Juvenis	7	12	4
Educação ou pedagogia	6	8	4
Viagens e esportes	5	6	4
Línguas (como inglês, espanhol, etc.)	5	8	3
Enciclopédias e dicionários	4	5	3
Direito	3	4	3
Esoterismo ou ocultismo	2	1	2
Não sabe/Não respondeu	5	8	4
MÉDIA DE GÊNEROS POR ENTREVISTADO	2,8	3,2	2,6

RETRATOS *da leitura no Brasil*. 4. ed. São Paulo: Instituto Pró-Livro, 2016. p. 29.

c) E você, que tipos de livro leu? Por quais gêneros se interessa mais? E por quais não se interessa?

⬧ Língua: usos e reflexão

Verbo II

Na unidade anterior, você estudou os tempos do verbo: presente, pretérito e futuro. Nesta unidade, esse estudo será ampliado.

Usos do pretérito

No trecho que você vai ler, Robert Madden, o autor da foto abaixo, conta como flagrou o momento do impacto entre um avião e uma caminhonete durante um pouso de emergência perto da cidade de Sanarate, na Guatemala.

O avião **fez** um pouso de emergência e **bateu** na caminhonete que **fora nos buscar**, bem perto de nós. Instintivamente **agarrei** a câmera e **comecei a fotografar**. [...]

50 melhores fotos e as histórias por trás das lentes. *National Geographic Brasil*. Edição especial. Ed. 176-A. São Paulo: Abril, 2014. p. 58.

Observe que todas as formas verbais destacadas estão no pretérito (ou passado).

> O **pretérito**, ou **passado**, é o tempo verbal que indica um fato acontecido **antes do momento** em que se fala.

Podemos expressar os acontecimentos ocorridos no passado de formas diferentes. Veja a seguir.

Pretérito perfeito

1▸ Releia um trecho da fala do fotógrafo e responda às questões a seguir.

> O avião **fez** um pouso de emergência e **bateu** na caminhonete [...].

a) Assinale a alternativa que indica o que as formas verbais destacadas expressam.
  - Ação habitual, contínua, no passado.
  - Ação iniciada e concluída no passado.
  - Ação iniciada no passado, antes de outra ação.

b) Das duas frases a seguir, assinale aquela em que as formas verbais destacadas expressam a mesma ideia da frase anterior.

- A caminhonete **buscava** as pessoas no lugar do acidente.
- A caminhonete **buscou** as pessoas no lugar do acidente.

As formas verbais *fez*, *bateu* e *buscou* expressam as ações totalmente concluídas: iniciam e acabam. Trata-se de formas verbais no **pretérito perfeito**.

O pretérito perfeito é o tempo verbal que indica ações, fatos ou estados iniciados e concluídos no passado.

A palavra *perfeito* é empregada no sentido de algo pronto, acabado.

Pretérito imperfeito

2▸ Leia o quadrinho reproduzido a seguir.

THAVES, Bob. Frank & Ernest. *O Estado de S. Paulo*, São Paulo, 11 nov. 2014. Caderno 2, p. C4.

O que o personagem quis criticar em sua fala?

Na fala do personagem, as formas verbais *choravam* e *estavam* não indicam fatos concluídos, e sim continuidade: os bebês *choravam* quando *estavam* com fome era um fato habitual que acontecia no passado (observe a expressão "Houve uma época...").

Essas formas verbais estão no **pretérito imperfeito**. Esse tempo expressa um fato ou uma ação que costumava acontecer no passado, uma ação habitual.

Dizemos que essa forma verbal indica uma ação que tem **continuidade no passado**.

Pretérito mais-que-perfeito

Retome um trecho da fala do fotógrafo, prestando atenção à parte destacada:

> O avião fez um pouso de emergência e bateu na caminhonete que **fora nos buscar**.

Observe que a ação expressa em *fora nos buscar* indica um fato — no passado — que ocorreu antes de outro fato — *bateu* —, realizado também no passado.

O primeiro verbo da locução verbal — *fora* — está no **pretérito mais-que-perfeito**: uma ação passada que ocorre antes de outra ação também no passado.

Leia como fica a frase com outro jeito de empregar a forma verbal no pretérito mais-que-perfeito:

> O avião fez um pouso de emergência e bateu na caminhonete que **tinha ido nos buscar**.

Essa é a forma do pretérito mais-que-perfeito mais empregada no dia a dia.

Veja outros exemplos desse uso no dia a dia:

> Creche que desabou **tinha sido** fechada por problemas no teto em 2017.
>
> Disponível em: <https://g1.globo.com/>. Acesso em: 18 abr. 2018.

> Policiais militares recuperaram um veículo que **havia sido** roubado no final de semana.
>
> Disponível em: <www.nfnoticias.com.br/noticia>. Acesso em: 29 jun. 2018.

Atividades: usos do verbo no pretérito

1▸ Leia o quadro a seguir antes de fazer a atividade.

> - **Pretérito perfeito:** ação iniciada e concluída no passado.
> - **Pretérito imperfeito:** ação habitual, contínua, no passado.
> - **Pretérito mais-que-perfeito:** ação anterior a outra ação também no passado.

Nas frases seguintes, as formas verbais destacadas estão no pretérito. Identifique o pretérito empregado em cada caso.

a) "Dezessete anos depois, o mercado editorial **cresceu**, **se especializou**, **descobriu** novos autores." (Entrevista com Thalita Rebouças)

b) "Apreendidas kombis que **faziam** transporte irregular em Paulista." (<https://tvjornal.ne10.uol.com.br/noticia/>, 6 jul. 2018)

c) "Meia **perdeu** cobrança no final da prorrogação, mas **acertou** na disputa de pênaltis." (<www.espn.com.br>, 1º jul. 2018)

d) "**Fazia** muito frio à noite e **estava** escuro." (<www.diariodepernambuco.com.br>, 13 jul. 2018)

e) "Alyssa, nome da embarcação, **tinha saído** do porto de Padang, em Sumatra, e não resistiu aos fortes ventos a caminho das ilhas Mentawai." (<https://globoesporte.globo.com/>, 3 ago. 2018)

f) "**Saíra** tão tarde que chegaria atrasado mais uma vez." (<https://www.jornalfato.com.br/>, 8 ago. 2018)

2▸ Leia a tira reproduzida a seguir, atentando para as formas verbais.

SCHULZ, Charles M. Minduim. *O Estado de S. Paulo*, São Paulo, 12 nov. 2014. Caderno 2, p. C4.

a) O menino Linus espera pelo "Grande Abóbora". O que a fala da menina Lucy, no terceiro quadrinho, expressa?

b) O que revelam o balão de pensamento do cãozinho Snoopy no segundo quadrinho e sua atitude no último quadrinho?

c) Algumas formas verbais foram escritas de maneira reduzida. Que formas verbais são essas? Quais formas completas correspondem a elas?

d) Por que essas formas verbais foram empregadas dessa maneira?

3▸ Leia a tira a seguir.

WALKER, Mort. Recruta Zero. *O Estado de S. Paulo*, São Paulo, 24 nov. 2014. Caderno 2, p. C6.

a) O que expressa humor na tira?

b) Que ideia a respeito do sargento pode estar implícita na fala dos soldados?

c) Observe as formas verbais empregadas: *tivemos, ouvimos, foi* e *caiu*. Elas se referem a um fato que aconteceu e se encerrou. Qual é o tipo de pretérito que expressa essa ideia?

4▸ Leia a tira de Luis Fernando Verissimo e responda às questões no caderno.

VERISSIMO, Luis Fernando. Família Brasil. *O Estado de S. Paulo*, São Paulo, 3 out. 1999. Caderno 2.

a) Que ideia pode estar implícita, isto é, subentendida, na resposta "Normal, também", dada pelo personagem que não aparece?

b) Em sua opinião, os fatos acontecidos durante o dia parecem ter abalado o personagem que aparece na tira? Explique.

c) Releia estas formas verbais presentes na primeira fala: *fiquei, fui assaltado* e *disseram*. Qual é o tempo verbal dessas formas? Por que ele foi usado?

d) Imagine que o personagem já tenha passado pelo que falou tantas vezes que vai se referir ao dia seguinte. Reescreva toda a fala dele no tempo futuro. Copie o texto abaixo no caderno substituindo os ▨ por formas verbais do futuro.

— Amanhã, ▨ duas horas preso no trânsito, ▨ assaltado e ▨ que este ano não ▨ aumento. E o seu dia, como ▨?

Usos do futuro

Futuro do presente e futuro do pretérito

Alguns tempos verbais são empregados com mais frequência no dia a dia do que outros.

1▸ Leia a tira reproduzida a seguir e responda às questões no caderno.

SCHULZ, Charles M. Minduim. *O Estado de S. Paulo*, São Paulo, 11 nov. 2014. Caderno 2, p. C4.

a) Qual é a preocupação do menino? E a de Snoopy?

b) Releia a fala do menino:

> Você está aqui, sentado numa plantação de abóboras, de repente **vai ver** o "Grande Abóbora"...

Assinale a alternativa correta. A forma verbal destacada refere-se a:

- um fato passado.
- algo que ainda não aconteceu.
- um fato que está ocorrendo no momento em que se fala.

A forma verbal acima está no **futuro**.

Releia este trecho da fala:

> [...] de repente **vai ver** o "Grande Abóbora"...

Essa frase poderia também ser construída assim:

> De repente **verá** o "Grande Abóbora"...

Em ambos os casos, os verbos estão no **futuro do presente**, que expressa mais certeza sobre um fato que ainda poderá acontecer. A diferença entre essas formas é que *vai ver* é mais empregada no dia a dia, tanto na escrita quanto na fala, e *verá* é mais empregada em situações mais formais.

c) Releia a fala do terceiro quadrinho:

> Eu realmente **gostaria** de saber o que está se passando na sua cabeça.

Assinale a alternativa correta. A forma verbal destacada expressa:

- fato já acontecido.
- algo que pode ou não acontecer.
- algo que está acontecendo.

Assim, temos dois tipos de futuro:

1. Futuro do presente do indicativo — dá maior grau de certeza sobre algo que ainda vai se realizar.

> **Faltará** água neste verão.
> Pavimentação asfáltica **trará** qualidade de vida à comunidade.

2. Futuro do pretérito do indicativo — indica um fato incerto ou um fato que acontecerá apenas se cumprida uma certa condição.

> Se chegássemos cedo, **pegaríamos** um bom lugar na plateia.
> Se os pescadores conseguissem manter o barco no rumo, **poderiam** se salvar.
> Quando cessar a tempestade, o navegador **poderá** descansar um pouco.
> Se as pessoas fossem incentivadas a ler desde cedo, **seriam** mais felizes.

As formas sublinhadas estão no modo subjuntivo. É comum o subjuntivo aparecer relacionado às formas do futuro, pois indica possibilidade, algo que pode ou não acontecer, ou que poderia ter acontecido, se houvesse determinada condição. Observe como isso ocorreu nas frases acima:

> Se chegássemos ⟶ **pegaríamos**.
> Se conseguissem manter ⟶ **poderiam** se salvar.
> Quando cessar ⟶ **poderá** descansar.
> Se fossem incentivadas ⟶ **seriam** mais felizes.

Note que os verbos que se relacionam com o subjuntivo têm a ideia de futuro para concordar com a ideia de possibilidade do modo subjuntivo.

Veja outros exemplos:

> Quando <u>houver</u> mais tolerância entre as pessoas, **viveremos** em paz.
> Se você <u>soubesse</u> a verdade, não **estaria** mais aqui!

O mais adequado é que haja **coerência**, ou seja, uma **relação lógica** entre os tempos e as formas verbais.

No dia a dia, ao falar espontaneamente, de forma menos planejada, nem sempre prestamos muita atenção nessa relação entre os tempos verbais.

2▸ Leia a conversa entre os personagens dos quadrinhos reproduzidos a seguir.

SOUSA, Mauricio de. Garoto solteiro procura. *Turma da Mônica Jovem*. n. 71. Barueri: Panini Comics, jun. 2014. p. 97.

a) Como Cebola está se sentindo ao fazer o pedido a Mila?

b) Observe como Cebola usa o modo subjuntivo na fala do segundo quadrinho, indicando possibilidade, dúvida, incerteza:

> Se você **pudesse**... **quisesse**... me fazer companhia...

Releia a fala do terceiro quadrinho:

... Eu **ia** gostar muito!

Se esse texto estivesse inserido em uma situação comunicativa formal, segundo a gramática normativa, poderíamos afirmar que houve incoerência? Se sim, qual?

Na fala mais espontânea do cotidiano, é muito comum o emprego de formas do pretérito, que indicam fato já acontecido (*ia gostar*), em vez de formas do futuro (*iria gostar*), mais adequadas ao subjuntivo, que indica possibilidade.

> A **gramática normativa** propõe um conjunto de regras e orientações para os usos mais formais da língua.

Veja outro exemplo:

Se eu **ganhasse** na loteria, **parava** de trabalhar na mesma hora.

pretérito imperfeito do indicativo

em vez de empregar:

Se eu **ganhasse** na loteria, **pararia** de trabalhar na mesma hora.

futuro do pretérito do indicativo

E outro:

Você **ia** se machucar muito se não **estivesse** com o cinto de segurança.

pretérito imperfeito do indicativo

em vez de:

Você **iria** se machucar muito se não **estivesse** com o cinto de segurança.

futuro do pretérito do indicativo

Embora esses usos sejam comuns, é importante conhecer o emprego mais formal, mais monitorado dessas formas verbais para as ocasiões em que você precisar produzir um texto mais elaborado.

3▸ Faça **oralmente** a relação entre as formas do subjuntivo e os verbos indicados nos parênteses, empregando um tempo futuro.

a) Eu (gostar) de fazer a tarefa só quando o jogo **acabasse**.

b) Se nós **estudássemos** um pouco mais, não (ficar) em recuperação.

c) Se nós **estudarmos** um pouco mais, não (ficar) em recuperação.

d) Quando você **voltar** da viagem, eu (devolver) seus livros.

Usos do presente

Você estudou que o tempo presente é usado para indicar, além do fato que ocorre no **momento da fala**, o fato habitual, aquele que **costuma acontecer sempre**.

Leia este título de uma notícia publicada na versão *on-line* de um jornal:

> Júpiter "**ganha**" mais 12 luas, uma delas em rota de colisão
>
> Disponível em: <https://noticias.uol.com.br/ciencia/ultimas-noticias/redacao/2018/07/17/campeao-do-sistema-solar-jupiter-ganha-mais-12-luas.htm>.
> Acesso em: 9 ago. 2018.

As notícias geralmente se referem a fatos já acontecidos. Entretanto, a forma verbal destacada nesse título de notícia está no **presente do indicativo**.

Usar o presente do indicativo em títulos de notícia possibilita dar a ideia de que a ação, o fato relatado acontece próximo do momento da fala, aproximando o acontecimento relatado do momento da leitura e envolvendo o leitor.

O tempo presente também pode ser empregado para expressar outros momentos específicos. Observe a seguir outros usos do presente.

Tempo presente no lugar do pretérito

Leia esta frase:

> Em 1808, a Corte portuguesa **transfere-se** para o Brasil e **traz** com ela o acervo da Biblioteca Real portuguesa.

Nessa frase, o tempo presente foi empregado no lugar do pretérito para indicar um fato passado. Trata-se do **presente histórico**, usado para dar realce a um fato já acontecido, como se estivesse ocorrendo próximo do momento em que se fala.

A Biblioteca Real portuguesa deu origem à Biblioteca Nacional, construída entre 1905 e 1910, no centro do Rio de Janeiro. Foto de 2010.

Tempo presente para fato ou estado habitual, contínuo ou frequente

Observe esta frase:

> O Instituto Butantan **é** uma referência mundial na pesquisa de vacinas.

A forma verbal em destaque indica algo que não se refere apenas ao momento da fala. É algo habitual, contínuo. No caso, transmite a ideia de uma visão que se tem desse instituto ao longo do tempo.

Veja este outro exemplo:

> **Ocorrem** muitos acidentes com motos nas grandes cidades.

A forma verbal *ocorrem* expressa algo frequente, habitual.

Tempo presente para indicação de ação futura

Leia a frase:

> Os bancos **fecham** amanhã e **reabrem** na segunda-feira.

As formas verbais destacadas estão no presente, mas indicam ações que ocorrerão no futuro (amanhã e na próxima segunda-feira). As formas *fecham* e *reabrem*, nesse caso, equivalem respectivamente a *fecharão* ou *vão fechar* e *reabrirão* ou *vão reabrir*.

Atividade: usos do presente

▶ Leia as frases a seguir e observe o uso do tempo presente. No caderno, indique para cada frase a letra correspondente ao que o tempo presente expressa.

a) Indicação de ação futura.

b) Presente histórico.

c) Fato ou estado habitual, frequente.

d) Fato que ocorre no momento ou próximo da situação da fala.

( ) **Multiplicam-se** na internet trocas de ideias ligadas a ações sociais

Correio Braziliense, Brasília, 17 mar. 2015.

( ) São Paulo **vence** Cruzeiro em Minas, **confirma** boa fase e **segue** na cola do Flamengo

Disponível em: <https://www1.folha.uol.com.br/esporte/2018/07/sao-paulo-vence-cruzeiro-confirma-boa-fase-e-segue-na-cola-do-flamengo.shtml>. Acesso em: 9 ago. 2018.

( ) Campanha de vacinação contra paralisia infantil e sarampo no DF **começa** em agosto.

Disponível em: <https://g1.globo.com/df/distrito-federal/noticia/2018/07/27/campanha-de-vacinacao-contra-paralisia-infantil-e-sarampo-no-df-comeca-em-agosto.ghtml>. Acesso em: 9 ago. 2018.

( ) Em 1500, ao aportar no Brasil, os portugueses **surpreendem-se** com a natureza exuberante.

Jean Galvão/Arquivo da editora

Formas nominais

1▶ Copie a frase a seguir no caderno:

Você gosta de ler histórias?

a) Sublinhe no caderno as palavras que se classificam como verbos nessa frase.

b) Imagine que essa pergunta fosse feita para todos os presentes em sua sala. Reescreva a frase indicando isso.

c) Transcreva apenas o verbo que sofreu alteração.

2▶ Reescreva no caderno as frases a seguir, fazendo as adequações necessárias nas formas verbais destacadas.

a) A entrevistada **comentou** a importância de Harry Potter para os adolescentes, **enfatizando** sua contribuição para o surgimento de novos autores.

As entrevistadas ▇ a importância de Harry Potter para os adolescentes, ▇ sua contribuição para o surgimento de novos autores.

b) Você **costuma pesquisar** lançamentos de livros infantojuvenis?

Você e sua amiga ▇ lançamentos de livros infantojuvenis?

rodnikovay/Shutterstock

Essas formas (*enfatizando* e *pesquisar*) que não sofreram flexão de tempo, número ou pessoa são chamadas de **formas nominais**.

São formas nominais:

- **Gerúndio**: estud**ando**, sab**endo**, part**indo**.
- **Particípio**: estud**ado**, sab**ido**, part**ido**.
- **Infinitivo**: estud**ar**, sab**er**, part**ir**.

As **formas nominais** são assim chamadas porque, além de seu valor verbal, podem desempenhar a função de nomes. Consideram-se nomes na gramática os substantivos, os adjetivos e os advérbios.

Observe:

Recordar é **viver**. ⟶ Recordação é vida.

infinitivos com valor de substantivo

Ele é um homem **sabido**. ⟶ Ele é um homem sábio.

particípio com valor de adjetivo

Adicione água **fervendo** no preparo da receita. ⟶ Adicione água fervente no preparo da receita.

gerúndio com valor de adjetivo

Hora de organizar o que estudamos

▶ Copie o esquema no caderno e complete-o com as palavras adequadas, retiradas do quadro.

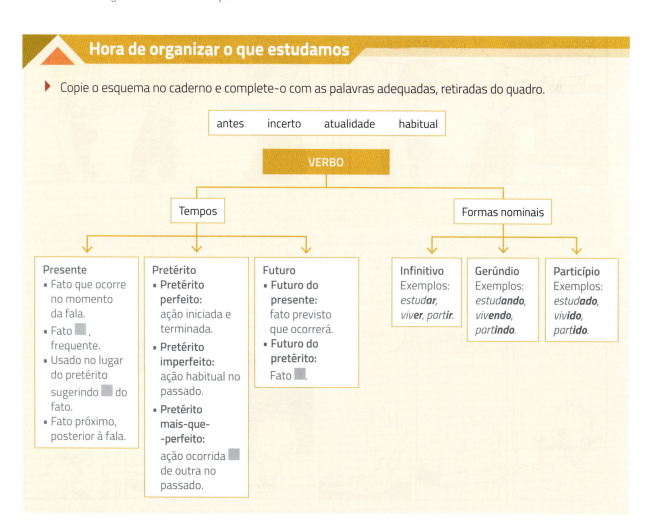

antes   incerto   atualidade   habitual

VERBO

Tempos

Formas nominais

Presente
- Fato que ocorre no momento da fala.
- Fato ▯, frequente.
- Usado no lugar do pretérito sugerindo ▯ do fato.
- Fato próximo, posterior à fala.

Pretérito
- **Pretérito perfeito:** ação iniciada e terminada.
- **Pretérito imperfeito:** ação habitual no passado.
- **Pretérito mais-que-perfeito:** ação ocorrida ▯ de outra no passado.

Futuro
- **Futuro do presente:** fato previsto que ocorrerá.
- **Futuro do pretérito:** Fato ▯.

Infinitivo
Exemplos: *estudar, viver, partir.*

Gerúndio
Exemplos: *estudando, vivendo, partindo.*

Particípio
Exemplos: *estudado, vivido, partido.*

Atividades: formas nominais

1 ▶ Leia a tirinha reproduzida a seguir.

WATTERSON, Bill. *Felino selvagem psicopata homicida*. São Paulo: Conrad do Brasil, 2012.

Responda no caderno:

a) Como Calvin encara a TV ao dizer que está "matando tempo"?

b) Que tipo de ação o uso dos gerúndios *fazendo* e *matando* indica nas frases? Assinale a alternativa que julgar mais adequada.

- Ação em andamento.
- Ação concluída.
- Ação frequente.

2 ▶ Leia a tirinha a seguir e responda às questões.

WALKER, Mort. Recruta Zero. *O Estado de S. Paulo*, São Paulo, 12 nov. 2014. Caderno 2, p. C4.

a) O que se deduz no segundo quadrinho sobre o uso do creme?

b) Assinale a alternativa que considerar mais adequada. Na fala "Só espero que ele não **tenha colocado** demais.", a forma verbal sublinhada está no particípio. Ela contribui para determinar:

- ação em andamento.
- ação concluída.
- ação frequente.

3 ▶ Leia a tirinha a seguir e responda ao que se pede.

WATTERSON, Bill. *Felino selvagem psicopata homicida*. São Paulo: Conrad do Brasil, 2012.

a) É possível saber pelo último quadrinho por que o dia de Calvin vai melhorar?

b) Transcreva no caderno todos os verbos empregados por Calvin.

c) Os verbos empregados por Calvin estão no infinitivo. Dê uma razão provável para que essas formas nominais sejam assim denominadas.

No dia a dia

"Gerundismo"

1 ▸ Leia o trecho de uma notícia e, com o auxílio do professor, reflita sobre o uso da forma verbal destacada.

> [...] "Pedimos para a população para que o resto que sobrar nas vasilhas seja depositado em garrafas. E quando tiver o óleo **pode estar ligando** para a cooperativa que iremos buscar" [...].
>
> Disponível em: <g1.globo.com/sao-paulo/itapetininga-regiao/noticia/2014/04/oleo-de-cozinha-usado-e-revertido-em-renda-em-cooperativa-de-itapetininga.html>.
> Acesso em: 9 ago. 2018.

Nos últimos tempos, tornou-se bastante comum o uso de expressões como "vou estar fazendo", "vamos estar analisando", "você pode estar enviando", etc., por variados grupos de pessoas e em diversas situações.

A esse uso foi dado o nome de "gerundismo", e ele está muito presente em situações de fala.

Há muita polêmica em torno do gerundismo: seu uso seria "adequado" ou "inadequado"?

Vamos refletir um pouco sobre isso.

Releia o modo como a pessoa citada na notícia empregou a forma verbal e compare-a com outras possibilidades de construção:

a) "E quando tiver o óleo **pode estar ligando** para a cooperativa que iremos buscar [...]"

b) E, quando tiver o óleo, **poderá ligar** para a cooperativa que iremos buscar.

c) E, quando tiver o óleo, **ligue** para a cooperativa que iremos buscar.

- Que forma(s) pode(m) ser consideradas mais concisa(s) e objetiva(s) para expressar essa ideia?

- Nas frases **a** e **b** o sentido é alterado?

Jean Galvão/Arquivo da editora

2 › Leia estas três construções:

a) Amanhã **vou estar enviando** as fotos para você.

b) Amanhã **vou enviar** as fotos para você.

c) Amanhã **enviarei** as fotos para você.

Que diferenças ou semelhanças podem ser apontadas nessas três frases?

É muito comum os usos da língua se disseminarem pela TV, pela internet, pelas conversas do grupo social de que o usuário da língua faz parte.

O uso excessivo do gerúndio — mais frequente na oralidade — difundiu-se e acabou sendo aceito e empregado por muitos, embora seja reprovado por algumas pessoas.

De qualquer modo, é importante conhecer o uso dessa locução verbal, pois, dependendo do verbo — com ideia de ação breve ou durativa — e do contexto, não se trata de "gerundismo", de modismo, e sim de uma expressão que sempre fez parte da língua.

3 › Você já observou o uso excessivo do gerúndio no dia a dia ou em sua própria fala? Converse sobre isso com os colegas e dê alguns exemplos.

Desafios da língua

Usos de variedades linguísticas

Há circunstâncias de comunicação que exigem o emprego de uma linguagem mais formal, mais planejada, mais monitorada: certos textos como trabalhos escolares; estudos acadêmicos ou científicos; certas apresentações orais, como palestras, seminários; determinadas situações jornalísticas ou jurídicas; entre outras. Nessas situações, a forma de empregar a língua geralmente segue algumas regras, convenções ou normas que são descritas e organizadas na gramática normativa. Essa gramática, apresentada em livros também conhecidos como "gramáticas", descreve formas de empregar a língua consideradas mais formais, de maior prestígio na sociedade, eleitas como padrão.

Hoje, sabe-se que não há um padrão único, pois os usos da língua são muito variados, mas as regras gramaticais para usos mais formais continuam valendo para diversas situações. Vestibulares de muitas universidades orientam os alunos a redigir seus textos em linguagem formal.

Levando em conta tudo isso, na escola estudam-se as regras da gramática normativa paralelamente ao estudo e à reflexão sobre como a língua vem se transformando e sendo usada no dia a dia.

É importante conhecer os empregos mais formais, mais monitorados da língua para poder fazer escolhas de acordo com as necessidades de comunicação, tanto as mais formais quanto as mais informais.

Leia ao lado o título do livro que inspirou uma peça de teatro.

HIGGINS, Colin. *Ensina-me a viver*. Rio de Janeiro: BestBolso, 2012.

A frase "Ensina-me a viver" foi construída de acordo com uma regra da gramática normativa que determina a colocação pronominal: **não se inicia frase com os pronomes oblíquos** *me*, *te*, *se*, *nos*, *vos*, *o(s)*, *a(s)*, *lhe(s)*. Observe que, no título do livro, o pronome oblíquo *me* não está iniciando a frase, portanto essa regra foi respeitada em sua construção.

Há ainda outra regra: usa-se o modo verbal **imperativo** para pedir, aconselhar, ordenar. Observe que o verbo *ensinar* está no imperativo e na segunda pessoa do singular porque se refere à pessoa verbal representada pelo pronome *tu*.

Podemos afirmar, então, que essa frase foi construída de acordo com a gramática normativa.

Mas será que é sempre assim?

Ao ler e interpretar textos na escola ou em conversas com amigos ou familiares, você já deve ter percebido que há uma grande **variedade de usos da língua** que foge às normas estabelecidas pela gramática normativa ou aos usos mais formais. São textos que registram falas menos monitoradas, mais espontâneas, menos planejadas. Podem ocorrer, por exemplo, em situações de comunicação com pessoas de nosso convívio que são mais próximas, mais íntimas, com quem ficamos mais à vontade para falar, sem a preocupação de monitorar a forma como se fala.

1 ▸ Leia o quadrinho reproduzido a seguir e observe as falas registradas.

PAIVA, Miguel. *Chiquinha*: namoro ou amizade. Rio de Janeiro: Rovelle, 2014. p. 22.

Converse com os colegas sobre o quadrinho.

a) Pela imagem e pelas falas, o ambiente é mais urbano ou mais rural?

b) Observem como os personagens são revelados sem aparecer, a forma como foram colocados os balões de fala no espaço apresentado. Qual é a característica destacada nas relações de comunicação desse quadrinho?

c) Qual é a provável crítica contida nesse quadrinho?

d) As falas dos balões revelam uma linguagem mais elaborada ou mais espontânea?

e) Façam um levantamento de características que comprovem a modalidade que vocês escolheram como a predominante.

Dependendo da situação comunicativa, isto é, do gênero textual (seja oral, seja escrito), do leitor, do suporte, entre outros fatores, o usuário da língua (ou enunciador) faz escolhas de linguagem com a **intenção/finalidade** de aproximar seu texto dessas situações mais espontâneas de comunicação, que fogem às normas gramaticais tradicionais. Com esse objetivo, ele emprega uma linguagem menos monitorada, menos planejada.

2 ▸ Leia a frase em destaque na página de revista ao lado.

Observe que, nesse caso, foi feita uma escolha de linguagem que fugiu às regras da norma-padrão, e isso compõe uma variedade de uso da língua: iniciou-se a frase com o pronome oblíquo *me*.

a) Qual terá sido a provável intenção desse uso?

b) Converse com os colegas sobre as prováveis intenções nas escolhas de linguagem feitas no título do livro e na página da revista, isto é, em "Ensina-me a viver" e em "Me belisca?".

Além da intenção do usuário da língua (ou enunciador), muitas vezes o que determina as escolhas de linguagem é o receptor da mensagem, ou seja, o provável leitor/ouvinte, o interlocutor do texto.

> Me **belisca**?
> Recebeu amigos na Copa e percebeu que seu *kit* anfitrião está um desastre? Dê um trato no armário com nossas sugestões para petiscar

Revista *Sãopaulo*, 13 a 19 jul. 2014. Folha de S.Paulo, p. 34.

3 ▸ Leia a frase em destaque na página de revista ao lado. Considerando que o texto explica o significado da frase em destaque na página da revista, converse com os colegas sobre quem seria o provável destinatário do texto: uma criança ou os responsáveis por ela? Por quê?

O **meio** ou o **suporte** em que o texto será produzido também tem influência nas escolhas de linguagem.

> Já pra RUA
> Brinquedos e outros itens para a criançada se divertir ao ar livre

Revista *Sãopaulo*, 27 abr. a 3 maio 2014. Folha de S.Paulo, p. 54.

4▸ Leia as primeiras páginas de uma história em quadrinhos do personagem Rolo, dirigida ao público jovem:

SOUSA, Mauricio de. *Tina*, n. 27. São Paulo: Panini Comics, jul. 2011. p. 31-33.

Observe as falas dos personagens e, no caderno, faça um levantamento de aspectos que caracterizem a linguagem comumente usada por jovens.

Fazer escolhas de linguagem é uma atividade inerente à competência comunicativa. A todo momento analisamos e fazemos **escolhas de como nos comunicar** tendo em vista alguns fatores: o que, para quem, em que situação, que veículo ou meio utilizar.

É sempre bom lembrar que há situações em que é necessário usar uma linguagem mais elaborada, mais monitorada e objetiva, que exige mais **planejamento**. É o caso, por exemplo, de uma palestra ou apresentação de um trabalho em sala de aula; da escrita de um documento, de uma redação, de um texto informativo; de um relatório técnico ou científico; da apresentação de um seminário. Para estar preparado para esse tipo de situação, é preciso estudar a língua.

Leia, na página seguinte, o comentário do fotógrafo Steve McCurry a respeito de uma foto muito famosa de sua autoria, publicada na revista *National Geographic*, especializada em divulgar artigos sobre Geografia, Biologia, Física, ciência popular, História, cultura, eventos atuais e fotografia.

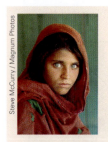

É evidente a sua pobreza. O rosto está sujo e a roupa, rasgada; mesmo assim ela exala dignidade, confiança e força moral. Em seu olhar, nota-se que algo não está muito certo. Ela já viu mais coisas do que devia para alguém tão jovem. O vilarejo em que morava sofreu um bombardeio e seus parentes morreram; depois, caminhou durante duas semanas para chegar ao campo de refugiados.

50 melhores fotos e as histórias por trás das lentes. *National Geographic Brasil*. Edição especial. São Paulo: Abril, 2014. p. 12.

Observe que as escolhas da linguagem verbal (o texto escrito) adotada pelo fotógrafo — desde o vocabulário até a organização das palavras nas frases — são cuidadosas e expressivas. A linguagem verbal não só ajuda o leitor a compreender melhor a linguagem não verbal (representada pela foto), como também a notar detalhes que, sem o texto escrito, passariam despercebidos.

Ter competência comunicativa é ter a capacidade de empregar a língua em situações diversas, com as adequações necessárias para dar conta da intenção, considerando sempre a situação de comunicação e o interlocutor.

Para fazer **adequações e escolhas**, é preciso conhecer tanto a **variedade mais monitorada, mais formal** da língua quanto a **mais espontânea** ou **informal**. É por isso que estudamos a língua portuguesa na escola: para sermos **sujeitos** da nossa fala, do nosso pensamento e das inúmeras formas de expressá-lo.

5› Observe abaixo uma peça publicitária que fez parte de uma campanha desenvolvida para a racionalização do consumo de água potável no estado de São Paulo. Ela foi publicada em uma revista destinada a surfistas.

Responda no caderno às questões a seguir.

a) A forma verbal *Olha* está no imperativo, na segunda pessoa do singular (tu). Procure no texto publicitário uma frase que comprove que ele é dirigido a um destinatário na terceira pessoa do singular e transcreva-a no caderno.

b) Qual teria sido a intenção do autor do texto ao utilizar em sua escrita mais de uma pessoa verbal?

c) A palavra *nível* é utilizada em dois sentidos no texto. Explique-os.

d) Se uma palavra é empregada com diferentes sentidos em um texto, dizemos que está sendo utilizada em *sentido ambíguo*. Em algumas circunstâncias, a ambiguidade é considerada um defeito na comunicação. Nessa peça publicitária, a ambiguidade é fruto de uma falha ou de uma intenção? Explique sua resposta.

e) Transcreva no caderno expressões do texto que possam ser consideradas de uso mais informal, espontâneo. Explique-as.

Anúncio criado pela agência Giovanni, FCB, para a Sabesp. Revista *Fluir*, ano 19, n. 2, ed. 220, fev. 2004.

Banho de 15 minutos?

Olha o nível, vacilão!

**Quem desperdiça água baixa o nível.
Dos reservatórios e do respeito pelos outros.**

Se liga: São Paulo está passando por uma das piores secas dos últimos anos. E por mais que a Sabesp tenha feito obras e se preparado para garantir o abastecimento, o nível de consciência com a água tem que subir. Não tome banhos demorados, não use o vaso como lixeira e feche a torneira quando fizer a barba e escovar os dentes. Não vacile. Assim você ajuda a subir o nível dos reservatórios e do respeito que tem pelos outros.

Água. Usar bem é fácil. Difícil é ficar sem.

Se liga: São Paulo está passando por uma das piores secas dos últimos anos. E por mais que a Sabesp tenha feito obras e se preparado para garantir o abastecimento, o nível de consciência com a água tem que subir. Não tome banhos demorados, não use o vaso como lixeira e feche a torneira quando fizer a barba e escovar os dentes. Não vacile. Assim você ajuda a subir o nível dos reservatórios e do respeito que tem pelos outros.

6▸ Para organizar o que analisamos, transcreva no caderno as escolhas feitas por quem produziu a propaganda para atender tanto à intenção de convencer o leitor quanto à de fazer-se entender pelo destinatário, o provável leitor da revista.

a) Uso das regras da gramática normativa para tornar o texto mais monitorado, formal.

b) Combinação de diferentes pessoas verbais para ficar mais próximo da linguagem mais coloquial.

c) Uso de expressões científicas para indicar a gravidade do problema.

d) Exploração da ambiguidade como recurso expressivo e de ênfase.

e) Uso de expressões da linguagem popular para aproximar o texto de seu destinatário.

7▸ Converse com os colegas sobre a propaganda: Quem a redigiu soube utilizar sua competência comunicativa com eficácia? Manifeste e justifique sua opinião.

◣ Outro texto do mesmo gênero

Leia uma entrevista com outro escritor brasileiro, publicada na revista *Todateen*, dirigida aos jovens. Saiba um pouco mais sobre Pedro Bandeira.

Pedro Bandeira: entrevista

Texto: Melissa Ladeia Marques
Entrevista: Amanda Araújo e Letícia Greco

Pedro Bandeira é um dos autores de literatura juvenil mais consagrados do Brasil. Ele conta com cerca de mais de vinte milhões de exemplares vendidos.

A *Droga da Obediência*, voltado para o público adolescente, é uma de suas obras mais conhecidas. Já recebeu diversos prêmios, como o Prêmio APCA e o Prêmio Jabuti.

Conversamos com o autor durante a Bienal do Livro de São Paulo. Confira:

tt: Você se inspirou em personagens reais para criar a coleção dos Karas?
Pedro: Os Karas são um grupo de um sonho meu. Eu acho que os cinco integrantes dos Karas são uma pessoa só. Eu imagino que o meu menino ideal, meu brasileiro ideal, tem a liderança e a seriedade do Miguel, a inteligência do Crânio, a beleza e a coragem da Magrí, o charme do Kalu e o humor e brincadeira do Chumbinho. Todos são um só. Mas, na verdade, eu acho que dentro havia uma inspiração que eu só notei depois, que são os Três Mosqueteiros e também os Meninos da Rua Paulo. Eu gosto muito deste último livro e peguei para ler de novo. O personagem principal é igual ao Miguel. Tem um outro menino que é igual ao Chumbinho. Essas coisas ficam dentro de você e elas afloram e brotam sem que você perceba. Então eu acho que tem alguma coisa que vem deles. A união dos Três Mosqueteiros é igual à união dos Karas, com a diferença que lá não tinha mulher e eu coloquei uma! (risos)

tt: E qual o seu personagem preferido?
Pedro: São os cinco porque todos formam um só. São cinco aspectos importantes de um personagem.

tt: Os seus livros são de sucesso absoluto entre os adolescentes. O que você acha que mais os cativa?
Pedro: Livros que foram escritos antes do advento do celular, do computador, fazem sucesso. As crianças de hoje leem coisas, aventuras de pessoas que usam telefone público com fichinhas de metal que não existem mais! E eles adoram! Quando os personagens querem achar um arquivo, eles puxam aquelas gavetas de aço que têm aquelas pastas. Ninguém liga um computador para ver e isso não é problema para eles. E eu acho que isso acontece porque os meus livros tratam das emoções humanas. A tecnologia não é importante.

Por que Shakespeare é importante? Ele fala sobre os reis ingleses? Não. Ele fala sobre a ambição, a cobiça, a vingança, o ciúme, o amor. *Romeu e Julieta* fala de emoções humanas. A peça dele tem mais de 400 anos e todo mundo assiste e se emociona. A literatura tem que tratar de emoções humanas, não de tecnologias. A tecnologia vence, mas as emoções humanas são sempre as mesmas.

[...]

tt: Nas suas histórias, os jovens sempre se unem em prol de um bem maior e são capazes de mudar o mundo. Quais são as principais ferramentas de mudança que os jovens de hoje em dia têm a sua disposição?

Pedro: Eu não sei, mas eles têm que achar. O mundo mudou pouco para melhor. A única coisa é que não temos guerra há 70 anos. Essa é a única coisa que melhorou. Eu espero que eles encontrem essas ferramentas para um mundo de paz, um mundo justo. Mas, em meus livros, os personagens são sempre éticos, justos, como o meu leitor quer ser.

Disponível em: <https://todateen.com.br/entervista-pedro-bandeira/>. Acesso em: 2 ago. 2018.

O escritor Pedro Bandeira.

▶ **Em grupo.** Conversem:

a) Como foram indicados os turnos de fala na entrevista?

b) Há uma introdução de apresentação? Qual é o seu conteúdo?

c) A opinião sobre tecnologia mostrada por Thalita Rebouças, cuja entrevista foi reproduzida no começo da unidade, se parece com a opinião de Pedro Bandeira ou difere dela?

⏻ Mundo virtual

As 12 melhores entrevistas da Foquinha! Disponível em: <https://todateen.com.br/melhores-entrevistas-foquinha/>. Acesso em: 10 ago. 2018.

Fernanda Catania, mais conhecida como Foquinha, faz entrevistas e desafios com famosos, sempre com muito humor. No *link* indicado estão reproduzidas 12 entrevistas consideradas as melhores pela equipe da revista *Todateen*.

Entrevista

Na abertura desta unidade, você leu uma entrevista com uma escritora que se dedica a escrever para adolescentes e trata da leitura na atualidade.

Depois, você leu uma entrevista com um escritor que se dedica ao mesmo público.

Além disso, você viu gráficos em que se apresentam os resultados de entrevistas feitas com leitores sobre a prática de leitura.

Chegou a sua vez de fazer entrevistas sobre o seguinte tema: **leitura em tempos de internet**.

⇝ Preparação

1▸ Leia o esquema a seguir para começar o planejamento da entrevista.

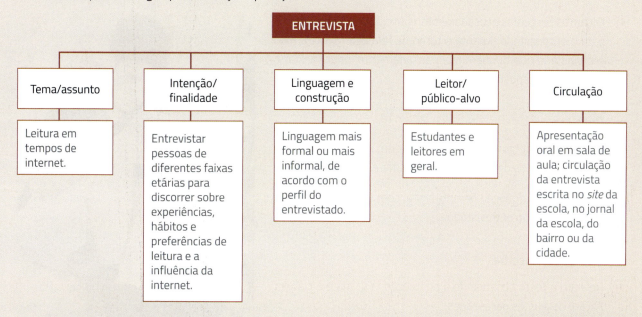

2▸ **Em grupo.** Preparem-se para entrevistar três pessoas de mesma faixa etária sobre o tema proposto. Sugestão:

- Grupos A e B — 3 jovens maiores de 18 anos
- Grupos C e D — 3 adultos
- Grupos E e F — 3 pessoas idosas

3▸ Escolham três pessoas que estejam dentro da faixa etária selecionada por vocês.

4▸ Façam contato com as pessoas escolhidas e informem a elas o tema da entrevista.

5▸ Perguntem se elas permitem gravar a entrevista e se há algum detalhe sobre o qual não gostariam de falar.

6▸ Levantem informações sobre o entrevistado para colocar na abertura ou introdução, como nome, idade, sexo e profissão.

7▸ Marquem uma data para o encontro.

⇝ Roteiro

1▸ Preparem por escrito as perguntas sobre o assunto. Sugestões: o que leva o entrevistado a ler, suas preferências de gênero (ficção científica, suspense, fantasia...), livros lidos, influência da internet nos hábitos de leitura, autores preferidos, tipos de leituras do dia a dia, um livro que considera inesquecível, entre outras.

2▸ Lembrem-se de que, no momento da entrevista, podem surgir outras questões a partir das respostas dadas, como vocês viram na entrevista com Thalita Rebouças.

3▸ Pensando no perfil do entrevistado, planejem o nível de linguagem: mais espontânea, mais informal, ou mais cuidadosa, formal?

⇢ Entrevista

1▸ Preparem o material para gravar a entrevista ou escolham quem ficará responsável por tomar nota a fim de registrar as respostas dos entrevistados. Se a entrevista for gravada, determinem quem será o responsável por transcrever as perguntas e as respostas. Em ambos os casos sugere-se que a atividade seja realizada por vários componentes do grupo para não ficar cansativo.

2▸ Lembrem-se de anotar, entre parênteses, eventuais ações e reações do entrevistado, como a anotação "(*risos*)", presente nas duas entrevistas reproduzidas na unidade.

3▸ Façam as perguntas pausadamente, com calma, e não interrompam o entrevistado durante o turno de fala dele. Solicitem ao entrevistado que também fale pausadamente, para facilitar o registro das respostas.

Juanmonino/iStockphoto/ Getty Images

⇢ Registro

1▸ Escrevam as perguntas e as respostas em rascunho, diferenciando os turnos de fala do entrevistador e do entrevistado.

2▸ Preparem a introdução da entrevista, com um breve perfil de apresentação do entrevistado.

⇢ Revisão e reescrita

1▸ Releiam o texto observando a pontuação, a grafia e a clareza. Façam os ajustes necessários.

2▸ Se houver oportunidade e condições, separem fotos para ilustrar a entrevista.

3▸ Antes de finalizar o texto definitivo, se possível, verifiquem se o entrevistado concorda com o texto da entrevista, ou seja, se o texto está de acordo com as respostas que ele deu.

4▸ Combinem com o professor se o registro final da entrevista pode ser à mão ou deve ser digitado.

⇢ Apresentação e circulação

▸ Depois de apresentarem a entrevista oralmente para os colegas da sala, combinem com o professor como ela será divulgada. Vocês podem publicá-la no jornal ou no *site* da escola, ou, ainda, se for viável, no jornal do bairro ou da cidade. Trata-se de um assunto que merece ser compartilhado, dada a importância da leitura nos dias de hoje, em tempos de internet.

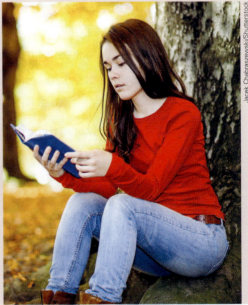

Jacek Chabraszewski/Shutterstock

Chegou o momento de fazer um balanço de tudo o que foi estudado na Unidade 2. Leia o quadro de conteúdos para recordar o que estudou e, no caderno, avalie seu desempenho usando os tópicos propostos a seguir como orientação. Isso ajudará você na hora de organizar seus estudos.

Meu desempenho

- **Compreendi bem** (registre no caderno os itens que você compreendeu)
- **Avancei em** (registre no caderno os itens em que você melhorou)
- **Preciso rever** (registre no caderno os itens que você precisa estudar mais)
- **Outras observações e/ou outras atividades**

UNIDADE 2	
Gênero Entrevista	**LEITURA E INTERPRETAÇÃO** · Localização e identificação de informações e opiniões da entrevistada no texto "Entrevista com Thalita Rebouças" · Identificação das características da construção e da linguagem utilizada em uma entrevista · Observação da alternância dos turnos de fala e recursos empregados **PRODUÇÃO** **Oral** · Apresentação oral **Escrita** · Produção de entrevista
Ampliação de leitura	**CONEXÕES** · Outras linguagens : Pintura · A leitura nos dias atuais: gráficos e tabela **OUTRO TEXTO DO MESMO GÊNERO** · "Entrevista com Pedro Bandeira"
Língua: usos e reflexão	· Verbo · Usos do pretérito perfeito, imperfeito e mais-que-perfeito · Usos do futuro do presente e do futuro do pretérito · Usos do presente · Formas nominais · Locuções verbais · Desafios da língua: usos de variedades linguísticas
Participação em atividades	· Orais · Coletivas · Em grupo

Jean Galvão/Arquivo da editora

UNIDADE

3

Foco na informação

Como mostra a imagem, atualmente é possível acessar informações em diferentes meios de comunicação. Como você costuma se informar sobre assuntos de seu interesse? Ao buscar informações em um meio de comunicação, que assuntos mais chamam a sua atenção? Por quê?

Nesta unidade você vai:

- ler e interpretar reportagem;
- identificar partes desse gênero textual;
- observar as diferentes linguagens empregadas em reportagens;
- apresentar oralmente uma reportagem;
- produzir reportagem escrita;
- identificar conjugações verbais e locuções verbais;
- diferenciar frase nominal e frase verbal;
- diferenciar frase de oração;
- utilizar conjunções para ligar orações e estabelecer relações entre elas;
- perceber a coesão textual estabelecida pelo uso de **mas** e **mais** nos textos.

Uma **reportagem**, além de apresentar um fato recente, amplia e aprofunda as informações sobre o assunto por meio de pesquisas, entrevistas com especialistas, estudos histórico-científicos, dados estatísticos, etc. Assim, por apresentar as razões e os efeitos de um acontecimento, a reportagem se diferencia da notícia, que, de modo geral, tem como objetivo apenas relatar um fato e os seus efeitos mais imediatos.

Você já leu uma reportagem em jornais e revistas ou em *sites* da internet? Já acompanhou alguma pelo rádio ou pela televisão?

Você ficaria interessado em ler uma reportagem intitulada "À meia noite levarei seu sono"? Por quê?

Primeiro, observe as páginas do jornal em que a reportagem foi publicada.

Leitura

Texto 1

TÔRRES, Iuri de Castro (texto); GIOLITO, Paula (fotografia); DAMATI, Rodrigo (ilustrações). À meia-noite levarei seu sono. *Folha de S.Paulo*, São Paulo, 14 fev. 2011. Folhateen, p. 6 e 7.

Interpretação do texto

Compreensão inicial

Converse com um colega sobre o que vocês observaram nas duas páginas de jornal, reproduzidas na página anterior. Depois responda às perguntas no caderno.

1▸ Em um primeiro olhar é possível identificar algumas informações e características dessa reportagem.

   a) Qual é o título da reportagem?

   b) Ao ler a linha-fina, o que é possível saber sobre o assunto da reportagem?

   c) O título e a linha-fina motivam o leitor a ler a reportagem? Por quê?

   d) Que imagem aparece em destaque nas páginas do jornal?

   e) Que outros recursos visuais foram usados na reportagem, além dessa imagem?

   f) Com que intenção esses recursos foram utilizados?

> ▸ **Linha-fina:** subtítulo que aparece logo abaixo do título, em tamanho menor, para destacar as principais informações de uma notícia ou reportagem.

2▸ Releia os títulos que foram usados na reportagem:

> À meia-noite levarei seu sono

> "Internet não é inimiga, mas precisa de controle", diz médico

Em sua opinião, qual desses títulos desperta mais a curiosidade do leitor para o tema da reportagem? Por quê?

3▸ Quem seriam os possíveis leitores dessa reportagem? Justifique sua resposta.

Leia agora os textos dessa reportagem para saber mais sobre esse assunto.

Texto 2

À meia-noite levarei seu sono
Na volta às aulas, *teens* relutam em largar a internet e ir para a cama

Iuri de Castro Tôrres

Com poucas variações, a história é a mesma. "Pareço um zumbi", "É difícil voltar à rotina", "Dormia às 5h e acordava às 13h", etc.

É, voltar ao ritmo escolar, com intermináveis aulas que começam antes das 8h, enquanto o dia brilha lá fora e sua cama chama, não é mole.

Mas quem são os inimigos da rotina saudável de sono dos *teens*? A resposta é fácil: a internet, o celular e, é claro, a internet no celular.

"Essa geração está cada vez mais conectada", diz Silvana Leporace, coordenadora de orientação educacional do colégio Dante Alighieri. "Dormem com o celular ao lado e ficam trocando mensagens com os amigos."

Para Cristiano Nabuco, coordenador do programa de dependentes de internet do Instituto de Psiquiatria da USP, "os adolescentes espirram do controle dos pais". "Eles não dormem, a internet é um apelo muito forte."

Segundo Silvana, isso atrapalha o aprendizado, pois a fixação do conteúdo ocorre durante o sono.

Matheus, 17, de Santos (SP), por exemplo, é um madrugador confesso. "Nas férias, ia até as 6h fácil, fácil", conta. Como é professor de informática, o garoto passa horas fuçando novas ferramentas *on-line*.

Como agora tem de pular da cama às 6h30 da madrugada, demora a acordar "de verdade". É a mesma situação de Guilherme, 16, de São Paulo, que "zumbiza" durante as primeiras aulas do dia. "Tenho que jogar água gelada na cara."

A técnica para disfarçar as olheiras é a maquiagem, e a estratégia para espantar os bocejos é música alta no caminho para a escola. Ainda assim, eles dificilmente escapam de um cochilo em aula.

Também é comum tentar compensar, aos sábados e domingos, as horas de sono perdidas. É quando os *teens* "hibernam". Stefanie, 15, dorme até depois do almoço. "Vale a pena", atesta.

"Sento em frente ao computador e esqueço da vida, nem vejo o tempo passar", diz Brenda, 16.

A impressão do tempo "voar" faz sentido do ponto de vista científico. Segundo Nabuco, o córtex pré-frontal, parte do cérebro que controla os impulsos e é sede da razão e do conhecimento, ainda não é totalmente desenvolvido nos adolescentes.

Por isso, de acordo com o médico, é mais difícil saber a hora de desconectar e ir contar carneirinhos para dormir no mundo real.

"Internet não é inimiga, mas precisa de controle", diz médico de São Paulo

Para Cristiano Nabuco, coordenador do programa de dependentes de internet do Instituto de Psiquiatria da USP, a internet não é uma inimiga, mas é necessário controlar seu uso.

Três sinais de que a rede está atrapalhando a sua vida são: você esconde o número de horas que fica conectado, fica apreensivo de ir a lugares sem internet e deixa de fazer atividades cotidianas, como esportes ou sair com os amigos, para ficar *on-line*.

"Não dá para ficar acordado a noite toda e não conseguir levantar de manhã", diz.

Segundo Gustavo Moreira, pediatra e pesquisador do Instituto do Sono, o ser humano foi feito para dormir no escuro, e a luz do computador e da TV confundem tudo.

"A luminosidade age no centro de sono do cérebro, responsável por organizar o ciclo de descanso. Ele passa a entender que não escureceu e fica desperto", diz.

O resultado é mau humor, irritação e pouca concentração nos estudos. (ICT)

TÔRRES, Iuri de Castro (texto); GIOLITO, Paula (fotografia); DAMATI, Rodrigo (ilustrações). À meia-noite levarei seu sono. *Folha de S.Paulo*, São Paulo, 14 fev. 2011. Folhateen, p. 6 e 7.

Interpretação do texto

Compreensão inicial

1▸ O texto da reportagem traz informações sobre os *teens*. Responda no caderno:

a) Quem são esses *teens*?

b) Onde vivem os *teens* da reportagem?

c) Quando acontecem os fatos relatados?

d) Por que para esses *teens* é muito difícil voltar para o ritmo escolar?

2▸ Como o repórter caracteriza o uso da internet, do celular e da internet no celular por esses *teens*?

3▸ Por que, segundo Silvana Leporace, o uso excessivo da internet atrapalha o aprendizado dos alunos?

4▸ Segundo o texto, quais são as estratégias utilizadas pelos jovens para:

• acordar de manhã?

• disfarçar as olheiras?

• espantar os bocejos?

• compensar as horas de sono perdidas?

5▸ Releia a fala de Brenda:

"Sento em frente ao computador e esqueço da vida, nem vejo o tempo passar"

Responda no caderno:

a) Que palavra é utilizada na reportagem para expressar como Brenda sente o tempo quando está diante do computador?

b) Como a ciência explica esse fato?

c) Qual é sua opinião sobre o fato de a adolescente esquecer-se da vida diante da tela do computador? Com você isso também acontece?

6▸ A reportagem apresenta a opinião de Cristiano Nabuco e Gustavo Moreira, especialistas que estudam a dependência da internet.

a) Esses especialistas participam de que instituições?

b) Por que essa dependência interessa a quem estuda distúrbios do sono?

7▸ Os especialistas citam três sinais como indicadores de que a internet está causando dependência no usuário.

a) Que sinais são esses?

b) Depois de conhecer os critérios dos especialistas, como você se avalia? Poderia ser considerado um dependente da internet? Explique.

8▸ A reportagem também traz um quadro (reproduzido abaixo) com os efeitos da falta de sono e alguns conselhos para ter um ritmo de sono adequado. Leia-o e, com base nas informações, responda:

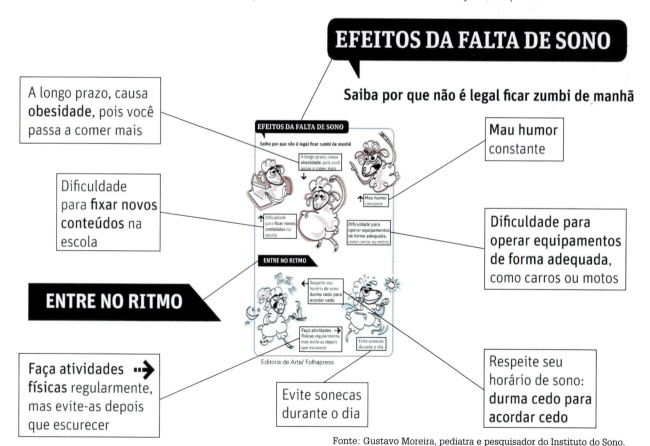

EFEITOS DA FALTA DE SONO

Saiba por que não é legal ficar zumbi de manhã

A longo prazo, causa **obesidade**, pois você passa a comer mais

Mau humor constante

Dificuldade para **fixar novos conteúdos** na escola

Dificuldade para operar equipamentos de forma adequada, como carros ou motos

ENTRE NO RITMO

Faça atividades **físicas** regularmente, mas evite-as depois que escurecer

Evite sonecas durante o dia

Respeite seu horário de sono: **durma cedo para acordar cedo**

Fonte: Gustavo Moreira, pediatra e pesquisador do Instituto do Sono.

a) Em sua opinião, qual dos efeitos da falta de sono é o pior? Por quê?

b) Dos conselhos sobre formas de conseguir acertar o ritmo do sono, qual deles, em sua opinião, é o mais fácil de seguir?

Linguagem e construção do texto

1▸ Releia a linha-fina da reportagem, frase que vem logo após o título "À meia-noite levarei seu sono".

> Na volta às aulas, *teens* relutam em largar a internet e ir para a cama

Escreva em seu caderno as informações que estão na frase de acordo com as questões propostas:

a) Quem?　　　　　　　**b)** O quê?　　　　　　　**c)** Quando?

2▸ Além das informações sobre as dificuldades que os adolescentes têm em largar a internet e ir para a cama, a reportagem traz depoimentos de estudantes e de especialistas sobre o assunto.

a) Copie no caderno duas falas de cada um dos grupos a seguir:
- estudantes;
- especialistas.

b) Que sinal foi utilizado para marcar todas as falas?

c) Por que o repórter não utilizou o travessão, um sinal comum para marcar as falas nos textos em prosa?

d) Qual é a provável intenção do repórter ao utilizar os comentários de especialistas sobre dependência da internet e sobre distúrbios do sono?

3▸ Compare a linguagem utilizada nos depoimentos dos especialistas da área médica:

A — Cristiano Nabuco:

> "[...] os adolescentes espirram do controle dos pais"

> "Eles não dormem, a internet é um apelo muito forte."

> "[...] o córtex pré-frontal, parte do cérebro que controla os impulsos e é sede da razão e do conhecimento, ainda não é totalmente desenvolvido nos adolescentes"

B — Gustavo Moreira:

> "A luminosidade age no centro de sono do cérebro, responsável por organizar o ciclo de descanso. Ele passa a entender que não escureceu e fica desperto."

a) De modo geral, a linguagem empregada pelos especialistas é mais formal, técnica ou mais informal, espontânea?

b) Em qual dos depoimentos é empregada uma linguagem mais informal? Que palavra ou expressão utilizada indica isso?

4▸ Releia algumas das falas dos estudantes apresentadas na reportagem:

> "Pareço um zumbi"　　　　"É difícil voltar à rotina"　　　　"Nas férias, ia até as 6h fácil, fácil"

Assinale a(s) alternativa(s) que melhor caracteriza(m) a linguagem utilizada pelos jovens:

a) Mais espontânea, descontraída.　　　　**c)** Mais elaborada, técnica.

b) Mais formal, mais monitorada.　　　　**d)** Mais informal, menos monitorada.

5▸ Observe as palavras e expressões destacadas que foram utilizadas pelo repórter:

> É, voltar ao ritmo escolar [...] **não é mole**.　　　　[...] É quando os *teens* "**hibernam**".

> [...] É a mesma situação de Guilherme, 16, de São Paulo, que "**zumbiza**" durante as primeiras aulas do dia.

Assinale a(s) alternativa(s) que melhor caracteriza(m) a linguagem utilizada pelo repórter:

a) Mais espontânea, descontraída.　　　　**c)** Mais elaborada, técnica.

b) Mais informal, menos monitorada.　　　　**d)** Mais formal, mais monitorada.

6► Sabendo que a reportagem tem a intenção de informar o leitor dando detalhes sobre o assunto abordado e que a linguagem de uma reportagem deve ser clara e objetiva, responda: Qual é a provável razão de o repórter ter utilizado esse tipo de linguagem na reportagem?

7► Releia o título dado à reportagem. Qual foi a provável intenção do repórter ao usar palavras que fazem referência a histórias de terror?

Hora de organizar o que estudamos

► Copie e complete o esquema no caderno, inserindo no local adequado as seguintes palavras:

objetiva	mapas	fotos	informar	dados	onde	quando	como	por quê

REPORTAGEM

Relato de fatos reais, resultado de uma atividade jornalística de pesquisa, de seleção de dados, de interpretação, veiculado em órgãos da imprensa.

Finalidade/intenção
- Informar os leitores sobre assuntos de interesse público, fornecendo ▓ pesquisados.

Linguagem e construção
- Informações principais: o que, quem, ▓, ▓, ▓ e ▓.
- Partes da reportagem: título, linha-fina, corpo do texto, imagens, etc.
- Depoimentos de especialistas e relatos de experiências.
- Recursos visuais: ▓; ilustrações; mapas, gráficos; boxes informativos; cores, etc.
- Linguagem adequada ao público-alvo.
- Predomina linguagem ▓ e mais monitorada.

Leitor/público-alvo
- Pessoa interessada em se ▓ mais profundamente sobre determinado assunto.

Prática de oralidade

Conversa em jogo

A dependência da internet pode ser uma doença?

Nesta unidade você leu uma reportagem sobre a dependência da internet e as consequências dela para a vida de alguns jovens e adolescentes. Considerando o que você já sabe sobre o assunto e suas experiências pessoais, converse com os colegas e o professor sobre as questões a seguir.

1► Você conhece alguém que usa a internet extrapolando os limites de uma vida saudável? Se sim, responda:
a) Por que essa dependência pode ser prejudicial?
b) O que essa pessoa faz ou deixa de fazer por causa da internet?

2► Em sua opinião, a dependência da internet pode ser uma doença? Por quê? Fale o que você pensa a respeito e ouça a opinião dos colegas com atenção. Respeite as diferentes opiniões e pontos de vista sobre o assunto. Depois, identifique qual é a opinião da maioria dos colegas da turma.

Apresentação oral de reportagem

Agora você e seus colegas vão apresentar oralmente uma reportagem para a turma. Primeiro vocês devem escolher a matéria a ser apresentada e preparar a apresentação de vocês. Vamos lá?

➨ Preparação

1▸ **Em trio**. Em diversas fontes, pesquisem reportagens em que o assunto seja o uso excessivo de computadores, celulares e outros aparelhos que mantêm as pessoas em conexões virtuais. Não se esqueçam de verificar se a fonte é legítima e se as informações são verídicas. Em tempo de notícias falsas (*fake news*), todo cuidado é pouco!

2▸ Selecionem a reportagem que mais possa interessar aos colegas da turma e anotem as informações principais dela, que respondem às seguintes perguntas: O quê?, Quem?, Onde?, Quando?, Como?, Por quê?.

3▸ Dividam a reportagem em partes para que cada aluno do grupo possa participar da apresentação.

4▸ Decidam a ordem em que a apresentação ocorrerá e façam um roteiro para servir de apoio aos integrantes.

5▸ Considerem usar recursos visuais, como fotos, imagens e gráficos que complementem algumas informações e despertem o interesse dos colegas. Nesse caso, combinem com o professor como esses recursos serão apresentados (cartazes ou *slides*, por exemplo) e organizem os materiais necessários.

➨ Ensaio

1▸ Cada aluno deverá treinar a apresentação de sua parte apoiado no roteiro, mas sem ler o texto. Para isso, treinem bastante a sequência da fala, a entonação, etc.

2▸ Depois, façam um ensaio com todo o grupo, de acordo com a ordem das partes da reportagem. Um dos alunos do grupo deve ficar responsável por apresentar o assunto da reportagem e o motivo dessa escolha. Observem:

   a) se a linguagem está adequada ao público e à situação;

   b) se o modo de apresentar as informações atrai a atenção do público;

   c) se o tom de voz usado está adequado para que todos possam ouvir a apresentação;

   d) se as informações estão sendo transmitidas de forma clara e objetiva.

Chris Borges/Arquivo da editora

3▸ Façam os ajustes necessários para melhorar a apresentação de vocês.

➨ Apresentação e avaliação

1▸ Posicionem-se na frente da sala e preparem os materiais visuais, se forem utilizar. Sigam estes passos:

   a) Elejam um aluno do grupo para apresentar o assunto da reportagem aos colegas e o motivo de ele ter sido escolhido.

   b) Iniciem a apresentação da reportagem, com cada aluno falando sua parte.

   c) Não se esqueçam de:

     • falar com linguagem mais monitorada e clara e atentar também para a pronúncia das palavras;

     • evitar ficar de costas quando apresentar recursos como imagens, cartazes, *slides*, fotos, etc.;

     • ao terminar de apresentar sua parte da reportagem, cada componente do grupo deve passar a palavra ao colega que dará continuidade à apresentação.

   d) Encerrem a apresentação agradecendo a atenção de todos e colocando o material à disposição da turma.

2▸ Ao final, façam uma avaliação coletiva das apresentações dos grupos, comentando aspectos que foram bem realizados e pontos que podem ser melhorados.

Outras linguagens: Gráficos

Os gráficos são usados para representar de forma visual um conjunto de dados. Eles ajudam o leitor a compreender melhor e mais rapidamente as informações. Em notícias, reportagens, livros didáticos, relatórios, entre outros textos, é comum o uso de gráficos para apresentar dados coletados em pesquisas (científicas, eleitorais, de comportamento, etc.).

Veja a seguir diferentes tipos de gráfico usados para apresentar dados relacionados ao uso da internet no Brasil, que foram coletados em algumas pesquisas realizadas por instituições. Observe os títulos, os números, as legendas, as formas e as cores usadas para facilitar a leitura e a visualização em cada gráfico.

Gráfico de barras

Esse tipo de gráfico é usado para comparar dados.

▶ O Instituto Brasileiro de Geografia e Estatística (IBGE) divulgou os dados presentes no gráfico a seguir sobre os domicílios com acesso à internet no Brasil em 2016. Leia-o e converse com os colegas sobre as questões.

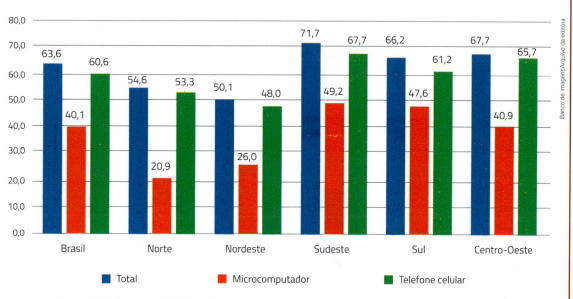

Percentual de domicílios com acesso à internet segundo o equipamento de acesso

Fonte: PNAD Contínua, 2016. Disponível em: <https://agenciadenoticias.ibge.gov.br/media/com_mediaibge/arquivos/a7d023687b221aafb0364f56cad94367.pdf>. Acesso em: 24 jul. 2018.

a) Que equipamentos de acesso à internet o gráfico compara?

b) O que foi usado nesse gráfico para indicar os equipamentos?

c) O que indica a leitura da linha horizontal do gráfico?

d) O gráfico apresenta também uma linha vertical com números. O que esses números indicam?

e) Por fim, observe e compare as barras com diferentes comprimentos e responda:

- Qual é o equipamento mais usado nos domicílios em todas as regiões?
- Que região concentra o maior número de domicílios com acesso à internet?
- Em que posição se encontra a região onde você mora?

Gráfico de linha

Esse tipo de gráfico apresenta um conjunto de dados em sequência, mostrando a alteração ao longo do tempo.

▶ O gráfico a seguir apresenta informações sobre o uso da internet no Brasil, de acordo com os dados coletados em pesquisas realizadas pelo Centro Regional de Estudos para o Desenvolvimento da Sociedade da Informação (Cetic.br).

Proporção de usuários da internet

Percentual sobre total da população

Fonte: CGI.br/NIC.br, Centro Regional de Estudos para o Desenvolvimento da Sociedade da Informação (Cetic.br), Pesquisa sobre o Uso das Tecnologias de Informação e Comunicação nos Domicílios Brasileiros – TIC Domicílios 2016.

a) Qual é a diferença entre esse gráfico e o anterior?

b) Que informações esse gráfico apresenta?

c) Qual é o período a que se referem os dados apresentados?

d) Em que período se deu o maior crescimento?

e) O que é possível concluir sobre o uso da internet no Brasil ao ler esse gráfico?

Gráfico de setores

O gráfico de setores também é conhecido como gráfico de *pizza*. Ele é usado para agrupar dados a partir de um total.

▶ Observe o gráfico a seguir.

Adolescentes que já deixaram de publicar ou deletaram algo na internet por medo das consequências

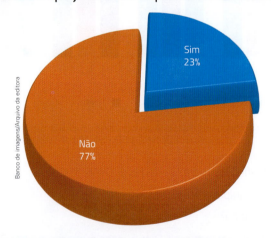

Sim
23%

Não
77%

Fonte: Unicef – Fundo das Nações Unidas para a Infância. O uso da internet por adolescentes. Disponível em: <www.unicef.org/brazil/pt/br_uso_internet_adolescentes.pdf>. Acesso em: 19 out. 2018.

a) Em relação ao aspecto visual desse gráfico, em que ele difere dos anteriores?

b) Que informação é apresentada neste gráfico?

c) Qual foi a resposta da maioria dos jovens?

d) E você? Já deixou de publicar algo na internet por medo das consequências?

Tecnologia: cuidados na internet

Usando a internet, podemos conversar com amigos, ouvir músicas, postar imagens, vídeos, notícias, dar opiniões sobre diferentes assuntos, etc. Mas precisamos nos proteger de eventuais riscos que há no mundo virtual. Leia algumas orientações sobre comportamento virtual, retiradas de um guia sobre internet segura.

Proteja a sua privacidade

Você sabe o que é privacidade? Privacidade tem a ver com proteger as suas coisas: fotos, mensagens, arquivos, segredos, sentimentos, emoções... — ou seja, a sua vida. [...]

SE TIVER ALGUM PROBLEMA PREFIRA CONVERSAR PESSOALMENTE COM SEUS AMIGOS E COM SEUS PAIS. NÃO USE A INTERNET PARA DESABAFAR.

SAIBA QUANDO A SUA LOCALIZAÇÃO ESTÁ SENDO DIVULGADA. NÃO DEIXE QUE QUALQUER UM DESCUBRA ONDE VOCÊ ESTÁ.

Você gosta de fazer vídeos? Mostre para os seus pais ou para algum outro adulto de confiança antes de postá-los, para que eles avaliem se podem ser publicados.

NUNCA UTILIZE SEM AUTORIZAÇÃO CARTÕES DE CRÉDITO, DOCUMENTOS OU DADOS DE OUTRAS PESSOAS.

PENSE BEM ANTES DE ESCREVER ALGO OU ENVIAR FOTOS E VÍDEOS

Use sempre um apelido (*nickname*) quando estiver jogando *online*. Nunca forneça seu nome completo e jamais passe senhas para os outros jogadores.

Você já ouviu falar em *nudes*? Algumas pessoas tiram fotos de partes do corpo e mandam para alguém na Internet. Às vezes elas se arrependem pois a foto acaba se espalhando e essa não era a intenção. Se alguém pedir que você faça isso, diga imediatamente que **NÃO** e avise seus pais ou algum outro adulto de confiança.

CONFIGURE SEU PERFIL PARA PERMITIR QUE APENAS SEUS AMIGOS ACESSEM SUAS POSTAGENS E INFORMAÇÕES (MODO PRIVADO). PEÇA AJUDA SE NÃO SOUBER COMO FAZER ISSO.

CUIDADO COM AS IMAGENS QUE APARECEM AO FUNDO DAS SUAS FOTOS E VÍDEOS. ELAS PODEM MOSTRAR LUGARES DA SUA CASA OU DETALHES DA SUA VIDA QUE VOCÊ OU SEUS PAIS NÃO GOSTARIAM QUE FICASSEM PÚBLICOS.

Disponível em: <https://internetsegura.br/pdf/guia-internet-segura.pdf>. Acesso em: 25 jul. 2018.

1▸ Você já adota alguma das precauções mencionadas acima? Se sim, qual?

2▸ Você procura preservar a privacidade de seus amigos e familiares? Se sim, de que maneira?

A internet pode ser um lugar para se divertir, explorar, aprender e relaxar. Mas é preciso tomar cuidado para não usá-la de maneira exagerada. Leia as orientações abaixo, também retiradas do guia sobre internet segura. Depois, converse com os colegas sobre as questões propostas.

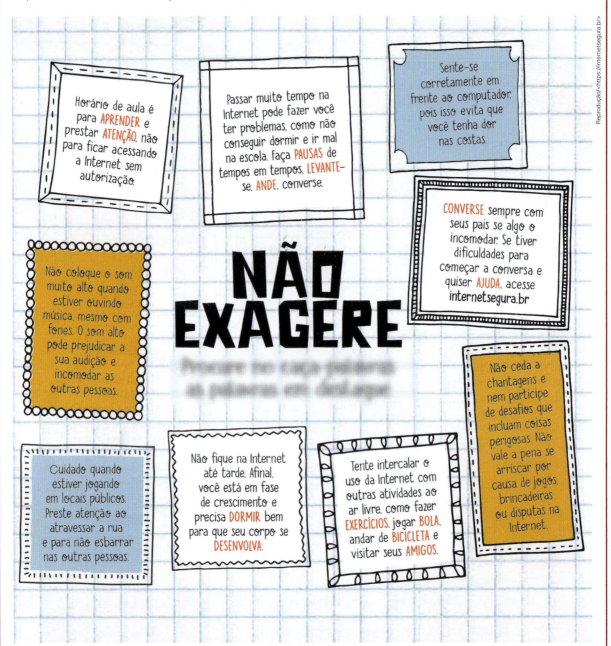

Horário de aula é para APRENDER e prestar ATENÇÃO, não para ficar acessando a Internet sem autorização.

Passar muito tempo na Internet pode fazer você ter problemas, como não conseguir dormir e ir mal na escola. Faça PAUSAS de tempos em tempos, LEVANTE-se, ANDE, converse.

Sente-se corretamente em frente ao computador, pois isso evita que você tenha dor nas costas.

Não coloque o som muito alto quando estiver ouvindo música, mesmo com fones. O som alto pode prejudicar a sua audição e incomodar as outras pessoas.

NÃO EXAGERE

CONVERSE sempre com seus pais se algo o incomodar. Se tiver dificuldades para começar a conversa e quiser AJUDA, acesse internetsegura.br

Cuidado quando estiver jogando em locais públicos. Preste atenção ao atravessar a rua e para não esbarrar nas outras pessoas.

Não fique na Internet até tarde. Afinal, você está em fase de crescimento e precisa DORMIR bem para que seu corpo se DESENVOLVA.

Tente intercalar o uso da Internet com outras atividades ao ar livre, como fazer EXERCÍCIOS, jogar BOLA, andar de BICICLETA e visitar seus AMIGOS.

Não ceda a chantagens e nem participe de desafios que incluam coisas perigosas. Não vale a pena se arriscar por causa de jogos, brincadeiras ou disputas na Internet.

Adaptado de: <https://internetsegura.br/pdf/guia-internet-segura.pdf>. Acesso em: 25 jul. 2018.

1▸ Quais dessas instruções você considera muito importantes?

2▸ Entre as dicas mencionadas para não exagerar no uso da internet, há alguma que você já segue? Se sim, qual?

3▸ Você acredita que exagera no uso da internet? Se sim, qual(is) dessas medidas você ainda não segue e acredita que poderia adotar para melhorar o uso que faz da rede?

4▸ Em sua opinião, qual dessas instruções é a mais difícil de seguir? Por quê?

Língua: usos e reflexão

Verbo III

Conjugações verbais

Leia a seguir o título de uma notícia:

Lei de Informática destrava até R$ 5 bilhões para pesquisas

Disponível em: <https://www1.folha.uol.com.br/mercado/2018/07/lei-de-informatica-destrava-ate-r-5-bilhoes-para-pesquisas.shtml>. Acesso em: 24 jul. 2018.

Suponha que você não conheça o significado de *destrava* e precisa buscá-lo em um dicionário. Como esse vocábulo deverá ser procurado?

Por ser uma forma verbal, primeiro é necessário passá-la para o infinitivo.

Observe: | **destrava** ⟶ infinitivo: **destravar** |

No dicionário, deve-se procurar o verbete no infinitivo: *destravar*. *Destrava* é a forma flexionada, conjugada na 3ª pessoa do singular do pretérito imperfeito.

Assim, saber o infinitivo do verbo é essencial para procurar seu significado no dicionário. Além disso, a forma no infinitivo indica a conjunção a que o verbo pertence.

Vamos tratar então das **conjugações verbais**.

> As formas verbais terminadas em **-ar**, **-er** e **-ir** são formas do **infinitivo**.

Os verbos na língua portuguesa estão distribuídos em **três conjugações**, isto é, em três grupos, de acordo com sua terminação:

1ª conjugação: verbos terminados em **-ar** — *cantar, amar, desaguar, arrumar, cavar, assentar*, etc.

2ª conjugação: verbos terminados em **-er** — *correr, vender, escolher, rever, desfazer*, etc.

3ª conjugação: verbos terminados em **-ir** — *partir, sorrir, sair, explodir, conseguir*, etc.

O verbo *pôr* e seus derivados — *repor, compor, dispor, depor, recompor*, etc. — seguem os verbos da **2ª conjugação**. Isso acontece porque, antigamente, o verbo *pôr* era empregado com a forma *poer*. O uso do **-e** caiu, mas ele continuou seguindo os verbos da 2ª conjugação.

> **Conjugar** um verbo é flexioná-lo de acordo com a pessoa, o número, o tempo e o modo.

Essa divisão em conjugações serve para que seja possível saber o modelo que um verbo segue ao ser utilizado em todas as pessoas, tempos e modos.

Um verbo que, ao ser conjugado, não sofre alteração em seu **radical** e segue as terminações do modelo de sua conjugação é chamado de **regular**. Exemplo:

- **am**ar: **am**o, **am**ava, **am**aria, **am**arei...
- **am-** é o **radical**, que não varia; portanto, é um verbo regular.

Se, ao ser conjugado, um verbo sofre alteração em seu radical, ou se não segue as terminações do modelo de sua conjugação em todas as formas, ou, ainda, se não é conjugado em alguma delas, dizemos que é um verbo **irregular**. Observe o verbo *fazer*: **faço**, **fez**, **fiz**, **faz**...

O **radical** e as **terminações** se alteram; portanto, é um verbo irregular.

Para conjugar o verbo em qualquer tempo ou modo, precisamos saber:

- a conjugação (1ª: **-ar**; 2ª: **-er**; 3ª: **-ir**);
- se é um verbo regular ou irregular.

Se for um verbo regular, basta seguir o modelo, pois todos os verbos regulares apresentam as mesmas terminações. Veja alguns exemplos de verbos regulares.

1ª conjugação		2ª conjugação		3ª conjugação	
Eu amo	Nós amamos	Eu como	Nós comemos	Eu saio	Nós saímos
Eu falo	Nós falamos	Eu corro	Nós corremos	Eu parto	Nós partimos
Eu estudo	Nós estudamos	Eu vendo	Nós vendemos	Eu sorrio	Nós sorrimos

▶ Observe a frase a seguir e responda às questões em seu caderno.

> Meninos viram *hit* na internet.

a) Qual é a forma no infinitivo do verbo presente nessa frase?

b) Qual é o radical?

c) Pela terminação, a que conjugação esse verbo pertence?

d) Nessa frase, a pessoa do verbo é *eles*. Escreva como ficaria o verbo flexionado nas seguintes pessoas.

- Eu ▨
- Ele ▨
- Nós ▨

e) Por essa mudança de pessoa, é possível observar que se trata de um verbo regular ou irregular?

Locuções verbais

As formas nominais dos verbos — ou seja, aquelas que aparecem no infinitivo, no gerúndio e no particípio — também são empregadas nas **locuções verbais**. Observe:

locução verbal

Os voluntários **eram monitorados** pelos pesquisadores.

    ↓ verbo auxiliar   ↓ verbo principal no particípio

↓ (expressa a ação)

Observe este outro exemplo:

locução verbal

A aluna do 7º ano **está preparando** uma apresentação.

    ↓ verbo auxiliar   ↓ verbo principal no gerúndio

↓ (expressa a ação)

A locução verbal segue geralmente esta estrutura:

verbo auxiliar + verbo principal

↓ (indica a pessoa, o número, o tempo e o modo)

↓ no infinitivo, gerúndio ou particípio (indica a ideia principal)

> **Locução verbal** é a combinação de **verbo(s) auxiliar(es)** com o infinitivo, o gerúndio ou o particípio de outro verbo, chamado de **verbo principal**. Exemplos: **estou estudando**; **tenho estudado**; **vou estar estudando**.

Atividades: verbo

1▸ Leia a tirinha reproduzida a seguir, atentando para as formas verbais e a situação em que elas são empregadas.

SCHULZ, Charles M. *Peanuts completo*. Porto Alegre: L&PM, 2013. p. 57.

a) Identifique e escreva no caderno as formas nominais que você encontrar na tirinha.

b) Sobre as formas verbais empregadas na tirinha, copie no caderno o que faz sentido afirmar:

I. No segundo quadrinho, em "ela *vive perguntando*" e "ele *fica tocando*", as formas destacadas indicam ações contínuas, que estão em andamento, ou seja, processos verbais que ainda não se finalizaram.

II. No primeiro quadrinho, a forma *trata* indica que Lucy habitualmente trata mal Schroeder.

III. No primeiro quadrinho, *acho* está no presente, mas indica algo que ela sente no passado.

IV. No último quadrinho, "Por *falar* nisso", com verbo no infinitivo, tem o mesmo sentido de "*Falando nisso*", com a forma verbal no gerúndio.

c) No terceiro quadrinho, não há balão de fala. Pela cena, o que se pode concluir?

d) Observe a expressão facial do personagem Schroeder no último quadrinho. Em sua opinião, porque ele teve essa reação?

2▸ Leia a propaganda reproduzida a seguir.

Revista *O Globo*, 6 nov. 2011, p. 109.

Pra ser bonita, **descabele**
Pra emagrecer, **coma**
Pra ensinar, **brinque**
Pra ser você, **mude**
Pra relaxar, **grite**

gnt todos os dias **com você.**

a) Copie no caderno o quadro com os verbos empregados na propaganda e preencha-o com as formas nominais correspondentes:

Verbo	Infinitivo	Gerúndio	Particípio
ser			
emagrecer			
ensinar			
relaxar			
descabele			
coma			
brinque			
mude			
grite			

b) As formas do infinitivo indicam a conjugação a que o verbo pertence. Observando no quadro a terminação dos verbos no modo infinitivo, agrupe-os de acordo com as conjugações.

1ª conjugação – verbos terminados em -ar	
2ª conjugação – verbos terminados em -er	
3ª conjugação – verbos terminados em -ir	

c) Note que, além do emprego de verbos no infinitivo, há o emprego de formas verbais no modo imperativo. Que função os verbos no imperativo têm nesse texto?

d) O texto da propaganda parece fornecer uma "receita" às avessas. O que o faz parecer assim?

> **às avessas:** ao contrário, no sentido oposto.

e) Amplie o texto da propaganda elaborando em seu caderno mais duas frases utilizando verbos da 3ª conjugação.

- Pra ▦, ▦
- Pra ▦, ▦

3 ▸ Leia as frases a seguir.

> Corinthians joga bem, mas fica no empate sem gols com o América-MG
>
> Disponível em: <https://www.lance.com.br/brasileirao/corinthians-joga-bem-mas-fica-empate-sem-gols-com-america.html>. Acesso em: 20 out. 2018.

> 'Finalmente existo. Eu hoje nasci brasileira'
>
> Disponível em: <https://brasil.estadao.com.br/noticia/geral.finalmente-existo-diz-apatrida-que-ganhou-nacionalidade-brasileira/>. Acesso em: 20 out. 2018.

> Pela 1ª vez o governo concedeu a nacionalidade a duas apátridas, as irmãs Maha e Souad Mamo
>
> Disponível em: <https://brasil.estadao.com.br/noticia/geral.finalmente-existo-diz-apatrida-que-ganhou-nacionalidade-brasileira>. Acesso em: 20 out. 2018.

> Mais de 1000 pessoas saíram do Parque Ibirapuera com um sorriso no rosto nesse final de semana
>
> Disponível em: <https://www.terra.com.br/noticias/dino/mais-de-1000-pessoas-sairam-do-parque-ibirapuera-com-um-sorriso-no-rosto-nesse-final-de-semana,ad2b2e2502537a9b2515f0b14f440a1antib9wh7.html>. Acesso em: 20 out. 2018.

Copie, no caderno, os verbos das frases lidas e escreva, diante de cada um, o infinitivo correspondente.

Hora de organizar o que estudamos

▸ No caderno, copie e complete o esquema a seguir com os verbos retirados das frases na atividade 3 na forma do infinitivo.

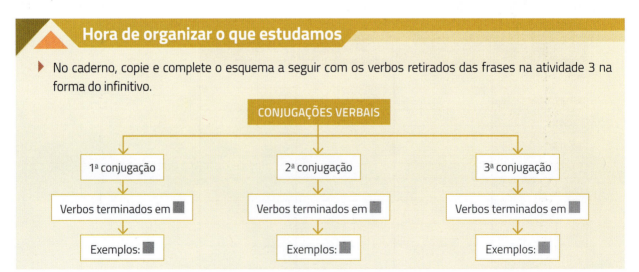

Frase, oração e período

A reportagem que você leu nesta unidade foi apresentada com destaque na primeira página do suplemento Folhateen. Leia a manchete criada para essa reportagem.

manchete: título principal de notícia ou reportagem, destacado com letras grandes na primeira página de um jornal ou revista.

"Zumbis" na escola

Agora, releia o título da reportagem:

À meia-noite levarei seu sono

Fotos: Folha de S.Paulo/Editoria Arte/ Folhapress

Converse com os colegas sobre as frases usadas na manchete e no título dessa reportagem:

- são longas ou curtas?
- detalham o assunto ou dão apenas uma ideia geral?
- é possível saber qual é o assunto da reportagem apenas pela manchete ou pelo título?

Para elaborar esses títulos, o repórter fez algumas escolhas de linguagem: palavras que fazem referência a histórias de terror.

E se um dos títulos estivesse escrito assim:

Sono à seu meia-noite levarei

Seria mais estranho ainda, não é mesmo?

Para criar o título, foi necessário organizar as palavras escolhidas de tal forma que o leitor tivesse uma compreensão mínima do seu sentido.

A organização dessas palavras foi feita sob a forma de frases.

O que é uma frase?

Frase é uma unidade de sentido, escrita ou falada, que tem o objetivo de comunicar algo.

Veremos a seguir algumas formas de organizar as frases.
Leia:

"Zumbis" na escola → Frase organizada **sem verbo** → frase nominal

À meia-noite levarei seu sono → Frase organizada **com verbo** → frase verbal ou oração

Esse é um dos modos de organizar uma frase:
- com verbo: também chamada de **oração**.
- sem verbo: chamada de **frase nominal**.

Observe esta fala do primeiro parágrafo da reportagem:

"Dormia às 5h e acordava às 13h".

Nessa frase há **dois verbos**. Cada verbo corresponde a uma oração. Portanto, há **duas orações** na frase.

1▸ Releia o parágrafo inicial da reportagem:

Com poucas variações, a história é a mesma. "Pareço um zumbi", "É difícil voltar à rotina", "Dormia às 5h e acordava às 13h, etc.

a) Quantas frases há nesse parágrafo?
b) Quantas frases são nominais (sem verbo) e quantas frases são verbais (com verbo)?
c) Copie no caderno os verbos desse parágrafo.
d) Quantos verbos você encontrou?
e) Quantas orações há nesse parágrafo?
f) Copie no caderno as frases que têm um só verbo e sublinhe o verbo.
g) Copie no caderno as frases que têm mais de um verbo e sublinhe os verbos.

> A frase constituída de uma ou mais orações é chamada de **período**.
> O período formado por uma só oração é chamado de **período simples**.
> O período formado por mais de uma oração é chamado de **período composto**.

2▸ Complete as afirmações a seguir de acordo com o que observou na atividade anterior.
No parágrafo inicial da reportagem há:
- _____ **períodos simples**, isto é, períodos constituídos de **uma só oração**;
- _____ **períodos compostos**, isto é, períodos constituídos de **mais de uma oração**.

3▸ Releia estas frases da reportagem e copie no caderno os verbos que aparecem em cada uma delas, classificando os períodos em período simples ou período composto.
a) É, voltar ao ritmo escolar, com intermináveis aulas que começam antes das 8 h, enquanto o dia brilha lá fora e sua cama chama, não é mole.
b) Mas quem são os inimigos da rotina saudável de sono dos *teens*?
c) "Essa geração está cada vez mais conectada", diz Silvana Leporace, coordenadora de orientação educacional do colégio Dante Alighieri".
d) "Dormem com o celular ao lado e ficam trocando mensagens com os amigos."
e) Para Cristiano Nabuco, coordenador do programa de dependentes de internet do Instituto de Psiquiatria da USP, "os adolescentes espirram do controle dos pais".
f) "Eles não dormem, a internet é um apelo muito forte."

(!) Atenção

As **locuções verbais** devem ser consideradas um **único verbo**. Assim, se no exemplo ao lado, em vez de formas verbais simples, fossem usadas locuções verbais com o verbo *ter*, por exemplo, teríamos:

Tinha dormido às 5 h e tinha acordado às 13 h.

Como cada locução verbal corresponde a um único verbo, a frase acima continuaria com duas orações.

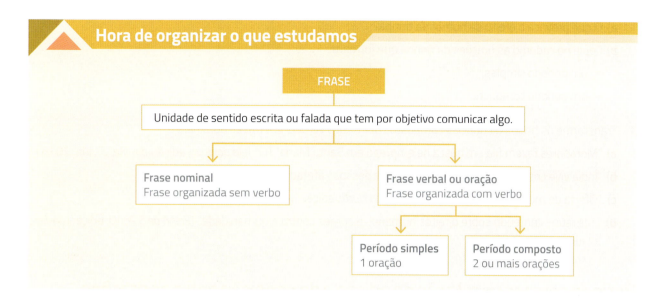

FRASE

Unidade de sentido escrita ou falada que tem por objetivo comunicar algo.

Frase nominal
Frase organizada sem verbo

Frase verbal ou oração
Frase organizada com verbo

Período simples
1 oração

Período composto
2 ou mais orações

Atividades: frase, oração e período

1▶ Leia a tira reproduzida a seguir:

GONSALES, Fernando. Disponível em: <http://www2.uol.com.br/niquel/>. Acesso em: 24 jul. 2018.

a) Para quem foi feita a declaração no segundo quadrinho?

b) Quem achou que a declaração era para si?

c) O que provoca o humor nessa tirinha?

d) Observe como foram organizadas as frases nessa tirinha. Copie no caderno:
- uma frase ou oração organizada apenas com verbo;
- uma frase nominal;
- uma frase organizada com mais de um verbo.

2▶ Leia esta outra tirinha:

GONSALES, Fernando. Disponível em: <http://www2.uol.com.br/niquel/18/05/2018>. Acesso em: 24 jul. 2018.

a) O que provoca o efeito de humor da tirinha?

b) Copie no caderno as orações da tirinha que formam:

- um período simples;
- um período composto.

3▸ Transforme os títulos de notícias compostos por frases verbais em frases nominais:

a) "Moradores fazem fila em busca de emprego em Santa Maria" (*Correio do povo*, edição *on-line*, 22 jun. 2018.)

b) "Índia vive crise hídrica com 600 milhões de pessoas afetadas" (*O Globo*, 16 jun. 2018.)

c) "Oferta de milho está 50% maior" (*Tribuna do Norte*, edição *on-line*, 22 jun. 2018.)

d) "*Site* reúne conteúdo sobre direitos humanos e crimes contra a humanidade" (*Folha de S.Paulo*, edição *on-line*, 22 jun. 2018.)

Período composto: relação de adição e de oposição entre as orações

Você já sabe que no período composto há sempre mais de uma oração. Quando as orações têm um sentido independente da outra, temos um **período composto por coordenação**.

Observe esta frase:

"Eles não **dormem**, a internet **é** um apelo muito forte."

Nessa frase há dois verbos, duas orações de sentido independente, separadas por vírgula.

Releia agora a fala de uma estudante citada na reportagem "À meia-noite levarei seu sono":

[Sento em frente ao computador] e [esqueço da vida.]

Os verbos *sentar* e *esquecer* organizam as duas orações desse **período composto**.

Ao ligar as orações desse período composto, a conjunção **e** estabelece uma **relação de adição**, **de soma** entre as duas orações, isto é, entre as ações de sentar em frente ao computador e esquecer da vida.

Agora, leia uma fala de Cristiano Nabuco citada na reportagem e observe a relação estabelecida entre as orações:

[Internet não é inimiga,] mas [precisa de controle.]

Os verbos *é* e *precisa* organizam as duas orações desse período composto.

A conjunção *mas* liga as duas orações e estabelece uma **relação de oposição**, **de adversidade** entre elas.

Releia uma das orientações dadas na reportagem para os estudantes entrarem no ritmo e dormirem em horário adequado:

[Faça atividades físicas regularmente,] mas [evite-as depois de escurecer.]

A conjunção *mas* estabeleceu uma relação de **oposição** entre as ações de **fazer** e de **evitar** atividades físicas.

> Ao ligar duas orações, a **conjunção *e*** estabelece uma **relação de adição** entre elas.
> Ao ligar duas orações, a **conjunção *mas*** estabelece uma **relação de oposição** entre elas.

1▸ Copie no caderno as frases a seguir. Sublinhe os verbos e separe as orações dos períodos. Depois, circule a palavra que estabelece relação entre as orações e classifique a relação estabelecida em **adição** ou **oposição**.

a) "Dormia às 5h e acordava às 13h".

b) "Dormem com o celular ao lado e ficam trocando mensagens com os amigos."

c) "Eles não são mortos-vivos, mas ficam com cara de sono o tempo todo depois de varar a noite *on-line*."

d) "O aprendizado não termina ao fim da aula, mas continua até enquanto dormimos".

2▸ Leia esta tirinha e observe as falas do personagem Manolito, amigo de Mafalda.

QUINO. *Toda Mafalda*. São Paulo: Martins Fontes, p. 379.

a) O que as frases escritas em letra cursiva representam na tirinha?

b) O que provoca o humor da tira? Converse com os colegas.

c) Identifique e copie no caderno um período composto por **duas** orações. Depois, indique qual é a relação estabelecida pela conjunção que liga as orações.

d) Identifique e copie no caderno o período composto da tira em que há mais orações. Depois, indique as conjunções que estabelecem relação de oposição e de adição entre as orações.

> ▸ *royalty:* parcela do valor de um produto ou serviço paga à pessoa que detém a patente de uma descoberta, o direito autoral de uma obra, etc.

Desafios da língua

Coesão textual: uso de *mas* ou *mais*

1▸ Copie no caderno o seguinte trecho de notícia e, depois, leia-o com atenção.

Com chuva e preços mais caros, produtos juninos ainda não conquistaram os clientes

[...]

O feirante Antônio de Oliveira, 48, encarava as espigas de milho e o amendoim esperando que o futuro trouxesse **mais** clientes. "A chuva também não está ajudando. Tem pouca gente na feira hoje. **Mas** vai melhorar se o tempo suspender", explicou.

Disponível em: <https://www.correio24horas.com.br/noticia/nid/com-chuva-e-precos-mais-caros-produtos-juninos-ainda-nao-conquistaram-os-clientes/>. Acesso em: 24 jul. 2018.

Observe as palavras *mas* e *mais* que aparecem nesse trecho. No caderno, relacione essas palavras com a ideia que estão acrescentando à frase ou ao termo que acompanham.

a) Introduz uma ideia que se opõe à ideia anterior.

b) Acrescenta ideia de intensidade ou força a uma qualidade expressa.

c) Acrescenta ideia de quantidade ao termo que acompanha.

2▶ As palavras destacadas no texto da atividade 1 pertencem a diferentes classes de palavras. Copie no caderno as definições a seguir sobre essas classes de palavras.

a) **Conjunção**: palavra que liga duas orações.

b) **Pronome indefinido**: modifica um substantivo.

c) **Advérbio**: modifica ou altera a ideia expressa pelo adjetivo.

Que palavra destacada no trecho da atividade anterior corresponde a cada definição? Compare sua resposta com a dos colegas.

3▶ Leia a tira reproduzida a seguir.

BROWNE, Chis. *Hagar. Folha de S.Paulo*, São Paulo, 15 jul. 2003.

a) Qual das ideias indicadas nas alternativas da atividade 1 se aplica à palavra *mas*, dita por Helga?

b) Escreva uma palavra que poderia substituir a palavra *mas* dita por Helga sem alterar o sentido da frase.

c) A que classe de palavras pertence a palavra *mas* nesse caso?

d) Qual é o sentido da palavra *mas* pensada por Hagar? Que palavra ou expressão poderia substituí-la?

e) Pode-se afirmar que pertence à mesma classe de palavras da palavra *mas* dita por Helga? Justifique.

f) O que torna a tirinha engraçada?

4▶ Copie as frases a seguir no caderno, substituindo o ■ por uma ideia que complete as afirmações adequadamente.

a) O *mas* tem valor de conjunção quando ■.

b) Se a palavra *mas* for precedida de artigo, terá valor de ■.

c) A palavra *mais* será um advérbio se ■.

d) A palavra *mais* qualificando um substantivo será um ■.

5▶ Copie as frases no caderno, substituindo o ■ por *mas* ou *mais* de acordo com o sentido.

a) O time venceu, ■ os jogadores admitiram os erros cometidos durante a partida.

b) Algumas pessoas condenam os pequenos delitos, ■ não reconhecem que os cometem no dia a dia.

c) Você sabe ■ sobre esse assunto, ■ sabe menos do que eu.

d) Se vocês prestarem ■ atenção, vão entender o que estou dizendo.

e) Meteorologia prevê ■ chuvas em todo o Nordeste.

f) O carro que acaba de ser lançado é ■ potente, ■ gasta ■ combustível.

g) A pintura encontrada é ■ antiga, ■ a data não está ■ visível na tela.

h) Você não gosta ■ de mim, ■ gosto de você mesmo assim.

i) Mesmo de malas prontas e sabendo que não volta ■, ele se despede, ■ promete voltar.

j) Segundo especialistas chineses, a montanha ■ alta do mundo é menos majestosa do que se imaginava. O monte Everest, na fronteira entre a China e o Nepal, é 3,7 m ■ baixo do que as estimativas anteriores diziam.

Outro texto do mesmo gênero

Você leu uma reportagem, publicada em um caderno de jornal impresso destinado a adolescentes, sobre como o uso da internet está reduzindo as horas de sono dos jovens.

Leia agora uma reportagem publicada em uma revista eletrônica sobre o uso do celular pelos jovens. Será que manter-se o tempo todo conectado por meio do celular pode prejudicar a saúde?

24 horas conectados

Para os jovens, o celular é percebido como uma extensão do corpo

Maíra Lie Chao e Emi Sasagawa

Para os adolescentes, ficar sem celular ou computador é o maior castigo. Muitos já preferem a internet aos automóveis.

Os jovens que participam do curso de verão da Putney Summer School, nos Estados Unidos, têm de deixar celular, *laptop*, *tablet* e qualquer outro aparelho de comunicação na entrada. Durante os 30 dias de estadia, o acesso à internet é limitado — dez horas semanais — e os fones de ouvido são banidos. Se quiserem ouvir música, devem conectar o MP3 a uma caixa de som, para que todos compartilhem. O intuito da política é induzir os alunos a interagir uns com os outros em vez de ficar isolados e imersos em uma tela eletrônica brilhante. Afinal, trata-se de um curso de verão. Os jovens vão lá para se divertir, conhecer culturas, gente diferente e fazer amigos.

Nos Estados Unidos é cada vez maior a preocupação com a intensidade da relação dos adolescentes com a internet e o celular, principalmente quanto aos limites de utilização desses meios de comunicação. Poder conversar com outras pessoas sem que a fronteira física atrapalhe é ótimo — uma conquista da modernidade. Mas para manter relações saudáveis, é preciso fazer um uso inteligente dos recursos tecnológicos e evitar os excessos da "dependência da conectividade". Nesse ponto, a escola e, principalmente, os pais são responsáveis pela educação dos jovens.

O celular se tornou um item de consumo favorito da população. O Brasil é o campeão em vendas da América Latina. Desde 2005, o número de telefones móveis ultrapassou o de fixos nas residências brasileiras. Além do mais, o aparelho é o principal representante da convergência tecnológica, permitindo ligações, envio de mensagens SMS e acesso à internet.

[...]

Pais e filhos

Quem convive com adolescentes sabe que um dos piores castigos para eles é ficar sem celular e sem computador. Os jovens permanecem conectados aos amigos e à família 24 horas por dia, ligando, trocando torpedos e atualizando status nas redes sociais. De acordo com o sociólogo polonês Zygmunt Bauman, na era da informação, a invisibilidade equivale à morte. Nessa fase marcada pela busca da identidade e da autonomia, é muito comum ver adolescentes imersos nesses meios de comunicação.

Mas para que os jovens usam tanto o celular? A pesquisa "Uso de Celular na Adolescência e sua Relação com a Família", envolvendo 534 jovens entre 12 e 17 anos de escolas públicas e particulares de Porto Alegre (RS), revelou que o uso mais frequente do aparelho é para se comunicar com os pais (90%) e com os amigos (79%). "É possível perceber que as relações virtuais estabelecidas pelo telefone celular acompanham as relações reais estabelecidas com família e grupo de amigos", diz a psicóloga Fabiana Verza, especialista em terapia filiar e autora do estudo. As outras utilizações mais populares são vinculadas à coordenação do dia a dia, com funções de despertador e de agenda.

[...]

O aparelho também proporciona mais tranquilidade aos pais e aos jovens sempre que saem de casa. "Existe uma necessidade de monitoramento dos filhos pelos pais, principalmente em função da violência e da insegurança associada a 'sair de casa' na atualidade, e, nesse ponto, o celular pode ser um grande elo de ligação" [...].

Segundo Fabiana, o fácil acesso a outros recursos midiáticos via celular, como internet e messenger, também exerce um papel relevante na socialização do jovem. Para os mais tímidos, o celular é um facilitador social. Eles se sentem mais à vontade em ligar diretamente para os amigos, sem ter de falar com os pais deles e de trocar mensagens de texto, recurso que não exige olhar nos olhos. Desse modo, os mais tímidos conseguem se socializar melhor. Em outros tempos, isso não seria possível. Vale lembrar, obviamente, que esse meio de comunicação não deve substituir uma conversa presencial.

É importante ter em mente que a juventude de hoje, assim como a das gerações passadas, tem essencialmente as mesmas necessidades: vincular-se a um grupo, ter mais autonomia e consolidar uma identidade. O que muda é atender a essas necessidades na era da informação.

Atritos sociais

O celular pode ser um aliado da educação ou um problema da família. "Alguns pais se sentem desautorizados a interferir na relação entre seus filhos e a tecnologia, pois não têm certeza se isso é positivo ou negativo para o crescimento deles", analisa Fabiana.

Mesmo não entendendo a tecnologia tão bem quanto os jovens, os pais não devem abrir mão de sua autoridade. "A tecnologia deve ser tratada apenas como um complemento nas relações familiares e um estímulo a mais para o desenvolvimento do filho", diz a especialista. No contexto moderno, cabe aos pais criar novos meios para controlar o uso de celular e internet. Fabiana recomenda que se estabeleçam regras de uso, para que os jovens tenham noção de tempo e de prioridade na utilização.

[...]

Na Coreia do Sul, um dos países mais conectados do mundo, a dependência de internet e, sobretudo, de jogos de computador é um problema que já virou questão de saúde pública. O Brasil ainda não se aproximou desse nível, mas os especialistas andam atentos. Estima-se que por volta de 10% dos usuários de internet sejam "dependentes". No Hospital das Clínicas de São Paulo já existe um grupo de apoio para quem tem dificuldade de se desconectar. [...]

Para ter um relacionamento saudável com os aparelhos eletrônicos, é preciso manter satisfações fora da internet, como praticar um esporte, cultivar amigos e conviver com a família. O propósito das tecnologias de comunicação deve ser facilitar o contato com outras pessoas, complementando as relações já existentes. [...]

CHAO, Maíra Lie; SASAGAWA, Emi. 24 horas conectados. Revista *Planeta*, ed. 473, São Paulo: Três, fev. 2012. Disponível em: <revistaplaneta.terra.com.br/secao/reportagens/24-horas-conectados>. Acesso em: 19 out. de 2018.

Converse com os colegas sobre as questões a seguir.

1▸ Você se sente dependente do celular? Por quê?

2▸ Para que você usa o celular mais frequentemente?

3▸ Como você observa o uso de celulares pelos jovens? Considera que é um uso excessivo ou saudável?

4▸ O que é possível saber sobre o assunto dessa reportagem ao ler o título e a linha-fina?

 Minha biblioteca

O outro jornal do menininho. Nani. Record.

Após o sucesso do livro *O jornal do menininho*, o autor Nani resolveu mostrar às crianças tudo o que é possível encontrar em um jornal e reuniu suas dicas neste livro. Observando a casa e a rua onde mora, a cidade e as coisas que acontecem no mundo dos outros e no seu mundo, ele pôde acumular conhecimento e informações para compor seu jornal. Já pensou em fazer o mesmo? Conheça a trajetória desse menino e inspire-se.

Reportagem impressa

Depois de se informar sobre os efeitos provocados pelo uso da tecnologia digital na vida dos adolescentes, vocês serão os repórteres encarregados de escrever uma reportagem sobre o seguinte assunto:

A influência da internet no modo de vida das pessoas

As reportagens produzidas poderão ser divulgadas em cartazes afixados nos murais da escola ou publicadas no jornal ou revista da turma/escola. Também é possível publicá-la no *blog* da turma, se houver condições.

» Preparação

1 ▸ Com a orientação do professor, formem grupos e pesquisem notícias, reportagens, artigos com informações que possam servir de base para a reportagem que vão produzir.

2 ▸ Anotem as informações confiáveis e mais interessantes que vocês encontraram na pesquisa.

3 ▸ Com a ajuda do professor, relembrem os elementos que estruturam uma reportagem e definam como será feita a circulação do texto e quem serão os possíveis leitores. Para isso, observem o esquema abaixo.

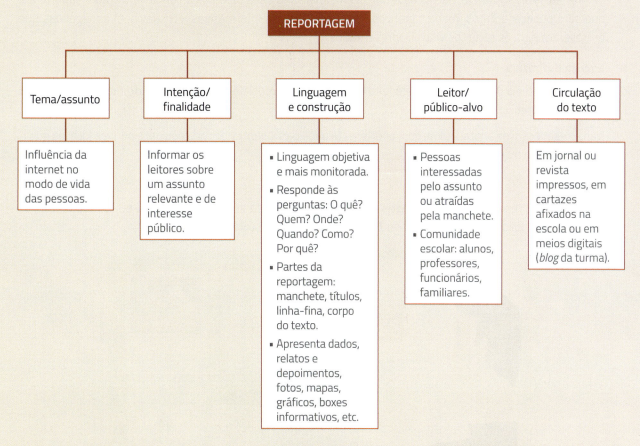

REPORTAGEM

Tema/assunto	Intenção/ finalidade	Linguagem e construção	Leitor/ público-alvo	Circulação do texto
Influência da internet no modo de vida das pessoas.	Informar os leitores sobre um assunto relevante e de interesse público.	▪ Linguagem objetiva e mais monitorada. ▪ Responde às perguntas: O quê? Quem? Onde? Quando? Como? Por quê? ▪ Partes da reportagem: manchete, títulos, linha-fina, corpo do texto. ▪ Apresenta dados, relatos e depoimentos, fotos, mapas, gráficos, boxes informativos, etc.	▪ Pessoas interessadas pelo assunto ou atraídas pela manchete. ▪ Comunidade escolar: alunos, professores, funcionários, familiares.	Em jornal ou revista impressos, em cartazes afixados na escola ou em meios digitais (*blog* da turma).

4 ▸ Selecionem as informações que considerarem mais importantes para divulgar na reportagem.

5 ▸ Se houver possibilidade de coletar depoimentos ou realizar pequenas entrevistas, planejem, com o professor, como isso poderá ser feito. Lembrem-se de registrar por escrito ou por meio de gravação de áudio ou vídeo os depoimentos e entrevistas realizados. Vocês podem entrevistar:

- pessoas que tenham experiências em relação ao tema para relatar;
- profissionais ou especialistas no assunto.

⇝ Rascunho

1▸ Escrevam um esboço da reportagem, apresentando as principais informações que vocês reuniram. Sigam estas orientações:

a) Usem uma linguagem clara e objetiva e que seja adequada ao público-alvo definido por vocês.

b) O texto deve responder às perguntas: O quê? Quem? Onde? Quando? Como? Por quê?

c) Caso tenham realizado entrevistas ou coletado depoimentos, selecionem os trechos que serão citados na reportagem.

d) Coletem ou elaborem recursos visuais que podem compor a reportagem de vocês, como fotos, mapas, gráficos, ilustrações e boxes informativos. Não se esqueçam de escrever legendas para acompanhar os recursos utilizados e explicá-los.

2▸ Leiam juntos o rascunho. Depois, criem o título principal e a linha-fina da reportagem. Se acharem necessário, criem também outros títulos menores para organizar o corpo do texto.

⇝ Revisão

1▸ Releiam o texto que escreveram, observando se a linguagem ficou clara e objetiva, apropriada ao público-alvo.

2▸ Reescrevam o que ficou confuso ou pouco objetivo e façam no texto as correções que forem necessárias.
Se preciso, reorganizem as partes da reportagem, analisando sua distribuição de acordo com o suporte em que será publicada: fotos, mapas, gráficos, ilustrações, boxes informativos, etc. Revisem as legendas que escreveram para os recursos visuais apresentados.

⇝ Escrita definitiva

1▸ Combinem como o professor como será feita a escrita final da reportagem: manuscrita, digitada e impressa em papel ou em arquivo eletrônico.

2▸ Não se esqueçam de anotar: nome dos repórteres (alunos participantes de cada equipe) e nome e local da publicação impressa ou eletrônica.

⇝ Circulação

▸ Divulguem as reportagens em cartazes afixados em murais da escola ou em jornal ou revista da turma. Se possível, publiquem-nas também no *blog* da turma (ou da escola).

Maurício Pierro/Arquivo da editora

Chegou o momento de fazer um balanço de tudo o que foi estudado na Unidade 3. Leia o quadro de conteúdos para recordar o que estudou e, no caderno, avalie seu desempenho usando os tópicos propostos a seguir como orientação. Isso ajudará você na hora de organizar seus estudos.

Meu desempenho

- **Compreendi bem** (registre no caderno os itens que você compreendeu)
- **Avancei em** (registre no caderno os itens em que você melhorou)
- **Preciso rever** (registre no caderno os itens que você precisa estudar mais)
- **Outras observações e/ou outras atividades**

UNIDADE 3	
Gênero Reportagem	**LEITURA E INTERPRETAÇÃO** · Leitura da reportagem "À meia-noite levarei seu sono", de Iuri de Castro Tôrres · Identificação das partes da reportagem · Identificação das escolhas de linguagem na reportagem **PRODUÇÃO** **Oral** · Apresentação oral de reportagem · Interatividade: reportagem multimídia **Escrita** · Reportagem impressa
Ampliação de leitura	**CONEXÕES** · Outras linguagens: Gráficos · Tecnologia: cuidados na internet **OUTRO TEXTO DO MESMO GÊNERO** · "24 horas conectados", de Maíra Lie Chao e Emi Sasagawa
Língua: usos e reflexão	· Conjugações verbais · Locuções verbais · Frase, oração e período · Relação de adição e oposição entre orações estabelecida por conjunção · Desafios da língua: uso de *mas* e *mais*
Participação em atividades	· Orais · Coletivas · Em grupo

Ilustrações: Chris Borges/Arquivo da editora

RAIOS DE SOL

GOTAS DE CHUVA

SUAVEMENTE

SENTIMENTOS AO VENTO

4

Criar com palavras...

Você gosta de ler poemas? Por quê? Você acha que a forma como as palavras são encadeadas, arrumadas em um texto, pode provocar diferentes tipos de sentimentos: afeto, raiva, tristeza, alegria, entusiasmo, indignação? Se você fosse expressar por escrito algum sentimento especial, que gênero escolheria: poema ou conto? Por quê?

Nesta unidade você vai:

- ler e interpretar poemas;
- identificar no poema verso, estrofe, rima;
- diferenciar texto em prosa de texto em verso;
- diferenciar gêneros literários de gêneros não literários;
- ler poemas com ritmo e entonação;
- produzir haicai a partir de imagem;
- produzir videopoema;
- diferenciar sentido próprio de linguagem figurada;
- conhecer recursos estilísticos: rima, aliteração, assonância, trocadilho, metáfora, personificação, metonímia;
- relacionar diferentes escritas à mesma sonoridade ou sonoridade semelhante: **-e/-i**; **-o/-u**; **-éu/-el**; **-ao/-au/-al**; **-ou/-ol**; **-io/-il/-iu**.

POEMA

Você já deve ter ouvido a expressão "a poesia está no ar". Você já pensou no que essa frase quer dizer?

Leia um dos vários poemas que o escritor e poeta brasileiro Carlos Drummond de Andrade escreveu sobre a poesia:

Lembrete

Se procurar bem, você acaba encontrando
não a explicação (duvidosa) da vida,
mas a poesia (inexplicável) da vida.

ANDRADE, Carlos Drummond de. *Corpo*.
Rio de Janeiro: Record, 2011. p. 99.

Nesta unidade, vamos ler **poemas** em diversos formatos.

O poema que você vai ler a seguir é um **haicai** — poema composto de três versos. A autora do haicai inspirou-se em uma pintura de Van Gogh chamada *O moinho da Galette*, de 1886.

> **Van Gogh:** famoso pintor holandês que nasceu em 1853 e faleceu em 1890, na França. Nos últimos anos de sua vida, adotou em sua pintura as linhas ondulantes e os tons intensos de amarelo, azul e verde.

Leitura

Texto 1

Haicai
Estela Bonini

Tempestade faz
As três pás do moinho
Perderem a paz

Óleo sobre tela, 61 cm x 50 cm. Museu Nacional de Belas Artes, Buenos Aires, Argentina

> *O moinho da Galette* (Le Moulin de la Galette), de Vincent van Gogh, 1886. Óleo sobre tela, 61 cm × 50 cm.

BONINI, Estela. *Haikai para Van Gogh*. São Paulo: Massao Ohno; Aliança Cultural Brasil-Japão, 1992. p. 38-39.

Reprodução/Aliança Cultural Brasil-Japão

Estela Bonini nasceu em São Paulo (SP), em 1949. Tem formação em Sociologia e na área de saúde. É uma poetisa reconhecida por seus haicais.

Interpretação do texto

Compreensão inicial

1▸ Observe bem a pintura de Van Gogh, note os detalhes, as cores, a cena. Converse com os colegas sobre o que cada um sentiu em relação à pintura.

2▸ Releia em voz alta o poema e responda no caderno: Qual aspecto explícito da pintura foi escolhido como tema desse haicai?

> ▸ **explícito:** que está expresso claramente, sem deixar dúvidas; contrário de **implícito** (subentendido).

3▸ Observe novamente a pintura e responda no caderno:

a) Que ideias não estão explícitas na pintura, mas são tema do haicai?

b) Que elementos da pintura podem ser considerados opostos à ideia de tempestade?

4▸ Tanto a pintura quanto o poema são produções artísticas. O que predomina nessas obras: ideias explícitas ou ideias implícitas? Explique.

Linguagem e construção do texto

Os primeiros poemas de que se tem notícia no mundo ocidental foram criados para serem cantados, portanto eram musicados. Depois, o poema se separou da música, mas manteve algumas características musicais. Uma das mais importantes foi a sonoridade: ritmo, rimas e jogos de palavras para criar efeitos sonoros e de sentido.

Para perceber melhor a sonoridade é importante que o poema seja lido em voz alta, com bastante expressividade.

1▸ Formem três grupos e façam uma leitura jogralizada e expressiva do haicai: cada grupo deve ler um verso; todos devem falar de maneira clara e articulada, pronunciar bem o final das palavras, especialmente as que rimam, e fazer pausas expressivas ao final de cada verso.

2▸ Transcreva no caderno as palavras que rimam, isto é, que repetem o som final.

3▸ Releia os versos:

> A tempestade faz / As três pás do moinho / Perderem a paz

A poetisa empregou um recurso chamado **personificação**. Pelo sentido dos versos, identifique a alternativa que pode corresponder a uma definição desse recurso de linguagem e assinale-a.

a) Transformar um objeto — as pás do moinho — em um símbolo da paz.

b) Atribuir a seres inanimados ações e sentimentos próprios de uma pessoa.

c) Fazer uma brincadeira para confundir o leitor.

4▸ Explique oralmente que ideias podem estar explícitas na pintura a partir dos elementos presentes nela.

5▸ O haicai quase sempre faz um flagrante de um momento. Qual é o flagrante que, provavelmente, a poetisa quis expressar? Assinale a alternativa que responde a essa questão.

a) Um momento de paz que pode vir a ser perturbado.

b) Um momento de agitação que precisa de paz.

c) Um momento de incerteza que faz pensar em tempestade.

Agora você vai ler um poema de Carlos Drummond de Andrade. Observe que o formato deste poema é diferente do formato do haicai.

Texto 2

Além da Terra, além do Céu

Carlos Drummond de Andrade

Além da Terra, além do Céu,
no trampolim do sem-fim das estrelas,
no rastro dos astros,
na magnólia das nebulosas.
Além, muito além do sistema solar,
Até onde alcançam o pensamento e o coração,
vamos!
vamos conjugar
o verbo fundamental essencial,
o verbo transcendente, acima das gramáticas
e do medo e da moeda e da política,
o verbo sempreamar,
o verbo pluriamar,
razão de ser e de viver.

ANDRADE, Carlos Drummond de. *Amar se aprende amando.*
Rio de Janeiro: Record, 2009. p. 22.
© Graña Drummond. <www.carlosdrummond.com.br>

Nik Neves/Arquivo da editora

Arquivo/Agência O Dia/Agência Estado

Carlos Drummond de Andrade nasceu na cidade de Itabira (MG), em 31 de outubro de 1902. Escreveu diversas obras literárias tanto em verso quanto em prosa. É considerado um dos maiores poetas de língua portuguesa. Faleceu em 17 de agosto de 1987, na cidade do Rio de Janeiro (RJ).

Minha biblioteca

Jardim de Haijin.
Alice Ruiz S. Iluminuras.
Um livro de haicais escritos a partir da observação de um jardim. A autora propõe um diálogo direto com as crianças, que vivem as experiências humanas sem a necessidade de rotular fatos e sensações, assim como ela pretende fazer com as palavras que emprega nos próprios poemas. Você poderá se surpreender com a sintonia entre palavras e ilustrações.

Reprodução/Editora Iluminuras

O artesão.
Walter Lara. Abacatte.
Você já imaginou a poesia sem palavras? Este é um livro só de imagens feito por um artista plástico muito premiado. Ao encontrar um tronco caído, o artesão segue para sua casa para talhar um violão. Surpreenda-se com essa trajetória lírica que é, ao mesmo tempo, silenciosa e cheia de informações.

Reprodução/Editora Abacatte

Interpretação do texto

Compreensão inicial

1▸ Como uma das características principais dos poemas é a sonoridade, vamos ler em voz alta o poema "Além da Terra, além do Céu".

Antes de iniciar a atividade, combine com os colegas e com o professor diferentes formas de fazer a leitura expressiva do poema. Procure pronunciar claramente as palavras.

2▸ Releia estes versos:

> Além da Terra, **além** do Céu,
> no trampolim do **sem-fim** das estrelas,
> [...]

Observe as palavras destacadas: elas ajudam a compor uma ideia de lugar. Responda no caderno: Que ideia de lugar esses versos passam para você?

3▸ Releia este verso:

> [...]
> na magnólia das nebulosas.
> [...]

Em seguida, observe as duas imagens:

Nebulosa Trífida, imagem divulgada pelo Observatório Europeu do Sul. *Trífida* significa "dividida em três": três lóbulos que compõem a nuvem gigante.

Flor da magnólia.

As imagens podem nos ajudar a entender a provável relação que o poeta fez entre as palavras *magnólia* e *nebulosa*. Que relação pode ser essa? Responda no caderno.

4▸ Converse com os colegas e o professor: O que significa *conjugar* um verbo? No poema, o que pode significar conjugar os verbos *pluriamar* e *sempreamar*?

Linguagem e construção do texto

1▸ Cada linha do poema é um **verso**, e um conjunto de versos é chamado de **estrofe**. Você observou que o haicai é um poema de uma estrofe com três versos. Quantas estrofes e versos há no poema de Drummond? Responda no caderno.

2▸ Um dos recursos empregados nos poemas para criar o efeito de **sonoridade** é o uso de **rimas**. Em grande parte dos poemas, as rimas ocorrem no final dos versos. No poema "Além da Terra, além do Céu", as rimas ocorrem de forma um pouco diferente.

a) Transcreva no caderno quatro pares de rimas e diga como elas acontecem nesse poema.

b) Nas palavras *rastros* e *astros*, que outro recurso foi empregado além da rima?

3▸ Na linguagem poética, há maior liberdade no uso da língua. Em "Além da Terra, além do Céu", o poeta criou palavras: **sempre***amar* e **pluri***amar*.

Essas palavras não existem no dicionário dessa forma. Mas é possível perceber que elas foram criadas de outras já existentes e encontrar o significado das partes que as compõem:

sempre + *amar*   **pluri** + *amar*

> As palavras criadas para produzir novos sentidos a partir de palavras já existentes, na mesma língua ou não, são chamadas de **neologismo**.

Refletindo sobre o significado dessas partes, explique o que podem significar esses neologismos. Se precisar, busque o significado das partes no dicionário.

4▸ *Transcendente* quer dizer "algo que é superior, que se eleva acima de limites, que está muito além de outras coisas". Responda no caderno: que palavra no verso a seguir tem sentido semelhante a *transcendente*?

> [...]
> o verbo transcendente, acima das gramáticas
> [...]

5▸ Cite mais duas palavras do poema que exemplificam a ideia de *transcendente*.

6▸ Converse com os colegas sobre a provável razão de o poeta dizer que os verbos *sempreamar* e *pluriamar* são essenciais e estão acima das gramáticas, do medo, da moeda, etc. Depois, façam um registro coletivo com as conclusões.

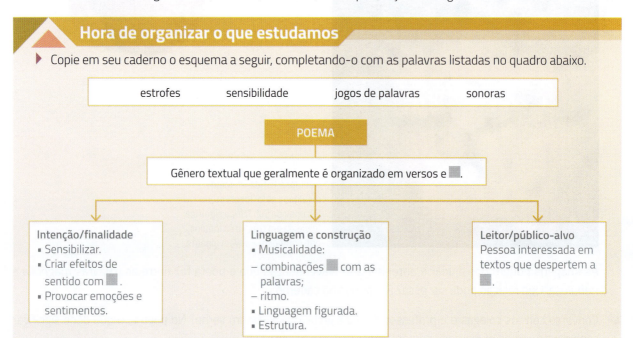

Hora de organizar o que estudamos

▸ Copie em seu caderno o esquema a seguir, completando-o com as palavras listadas no quadro abaixo.

estrofes	sensibilidade	jogos de palavras	sonoras

POEMA

Gênero textual que geralmente é organizado em versos e ▪.

Intenção/finalidade
- Sensibilizar.
- Criar efeitos de sentido com ▪.
- Provocar emoções e sentimentos.

Linguagem e construção
- Musicalidade:
  – combinações ▪ com as palavras;
  – ritmo.
- Linguagem figurada.
- Estrutura.

Leitor/público-alvo
Pessoa interessada em textos que despertem a ▪.

Prática de oralidade

Conversa em jogo

Poesia e poema

Você sabe qual é a diferença entre *poesia* e *poema*? **Poesia** é a caracterização de um estado de espírito, de um sentimento que pode ser estimulado por algum fato, por uma imagem, uma música, um filme, uma cena, uma obra de arte — como a pintura de Van Gogh que estimulou a criação do haicai que você leu no início da unidade. **Poema** é um gênero textual com características específicas: versos, sonoridade (rima, ritmo, jogos sonoros com palavras). O poema também pode, pela forma de empregar a linguagem, estimular sentimentos e emoções diversas. Nesse caso, dizemos que o poema tem poesia.

1▸ Releia o poema "Além da Terra, além do Céu", de Drummond. Você gostou desse poema? Você acha que ele tem poesia e que, portanto, estimula nossos sentimentos, nossa sensibilidade? Registre no caderno o que pensa e espere a sua vez de fazer a apreciação sobre o texto.

2▸ Agora, leia novamente o poema "Haicai", de Bonini. Compare os poemas: "Além da Terra, além do Céu" e "Haicai". Se você fosse o responsável por organizar uma antologia e estivesse faltando só um poema, qual dos dois você escolheria para compor seu livro? Explique sua escolha aos colegas e ao professor.

> ▸ **antologia:** seleção ou coleção de textos ou trechos de textos. Pode ter o formato de um livro.

Sarau

Você sabe o que é um **sarau**?

> **Sarau** é uma reunião festiva para ouvir músicas, declamações, fazer leituras de textos literários. Essas reuniões inicialmente aconteciam na corte imperial do Rio de Janeiro, mas, em meados do século XIX, elas já se espalhavam pelas capitais brasileiras. A palavra *sarau* vem do latim *seranus*, que é relativa ao anoitecer.

Gustavo Grazziano/Arquivo da editora

Depois de ler e analisar alguns poemas, propomos que você e os colegas façam um sarau de poemas.

➡ **Preparação**

1▸ Sob a orientação do professor, dividam-se em grupos de cinco pessoas. Cada grupo vai pesquisar e escolher três poemas de que mais gostar.

2▸ Além de poemas de outros poetas que vocês conheçam ou que queiram pesquisar para conhecer melhor, podem incluir poemas desta unidade e de colegas da turma.

3▸ O grupo deverá escolher a melhor forma de apresentar os poemas:

- individualmente ou em grupo;
- acompanhados de fundo musical;
- na forma de jogral, para que sejam ressaltados os aspectos sonoros mais evidentes: rimas, ritmo adequado ao que o poema quer expressar, ênfase nos recursos linguísticos, como repetição de sons, repetições de palavras, jogos com palavras.

↠ Ensaio

- Leiam o poema várias vezes e tentem memorizá-lo;
- treinem a leitura em voz alta, procurando dar uma entonação expressiva;
- procurem ler com firmeza, naturalidade e segurança;
- articulem os sons das palavras com clareza;
- tentem expressar palavras, versos, estrofes de acordo com seu significado, em especial se isso contribuir para evidenciar algum efeito de sentido do texto;
- se necessário e adequado à compreensão do poema, gesticulem e movimentem o corpo;
- dirijam o olhar para lugares específicos enquanto leem, por exemplo, para um ponto acima da plateia ou mesmo diretamente para ela;
- procurem não ler de cabeça baixa, a menos que isso seja feito para expressar melhor algum sentido do poema.

↠ Apresentação e avaliação

1▸ No momento da apresentação, lembrem-se de que o texto poético é marcado pela sensibilidade e pela expressividade. A declamação e a leitura em voz alta devem ressaltar esses aspectos.

2▸ Se quiserem, no dia do sarau, os membros do grupo podem estar caracterizados, isto é, vestidos de acordo com o que vão apresentar: poemas de amor, irônicos, críticos a algum aspecto da sociedade, que fazem brincadeiras, que representem alguma cena da natureza.

3▸ Façam, ao final da apresentação, a apreciação da atividade: o que mais chamou a atenção nas apresentações, de que mais gostaram, de que não gostaram, o que pode ser melhorado em uma próxima vez, etc.

Nik Neves/Arquivo da editora

Outras linguagens: Poemas concretos

Agora você vai ler dois poemas que estão dispostos de maneira bem diferente dos que você já leu nesta unidade. Observe a forma de cada poema e levante hipóteses sobre a provável razão de o autor construí-los desse modo.

1 ▸ Leia o poema ao lado.
Converse com os colegas e o professor sobre como o poeta conseguiu expressar a ideia de movimento veloz.

AZEREDO, Ronaldo. Velocidade. In: *Revista de Cultura Vozes – Concretismo*. n. 1. Ano 71. Petrópolis: Vozes, 1977.

2 ▸ Observe o arranjo visual do poema ao lado e o jogo com as palavras. Leia-o em voz alta para perceber a aproximação entre os significados das palavras. Converse com os colegas e o professor sobre:

a) A disposição dos versos.
b) O que acontece com a letra **A** ao longo do poema.
c) O jogo de palavras que provoca um efeito humorístico.

CAPPARELLI, Sérgio. *111 poemas para crianças.* Porto Alegre: L&PM, 2008. p. 118.

Gêneros literários e gêneros não literários

Como você já sabe, os textos podem ser estruturados de formas diferentes, ainda que tratem de um mesmo tema.

1 ▸ Leia os textos **A** e **B** e observe a forma como cada um deles foi estruturado.

Texto A

Desistência

Maria Dinorah

O menino Tonho
mexendo no lixo
achou um sonho
e pôs-se a sonhar.

Com queijo de nuvens,
bolachas de estrela,
pastéis de luar.

O sonho era duro
e estava mofado.
E ele desistiu
de sonhar acordado.

DINORAH, Maria. *Barco de sucata*. Porto Alegre:
Mercado Aberto, 1986.

Gustavo Grazziano/Arquivo da editora

Texto B

Maior lixão irregular tem crianças em condição degradante perto do Planalto

Na capital federal, a menos de 18 km do Palácio do Planalto e do Congresso, um grupo corre em direção a um caminhão repleto de sacos de lixo doméstico. É quase meio-dia, chove fino na região da Estrutural, em Brasília.

Em poucos segundos, o caminhão é cercado por homens e mulheres à espera do despejo. Sob risco de queda e pressionados pela concorrência, alguns se penduram atrás da enorme caçamba.

Há velhos, jovens e crianças – elas são as primeiras a subirem na montanha de lixo que se forma, numa competição diária para ver quem garimpa mais plásticos, latas e outros recicláveis.

Um cheiro forte domina o lugar. Em menos de 20 minutos, um trator chegará para arrastar e compactar o lixo. Cenas como essas se repetem todo o dia naquele que é o maior lixão a céu aberto da América Latina, e um dos maiores do mundo, com 40 milhões de toneladas de detritos acumulados e área de 2 quilômetros quadrados – maior que o parque Ibirapuera, em São Paulo, por exemplo. [...]

Disponível em: <www1.folha.uol.com.br/cotidiano/2018/01/1947854-o-maior-lixao-a-ceu-aberto-da-america-latina-tem-data-para-acabar.shtml>. Acesso em: 24 jul. 2018.

Converse com os colegas e o professor, comparando o texto **A** com o texto **B**.

a) Em qual dos textos predomina a intenção de emocionar o leitor e em qual deles prevalece a intenção de informar?

b) Em relação à forma, qual é a diferença fundamental entre os dois textos?

c) Qual dos dois textos você considera mais objetivo? Explique.

d) O que há em comum entre os assuntos abordados nos dois textos?

De acordo com a **situação comunicativa**, o autor produzirá um texto mais objetivo ou mais subjetivo.

Se tiver caráter mais informativo, com fatos comprováveis, verídicos, observáveis, será um texto **mais objetivo**. O texto "Maior lixão irregular tem crianças em condição degradante perto do Planalto", que faz parte de uma notícia, apresenta fatos comprováveis, verídicos: é um gênero não literário. Está escrito em prosa.

Se for mais artístico, imaginativo, será um texto **mais subjetivo**. O texto "Desistência", de Maria Dinorah, é um poema, um gênero literário, assim como todos os poemas que você analisou nesta unidade. Está escrito em versos

Essas escolhas determinarão se o gênero textual é **literário** ou **não literário**.

2▸ Imagine um leitor para cada um dos textos e converse com os colegas: Que tipo de leitor gostaria de ler o texto **A** e que tipo de leitor gostaria de ler o texto **B**?

Poesia: um pouco de sua história...

A data provável do primeiro poema escrito em língua portuguesa de que se tem registro é 1198. Esse poema foi composto para ser cantado. Na época, final do século XII, os poemas eram cantados e acompanhados de instrumentos musicais, como a flauta, o alaúde, o tambor, a gaita, a viola, a harpa. Por isso são conhecidos como **cantigas**. Os primeiros a cantar esses poemas foram os **trovadores** ou **menestréis**.

Só por volta do século XV os poemas começaram a ser escritos para serem lidos ou falados, sem o acompanhamento de instrumentos musicais. Mesmo assim, a poesia guardou características da música: ritmo, sonoridade na combinação de palavras, rima, jogos de palavras.

Leia a seguir uma cantiga do século XIII. Nela, uma mulher pergunta ao mar onde está o amado dela.

R. Bernard/Edições Del Prado

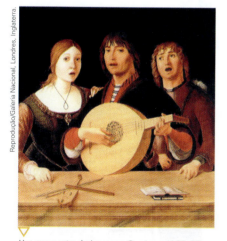

Reprodução/Galeria Nacional, Londres, Inglaterra.

▽
Um concerto, de Lorenzo Costa, c. 1485-95. Óleo sobre madeira, 95,3 cm × 75,6 cm.

Ondas do mar de Vigo

Martim Codax e Fábio Aristimunho Vargas

▸ **Vigo:** cidade da Galícia, na Espanha.

Ondas do mar de Vigo,
sabeis do meu amigo?
E ai Deus, se virá cedo!
Ondas do mar levado,
sabeis do meu amado?
E ai Deus, se virá cedo!

Sabeis do meu amigo,
e por quem eu suspiro?
E ai Deus, se virá cedo!
Sabeis do meu amado,
por quem tenho cuidado?
E ai Deus, se virá cedo!

CODAX, Martim. Ondas do mar de Vigo. Tradução de Fábio Aristimunho Vargas. *Poesia galega*: das origens à Guerra Civil. São Paulo: Hedra, 2009.

Esse tipo de composição é chamado de cantiga de amigo.

cantiga de amigo: poema feito por um homem, mas que representa uma mulher que sente saudade ou lamenta a ausência do amigo, isto é, do amado, que está lutando na guerra ou trabalhando em outras terras.

▸ Agora, responda: O que garante musicalidade a essa cantiga?

Cantiga nos dias de hoje

Leia (e se possível ouça e cante) a letra de canção a seguir. Ela mostra uma produção contemporânea com influência da cantiga trovadoresca.

Cantiga

Zeca Baleiro

Flower não é flor
Mas eu te dou meu amor,
little flower
Sete cravos, sete rosas,
liro-liro lê, liro-liro lá
Girândolas, girândolas
Give me your love
Love me alive
Leve me leve
Nas asas da borboleta-leta
Que borbole bole-bole
Sol que girassole
Sole mio amore
Flore me *now and forever*
never more flores
never more flores

BALEIRO, Zeca. Cantiga. Intérprete: Ceumar. In:
Dindinha. São Paulo: Atração, 2000. Faixa 4.

Nik Neves/Arquivo da editora

▸ **flower**: flor
▸ **little flower**: pequena flor
▸ **girândola**: roda com foguetes que estouram em meio a cores girando.
▸ **give me your love**: dê-me seu amor
▸ **love me**: ame-me
▸ **alive**: vivo(a)
▸ **sole**: sol
▸ **mio**: meu
▸ **amore**: amor
▸ **florar**: enfeitar, cobrir de flores
▸ **now and forever**: agora e sempre
▸ **never more**: nunca mais

▸ Compare a canção de Zeca Baleiro com a cantiga de amigo "Ondas do mar de Vigo" e converse com os colegas e o professor sobre as questões a seguir.

a) Em relação ao tema, que semelhanças há entre a cantiga de amigo e a canção de Zeca Baleiro?

b) Na cantiga de Zeca Baleiro, o que confere a musicalidade?

 Ouça mais

O trem que traz a noite. Flora Figueiredo. Lacerda Editores. CD.

Vários temas do cotidiano e elementos da natureza são trabalhados em músicas cheias de lirismo neste CD-livro. A autora Flora Figueiredo dá voz aos seus 47 poemas, gravados com músicas de Alexandre Guerra.

Reprodução/Lacerda Editores

Língua: usos e reflexão

Recursos estilísticos

Rima

No poema, a rima é um elemento importante para a construção da sonoridade.

1 ▸ Leia o poema a seguir e observe as rimas.

A rua das rimas

Guilherme de Almeida

A rua que eu imagino, desde menino, para o meu destino pequenino
uma rua de poeta, reta, quieta, discreta,
direita, estreita, bem feita, perfeita,
com pregões matinais de jornais, aventais nos portais, animais e varais nos quintais;
e acácias paralelas, todas elas belas, singelas, amarelas,
douradas, descabeladas, debruçadas como namoradas para as calçadas;
[...]

ALMEIDA, Guilherme de. A rua das rimas. In: VOGT, Carlos (Seleção).
Os melhores poemas de Guilherme de Almeida. 3. ed. São Paulo: Global, 2004. p. 60.

Nik Neves/Arquivo da editora

a) Escreva no caderno as palavras que rimam nesse trecho do poema.

b) Converse com os colegas e o professor: O que você observou com relação às rimas desse trecho do poema?

Em um texto não literário, a rima pode ser considerada um uso inadequado da língua. Entretanto, em um gênero não literário, como o anúncio publicitário, a rima pode ser usada como recurso para atrair a atenção do leitor.

2 ▸ Observe o anúncio publicitário.

Anúncio publicado no jornal
O Estado de S. Paulo,
São Paulo, 24 mar. 2004.

Reprodução/Arquivo da editora

a) Anúncios publicitários têm o objetivo de convencer o leitor a comprar um produto ou a aderir uma ideia. De que o anúncio lido pretende convencer o leitor?

b) Que recursos são usados nesse anúncio para chamar a atenção do leitor?

c) Escreva, no caderno, as palavras que rimam nesse anúncio publicitário.

Aliteração e assonância

Além das rimas, outros recursos produzem o efeito de musicalidade.

Releia os versos do poema "Haicai", de Estela Bonini, e observe o efeito sonoro produzido pela repetição do som /p/ e do som /s/.

> Tempestade faz
> As três pás do moinho
> Perderem a paz

Por um lado, o som /s/ (presente em temp**es**tade, f**az**, tr**ês**, **as**, p**ás**, p**az**) reforça a ideia de *paz*, de *calmaria*. Por outro, o som forte e explosivo do fonema /p/ pode sugerir *barulho, estampido, estrondo de tempestade*.

> A **aliteração** é a repetição de sons de consoantes em diferentes palavras de um verso ou de uma frase para produzir efeitos de sentido.
>
> A **assonância** é a repetição do som de uma vogal em diferentes palavras de um verso ou de uma frase para produzir efeitos de sentido.

▶ Agora, leia em voz alta o trecho do poema "Violões que choram" e observe que o efeito de musicalidade, nesse texto, é conseguido pela repetição de algumas consoantes.

Violões que choram

João da Cruz e Sousa

[...]
Vozes veladas, veludosas vozes,
Volúpias dos violões, vozes veladas,
Vagam nos velhos vórtices velozes
Dos ventos, vivas, vãs, vulcanizadas.

Tudo nas cordas dos violões ecoa
E vibra e se contorce no ar, convulso...
Tudo na noite, tudo clama e voa
Sob a febril agitação de um pulso.
[...]

CRUZ E SOUSA, João da. Faróis. In: MUZART, Zahidé (Org.). *Poesia completa*. Florianópolis: Fundação Catarinense de Cultura; Fundação Banco do Brasil, 1993.

Converse com os colegas sobre que tipo de efeito pode ser provocado por essa sequência de sons.

Nik Neves/Arquivo da editora

Se não for empregada como recurso de linguagem, a repetição de sequências de sons deve ser evitada.

Ainda no poema "Violões que choram", há a repetição da palavra *vozes*. Releia:

> Vozes veladas, veludosas vozes,
> Volúpias dos violões, vozes veladas,

Provavelmente, a intenção do poeta ao escolher a repetição foi enfatizar a musicalidade, o ritmo, a sonoridade, como uma forma de realçar vozes que acompanhem a melodia de um violão sendo tocado.

Em um texto não literário, a **repetição** de termos torna o texto cansativo e é considerada **uma falha**, e não um recurso para produzir novos sentidos ou reforçar ideias.

Veja um exemplo de texto não literário em que há esse tipo de repetição:

> O professor avaliou o processo do aluno no semestre. O aluno estava com notas baixas, exceto na última prova da matéria. O aluno acabou sendo reprovado na matéria.

No caso dos textos literários que você leu, os jogos sonoros e as escolhas de palavras **têm a intenção de produzir efeitos estéticos** para sensibilizar o leitor ou despertar emoções nele.

Trocadilho

Relendo o poema de Sérgio Capparelli, "Tamanduá", fale em voz alta a palavra *tamanduá* e a expressão *tamanho do a*. Os sons ficam muito semelhantes. Foi feita uma brincadeira sonora com as palavras. Trata-se de um **trocadilho**.

> **Trocadilho** é o jogo de palavras com significados diferentes, mas com sons semelhantes.

▶ Qual é o trocadilho feito no poema de José Paulo Paes a seguir?
Leia o poema em voz alta para descobrir.

> Aqui jaz o morcego
> que morreu de amor
> por outro morcego.
> Desse amor arrenego:
> amor cego de morcego!
>
> PAES, José Paulo. *Poemas para brincar*. São Paulo: Ática, 2000. p. 4.

Nik Neves/Arquivo da editora

Outros recursos estilísticos

No uso da língua, muitas palavras e expressões são empregadas com seu sentido alterado.

▶ Leia novamente estes versos do poema "Haicai":

> Tempestade faz
> As três pás do moinho
> Perderem a paz

O que perde a paz? É possível objetos perderem a paz?

A todo momento, mesmo sem perceber, usamos expressões em **sentido figurado**, isto é, fora de seu sentido próprio, para dar expressividade às nossas ideias. O poeta usou esse recurso para compor o poema lido.

Os recursos estilísticos usados para dar mais expressividade ao texto são chamados de **figuras de linguagem**.

As expressões em destaque nas frases a seguir foram empregadas no sentido figurado. Veja:

Tenho **um caminhão de provas** na semana que vem.

Carlinhos é **um bicho** quando está bravo!

Com meu irmão é sempre **uma guerra**: nunca estamos de acordo.

Metáfora

Leia novamente estes versos:

Além da Terra, além do Céu.
no trampolim do sem-fim das estrelas,
[...]

Você consegue visualizar esse tipo de trampolim imaginado pelo poeta?

1º) Pense no significado de *trampolim* em seu sentido próprio.

2º) Imagine um céu estreladíssimo e imenso, também no sentido próprio da expressão.

3º) Observe o que acontece se visualizarmos esta relação:

Trampolim: lugar de onde se dá impulso para fazer um mergulho.

Trampolim do sem-fim das estrelas

Céu estreladíssimo e imenso: expressão que dá a ideia de um espaço sem fim.

Nik Neves/Arquivo da editora

Da junção dessas duas **imagens** nasce outra **imagem**, isto é, um *trampolim* criado pela imaginação do poeta, talvez para sugerir um lugar de onde se pode "mergulhar" no infinito. Isso não existe no seu sentido real; é algo imaginado pelas relações entre as duas **imagens** iniciais. Dizemos, portanto, que a expressão "trampolim do sem-fim das estrelas" está no sentido figurado.

É assim que se constrói uma **metáfora**: por relação de semelhança.

E não é só no poema que esse recurso linguístico é utilizado. Por exemplo, para adivinhar as respostas nas brincadeiras de "O que é, o que é?", precisamos, geralmente, usar a imaginação e fazer relações entre imagens. Leia:

O que é, o que é?

Um lenço que não pode ser dobrado?

Um queijo que não pode ser partido?

Para chegarmos à resposta **céu** e **Lua**, é preciso relacionar céu com a imagem de um lenço aberto e a imagem da Lua com a de um queijo.

▶ Agora leia esta tira do Menino Maluquinho.

ZIRALDO. *As melhores tiras do Menino Maluquinho*. São Paulo: Melhoramentos, 2000. p. 12.

a) Transcreva no caderno a expressão em que há uma metáfora.

b) Que relação de semelhança o Menino Maluquinho estabeleceu para dizer que o dono da casa é uma fera?

Quando uma metáfora é construída, dizemos que quem a escreve está utilizando uma **linguagem metafórica** ou **figurada**.

> **Metáfora** é uma figura de linguagem em que, ao sentido literal de uma palavra, acrescenta-se outro sentido por associação de significados, por relação de semelhança.

Personificação

Releia o haicai:

Haicai
Estela Bonini

Tempestade faz
As três pás do moinho
Perderem a paz

BONINI, Estela. *Haikai para Van Gogh*.
São Paulo: Massao Ohno; Aliança Cultural
Brasil-Japão, 1992. p. 38-39.

Você já viu que, nesses versos, Estela Bonini atribui às pás do moinho um sentimento humano: o sentimento de perder a paz.

▶ Veja esta peça de campanha publicitária em favor da preservação da Mata Atlântica. Observe a imagem e o *slogan*.

Responda no caderno.

a) Que ideia compõe a personificação no *slogan* da peça publicitária?

b) De acordo com o anúncio, que apelo é feito ao leitor do *slogan*?

Metonímia

Depois de ler o poema "Além da Terra, além do Céu", de Carlos Drummond de Andrade, no início desta unidade, leia ao lado uma estrofe de outro poema desse autor, "Poema de sete faces".

[...]
O bonde passa cheio de pernas:
pernas brancas pretas amarelas.
Pra que tanta perna, meu Deus, pergunta meu coração.
Porém meus olhos
não perguntam nada.
[...]

ANDRADE, Carlos Drummond de. *Obra completa.*
Rio de Janeiro: Aguillar, 1973. p. 53.

O que será que o poeta quis dizer no primeiro verso "O bonde passa cheio de pernas"?

Para compor esses versos, o poeta utilizou um outro recurso estilístico muito empregado na linguagem poética:

- a substituição da palavra *pessoas, gente*, por uma palavra que representa uma parte do corpo humano: *pernas*;

- da mesma forma, a expressão *meus olhos* está substituindo o "eu" da voz que fala no poema, aquele que não pergunta nada.

> O recurso estilístico que consiste na substituição de um termo por outro quando existe entre eles uma relação de proximidade, de interdependência, de inclusão é chamado de **metonímia**.

Ao contrário do que possa parecer, a metonímia não ocorre somente nos versos de grandes poetas. Esse recurso de linguagem aparece no uso comum da língua portuguesa.

Leia estes versos muito utilizados nas brincadeiras infantis:

> Lá em cima do piano
> tem um copo de veneno
> Quem bebeu, mor...reu!
>
> Domínio público.

Apesar de os versos sugerirem "beber um copo de veneno", sabe-se que ninguém bebe um copo, mas sim o conteúdo do copo. É um caso de **metonímia** em que se emprega a palavra que nomeia **o continente** (copo) no lugar do **conteúdo** (veneno).

Leia esta fala da Mafalda, a personagem contestadora criada por Quino:

Quino. *Toda Mafalda*. São Paulo: Martins Fontes, 1993. p. 129.

Ao dizer que o país todo está lá fora esperando, Mafalda emprega a palavra *país*, o continente, pelo seu conteúdo, as pessoas que moram no país. Outro caso de **metonímia**.

E se observarmos as falas do dia a dia, encontraremos muitos casos de metonímia, como:

- Aquele professor leu **Drummond** em todas as aulas. (o nome do autor é empregado no lugar da obra).

- Os Doutores da Alegria espalham **diversão** e **riso** entre os doentes. (o efeito da ação é utilizado no lugar da causa: confortar, dar esperança, amenizar a dor.)

- A música saía das mãos ágeis sobre o teclado. (a parte, *mãos*, é empregada no lugar do todo, pessoa ágil no manuseio do teclado).

1▸ Conversem sobre os casos de **metonímia** que aparecem nos textos encontrados nestas revistas.

a)

VEJA São Paulo. São Paulo: Abril, 13 jun. 2018. p. 12.

b)

REVISTA da Folha, 13 jun. 2018. p. 42.

2▸ Observe o uso de metonímias nas falas do dia a dia e anote no caderno. O professor vai combinar o dia para que você e os colegas levem esses exemplos. Compartilhe-os com os colegas e o professor para que vocês analisem e conversem sobre cada um deles.

Hora de organizar o que estudamos

▸ Copie o esquema no caderno.

RECURSOS ESTILÍSTICOS

- Metáfora
- Personificação
- Metonímia
- Rima
- Aliteração
- Assonância
- Trocadilho

Atividades: recursos estilísticos

1▸ Nos textos do quadro abaixo, localize as **metáforas** utilizadas e transcreva-as no espaço indicado no quadro.

	Texto	Metáfora
A	Café da manhã, uma expressão de amor. REVISTA *Saúde*, n. 231. São Paulo: Abril, dez. 2002. Contracapa.	
B	O amor é um grande laço Um passo pr'uma armadilha É um lobo correndo em círculo Pra alimentar a matilha [...] DJAVAN. Faltando um pedaço. Intérprete: Djavan. In: *Djavan ao vivo – volume 2*. [s.l.]: Sony, 1999. 2 CDs. Faixa 1.	
C	Mentira? A mentira é uma verdade que se esqueceu [de acontecer. QUINTANA, Mario. In: CARVALHAL, Tânia Franco (Org.). *80 anos de poesia*. 9. ed. São Paulo: Globo, 1998. p. 1.	

Responda a estas atividades no caderno.

2▸ Escolha uma das metáforas encontradas na atividade 1 e proponha uma explicação para o significado dela.

3▸ Crie uma estrofe que enfatize a ideia de *paz*, utilizando palavras em que um mesmo som consonantal seja repetido.

4▸ Leia o trecho de um poema de Guilherme de Almeida.

> **Rua**
> A rua mastiga
> os homens: mandíbulas
> de asfalto, argamassa,
> cimento, pedra e aço.
> [...]
>
> ALMEIDA, Guilherme de. *Melhores poemas*. Seleção de Carlos Vogt. 2. ed. São Paulo: Global, 2001. p. 108.

a) Considere o verbo no primeiro verso: *mastiga*. Identifique a figura de linguagem que ocorre no poema.

b) Que imagem pode sugerir o trecho: "mandíbulas de asfalto, argamassa, cimento, pedra e aço"? Que figura de linguagem ocorre nesses versos?

5▸ Leia o poema "Tecelagem", de Sérgio Capparelli, transcrito a seguir.

> Fiandeira, por que fias?
> Fio fios contra o frio.
> Fiandeira, pra quem fias?
> Fio fios pros meus filhos.
> Fiandeira, com que fias?
> Com fieiras de três fios.
>
> CAPPARELLI, Sérgio. Tecelagem.
> *111 poemas para crianças.*
> Porto Alegre: L&PM, 2003. p. 110.

a) Que sentidos a repetição do som /f/ no poema sugere?

b) Que nome recebe esse recurso de repetição de uma mesma consoante para produzir sentidos?

c) Que relação se pode estabelecer entre o título, "Tecelagem", e a sonoridade do poema?

6▸ Leia esta charge:

JEAN. Mínimo. *Folha de S.Paulo*, São Paulo, 5 jun. 2004, p. A2.

a) Explique o trocadilho criado nessa charge.

b) Observe a imagem e responda: Onde e como os personagens parecem estar?

c) O título da charge é "Mínimo", palavra que se refere ao menor valor ou quantidade de algo. De que maneira a imagem se relaciona com esse título e com as falas dos personagens?

Desafios da língua

A escrita e os sons da fala

Você já teve dúvidas de como escrever determinadas palavras, principalmente aquelas cujos sons são parecidos? Estas atividades ajudarão você a escrever corretamente palavras com letras diferentes, mas que têm sons parecidos.

1▸ Leia em voz alta ou, se preferir, cante a estrofe da letra de canção "Ciclo", de Jorge Vercillo e Dudu Falcão.

O amor surgiu
como um em mil,
por você eu vim
E assim será a me conduzir,
sem mandar em mim
Como o vento e o barco a vela,
que nos leva sem fim

VERCILLO, Jorge; FALCÃO, Dudu. Ciclo.
In: VERCILLO, Jorge. *Signo de ar*. [s.l.]:
EMI, 2005. 1 CD.

Repita, com naturalidade, os dois primeiros versos dessa estrofe. Pode-se afirmar que há rima entre os dois versos? Se sim, qual seria a rima? Responda no caderno.

Se fosse considerado apenas o registro escrito, seria mais difícil perceber que as palavras com finais diferentes (*sugiu* e *mil*) fossem rimadas. Entretanto, se considerarmos a sonoridade, perceberemos que os compositores empregaram as palavras *surgiu* e *mil* por terem a sonoridade ideal para a rima de que precisavam.

2▸ Copie as palavras seguintes no caderno e leia-as em voz alta. Identifique nelas os sons que se repetem, apesar de apresentarem escrita diferente.

a) pavio/abril/riu

b) rival/mau

c) anel/chapéu

d) outeiro/solteiro

e) menino/anu (pássaro)

f) hoje/guri

g) mágoa/água

3▸ Ainda em relação à atividade anterior, que conclusão se pode tirar dessa observação sobre a escrita e a pronúncia de alguns sons na língua portuguesa? Escreva no caderno.

4▸ Agora, vamos brincar um pouco com os sons das palavras e refletir sobre a representação de alguns desses sons na escrita da língua portuguesa.

Jogo de pares rimados

Você e seus colegas devem:

- dobrar uma folha de papel sulfite em oito partes iguais;
- escrever uma palavra em cada parte para formar quatro pares de palavras com combinação de som final. As combinações deverão ser entre palavras que tenham escrita diferente, mas o mesmo som ou som semelhante: *iu/il/io, eu/el, ou/ol, au/al, oa/ua, éu/el, e/i, o/u*;
- cortar a folha, separando as partes com as palavras. Essas partes serão as cartas do jogo;

- formar cinco grupos de alunos;
- embaralhar as cartas;
- tirar uma das cartas. Esta será chamada de "mico": é a carta que impedirá alguém de formar um par de palavras;
- distribuir as cartas entre os grupos: uma para cada grupo, em várias rodadas até terminar o "baralho".

Como jogar

- Cada grupo deverá formar o maior número de pares possível com as cartas que tiver em mãos, separando-as em um monte.
- As cartas restantes deverão ser colocadas diante da sala em outro monte.
- Um representante de cada grupo levanta-se e pega desse monte duas cartas de cada vez para formar mais pares.
- Quem conseguir formar um par de palavras com as novas cartas para de jogar. Quem não conseguir, apresenta as novas cartas ao representante de outro grupo para que ele, sem ver quais são, pegue uma.
- Este jogador vai ficar com três cartas. Se conseguir formar um par, passa a terceira carta ao jogador seguinte. Se não conseguir, embaralha as três cartas e apresenta-as, do mesmo modo como foi feito anteriormente, ao jogador seguinte.
- Perderá o jogo o grupo que ficar com a carta que faz par com a carta "mico".
- Um aluno de cada grupo deverá ler os pares que conseguiu formar.
- Depois da leitura das palavras, cada grupo deverá escrever uma conclusão a respeito da escrita e dos sons que elas podem representar. Depois, um aluno do grupo lê a conclusão para que os outros ouçam e complementem, se necessário.

Outros textos do mesmo gênero

No início desta unidade, você leu um haicai que traduzia em palavras a poesia que o quadro de Van Gogh despertou em Estela Bonini. Mas nem sempre o haicai é criado a partir de uma pintura. Leia outros haicais.

1▸ O poeta Paulo Leminski escreveu dois haicais que inspiraram Ziraldo a criar ilustrações para os versos deles. Leia os haicais e observe as imagens.

uma chuva de estrelas
deixa no papel
esta poça de letras

morreu o periquito
a gaiola vazia
esconde um grito

LEMINSKI, Paulo; ZIRALDO. *O bicho alfabeto*.
São Paulo: Companhia das Letrinhas, 2018.

Agora, converse com os colegas:

a) No haicai "Uma chuva de estrelas", Leminsky usou a linguagem metafórica para formar duas imagens: uma *chuva de estrelas* e uma *poça de palavras*. Em sua opinião, o que essas metáforas podem significar? Conte sua interpretação e ouça a dos colegas.

b) Observe novamente as ilustrações dos haicais. Que recursos utilizados por Ziraldo chamaram sua atenção?

2▸ Agora, conheça dois haicais criados por Ziraldo, também acompanhados de ilustrações do autor.

Primeiro, eu tento.
Se o vento não ventar,
Eu invento!

Parece estranho
Ser mais difícil sair
Que entrar no banho.

ZIRALDO. *Os haikais do Menino Maluquinho.*
São Paulo: Melhoramentos, 2013. p. 9 e 64.

a) No haicai "Primeiro, eu tento", o que você observa em relação à repetição de sons? Que sensação essa repetição provoca?

b) No haicai "Parece estranho", a sensação que o personagem tem ao tomar banho é de prazer. Que elementos do texto e da imagem reforçam essa ideia?

c) Identifique as rimas em cada um desses haicais.

3▸ Considere todos os haicais que você leu nesta seção e converse com os colegas sobre as questões a seguir.

a) Qual haicai você achou mais poético, emocionante? Por quê? E qual você achou mais divertido?

b) Em relação às estrofes e às rimas, o que todos esses haicais têm em comum?

Haicai

Depois de ter lido alguns haicais e observado as imagens que os acompanham, que tal criar um haicai que estabeleça uma relação com uma das imagens a seguir? A sua produção será exposta em um painel de haicais para ser lida pelos colegas. Para isso, siga as etapas.

» Preparação

1▸ Escolha uma das imagens a seguir observando a que mais sensibilizou você.

CAULOS. *Só dói quando eu respiro.* Porto Alegre: L&PM, 2001.

Esquilos.

2▸ Relacione a imagem escolhida a uma lembrança, a algo incomum ou a um sentimento que ela tenha lhe despertado.

3▸ Escreva no caderno as suas ideias.

↠ Primeira versão

1▸ Lembre-se de que o haicai é formado de apenas três versos. Escreva o rascunho de seu haicai em uma folha à parte.

a) Lembre-se de que o haicai deve ter relação, ou seja, "conversar" com a imagem.

b) Use os recursos estilísticos de construção: as rimas e a linguagem figurada (metáfora, personificação, metonímia, aliteração, assonância e trocadilho).

2▸ Leia o esquema para ficar atento ao contexto da produção do poema.

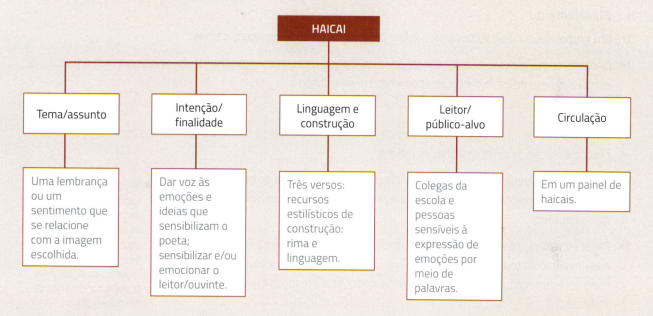

↠ Revisão

▸ Troque o seu texto com o do colega. Ele vai ajudar você no processo de revisão e você o ajudará lendo e revisando o haicai produzido por ele. Para isso, considere se:

- o haicai "conversa" com a imagem escolhida;
- os recursos da linguagem figurada e de construção foram usados;
- as palavras foram escritas de forma correta.

↠ Versão final

▸ Depois de pronto, passe o seu trabalho para outra folha, fazendo as adaptações ou correções necessárias. Seu haicai será reunido aos dos colegas que escolheram a mesma imagem que você escolheu.

↠ Circulação

1▸ Ajude o professor e os colegas a montar um painel com os trabalhos produzidos.

2▸ Os haicais ficarão dispostos com a imagem escolhida.

3▸ Divirta-se lendo os trabalhos dos colegas e observe como as mesmas imagens ganharam poemas diferentes!

Videopoema

Nesta unidade, você e seus colegas leram diferentes poemas e até produziram um haicai para a antologia poética da turma. Agora vocês vão transformar os haicais produzidos, criando **videopoemas** que poderão ser compartilhados na escola e com os familiares, se possível, por meio de projeções.

> O **videopoema** é uma forma de representação artística que une palavra, som e imagem. Em outras palavras, é um poema que se apresenta em formato audiovisual.

➠ **Planejamento**

1▸ **Em grupo.** Reúnam-se e conversem sobre como serão criados os videopoemas.

2▸ Decidam como serão exibidos os videopoemas: data e local da exibição; nome do evento; pedido à direção da escola para uso de espaço e de equipamentos para exibição.

➠ **Preparação**

1▸ Visitem a sala de informática ou outro ambiente da escola que disponha de computadores com um programa de criação e edição de apresentações em *slides*.

2▸ Vocês desenvolverão um vídeo com o áudio da leitura expressiva do haicai junto com a animação do texto escrito e imagens utilizando os *layouts* disponíveis no programa de computador.

▸ *layout*: modelo de apresentação visual com diagramação, cores e formatos predefinidos para material a ser produzido em meio impresso ou digital. Pode também ser chamado de *template* e *design*.

3▸ Façam um roteiro para o desenvolvimento do videopoema: como será a leitura (apenas um aluno ou todos os integrantes do grupo), a ordem em que cada haicai entrará na apresentação, quem digitará os textos, quem ficará responsável por montar os *slides*, etc.

➠ **Produção**

1▸ Acessem o programa com o qual criarão o videopoema. Na tela do programa, escolham o *layout* disponível que mais combine com os textos de vocês.

2▸ Depois de selecionado o *layout*, digitem cada haicai em um *slide* e insiram as imagens que escolheram (ou as formas e os ícones disponíveis no programa).

3▸ Revejam os *slides* na sequência e verifiquem se a distribuição dos haicais e das imagens ficou adequada e expressiva.

4▸ Utilizem as ferramentas digitais de gravação de áudios para gravar a leitura dos versos, levando em conta tudo o que já sabem sobre leitura expressiva.

5▸ Assistam ao videopoema de vocês para ver o resultado. Avaliem juntos a produção e façam os ajustes necessários nos áudios, na distribuição das imagens ou mesmo nos elementos visuais do *layout* escolhido.

➠ **Circulação**

▸ Preparem o espaço onde serão projetados os videopoemas e providenciem os equipamentos necessários.

➠ **Avaliação**

▸ Ao término das apresentações, conversem sobre o que acharam desta atividade.

! **Atenção**

Escrevam o nome do autor do texto em cada *slide* e indiquem o nome de todos os integrantes do grupo, o ano que cursam e o nome da escola ao final da apresentação.

Chegou o momento de fazer um balanço de tudo o que foi estudado na Unidade 4. Leia o quadro de conteúdos para recordar o que estudou e, no caderno, avalie seu desempenho usando os tópicos propostos a seguir como orientação. Isso ajudará você na hora de organizar seus estudos.

Meu desempenho

- **Compreendi bem** (registre no caderno os itens que você compreendeu)
- **Avancei em** (registre no caderno os itens em que você melhorou)
- **Preciso rever** (registre no caderno os itens que você precisa estudar mais)
- **Outras observações e/ou outras atividades**

UNIDADE 4	
Gênero Poema	**LEITURA E INTERPRETAÇÃO** · Leitura de "Haicai", de Estela Bonini, e de "Além da Terra, além do Céu", de Carlos Drummond de Andrade · Compreensão de sentidos nos textos poéticos · Recursos de linguagem e construção no poema **PRODUÇÃO** **Oral** · Sarau · Interatividade: Videopoema **Escrita** · Produção de haicai
Ampliação de leitura	**CONEXÕES** · Outras linguagens: Poemas concretos · Gêneros literários e gêneros não literários · Poesia: um pouco de sua história... · Cantiga nos dias de hoje **OUTROS TEXTOS DO MESMO GÊNERO** · Haicais
Língua: usos e reflexão	· Recursos estilísticos (rima, aliteração, assonância e trocadilho) · Outros recursos estilísticos (metáfora, personificação, metonímia) · Desafios da língua: a escrita e os sons da fala
Participação em atividades	· Orais · Coletivas · Em grupo

Nik Neves/Arquivo da editora

Apresentação da peça *Rei Lear* pela Royal Shakespeare Company, em Stratford-upon-Avon, Inglaterra, 2016.

5

Histórias para ler e representar

Quando você lê uma história, o que mais desperta sua imaginação: o modo de ser e as ações de cada personagem ou o enredo da história como um todo? Se você já assistiu à representação de alguma história em um palco teatral, conte para seus colegas como foi; se não assistiu, fale sobre sua expectativa quanto a isso. Fale também se você gostaria de representar, atuar como ator ou atriz e por quê.

Nesta unidade você vai:

- ler e interpretar texto teatral;
- localizar elementos e momentos da narrativa teatral e perceber seus recursos;
- identificar as escolhas de linguagem para caracterizar personagens;
- ler texto teatral expressivamente;
- retextualizar letra de canção para texto teatral;
- encenar/dramatizar um texto teatral;
- identificar o sujeito e o núcleo do sujeito;
- classificar os tipos de sujeito;
- identificar e diferenciar aposto e vocativo;
- relacionar o uso de sinais de pontuação a efeitos de sentido.

O texto que você vai ler foi escrito para ser representado por atores em um cenário, isto é, trata-se de um texto teatral.

A história que ele conta foi inspirada em um texto teatral intitulado *Rei Lear*, de autoria do famoso dramaturgo inglês William Shakespeare (1564-1616).

Apesar de ter sido escrita no começo do século XVII, *Rei Lear* é uma daquelas histórias que não envelhecem porque aborda sentimentos e conflitos próprios da essência do ser humano: amor, inveja, ambição, traição, perdão...

Em sua peça, Shakespeare conta a história de um rei que, cansado de reinar, resolve desfrutar do que a vida ainda pode lhe oferecer. Porém, antes, pretende dividir seu reino entre as três filhas.

Leia a seguir um trecho do texto teatral *O bobo do rei*. Será que o plano do rei dará certo nessa adaptação da peça de Shakespeare?

Leitura

O bobo do rei

Angelo Brandini

Personagens:

REI: como todos os reis, deve governar e mandar, mas está entediado e carente demais para fazer qualquer coisa.

BOBO: servo do rei, deve entretê-lo, mas mal consegue arrancar um risinho do monarca.

GONERIL: filha mais velha do rei, é interesseira e egoísta.

REGANE: filha do meio, também é interesseira, egoísta e ultraconsumista.

CORDÉLIA: é a filha mais nova do rei, e a mais sincera.

PUXA-SACOS: tremendos puxa-sacos do rei (*representados por bonecos*).

CORO: representado pelo público presente.

CENA 1

Quando o público entra, os atores já estão em cena. Eles jogam uma peteca que, de vez em quando, voa para a plateia. Depois de algum tempo, resolvem mudar de brincadeira e inventam um jogo chamado "Eu vou pagar para ver". Trata-se de um jogo de representação em que um ator é o chefe e paga pra ver os outros fazendo imitações até chegar a vez do ator que faz o papel de rei:

ATOR-REI: Agora é minha vez, eu vou pagar pra ver: eu sou o rei. (*coloca barba e cabelos postiços*)

Este é o meu reino. (*estende um mapa no chão, depois se vira para os outros atores*)

E vocês são as três filhas do rei. (*canta*)

Eu vou pagar, eu vou pagar pra ver, eu vou pagar.

CORO: Ele vai pagar, ele vai pagar pra ver, ele vai pagar.

REI: Todo mundo pensa que ser rei é bom,

mas o peso da coroa na cabeça

está difícil de aguentar.

Em quem eu devo confiar?

Quem quer ser rei em meu lugar?

Te dou meu reino todo,

e uma vida de rei quero levar.

Eu vou pagar, eu vou pagar pra ver.

CORO: Ele vai pagar pra ver, ele vai pagar.

REI: (*sentando no trono*) Ai de mim! Estou cansado, entediado... Não tem nada para fazer aqui neste palácio. Não aguento mais ter tanta responsabilidade. Todo mundo pensa que vida de rei é boa, mas eu já estou achando tudo isso um saco! (*procura alguns brinquedos e os experimenta: um bilboquê, um pião, um estilingue etc.*)

Estou tão carente hoje, os puxa-sacos de plantão estão de folga, ninguém me faz um elogio, ninguém diz o quanto estou bonitão, lindão, fofão, gostosão...

(*pausa*) Ai, que saco!!! (*grita*)

Bobo, venha me alegrar... BOBO!

BOBO: (*representado por um boneco, aparece na janela*) Ei, por que a gritaria? Xiii, que baixo-astral, hein! Está com dor de barriga? Quer fazer xixi? Que cara de fome!

REI: Você estava dormindo até agora, seu vagabundo?! Não vê que estou muito carente? Comece já a trabalhar e me faça rir.

BOBO: Sim senhor. Sabe o que o rei preguiçoso falou para o seu bobo?

REI: Não, o quê?

BOBO: "Comece já a trabalhar e me faça rir!" Ha, ha, ha, ha, ha, ha, ha! (*rola de tanto rir*)

REI: Não achei graça nenhuma!

BOBO: Está bem, mais uma: sabe o que o rei mal-humorado falou para o seu bobo?

REI: Não, o quê?

BOBO: "Não achei graça nenhuma!" Ha, ha, ha, ha, ha, ha, ha!

REI: Chega! Você é um bobo muito bobo mesmo. Vá ver se eu estou na esquina.

BOBO: Tá bom. (*sai*)

CENA 2

CORDÉLIA: (*entrando*) Olá, papai. (*pausa*) O senhor me parece tristinho.

REI: Olá, minha filha. Na verdade, eu estou muito entediado, sabe? Como é dura a vida de rei! Você viu os meus puxa-sacos por aí? Estou tão carente, preciso de elogios, de carinho.

CORDÉLIA: Ah, não fica assim, papai! Eu vou brincar com o senhor. Olha, por que não jogamos um pouco de peteca, hein? Espere aqui que vou buscar uma e já volto. (*sai*)

BOBO: (*voltando*) Senhor, aconteceu uma coisa incrível!

REI: O quê, bobo?

BOBO: Fui até a esquina, mas o senhor não estava lá! (*ouve-se um barulho vindo de dentro*) Xii... Lá vêm as mocreias, vou me esconder. (*ele sai*)

CENA 3

GONERIL E REGANE: (*entrando*) Oi, papi! Nós duas viemos aqui porque o senhor prometeu que iria nos dar aquele vestidinho e aquela blusinha que estão à venda lá no *shopping*. Além disso, tem também o cavalinho lindo que a gente queria, sem contar a caixinha com as maquiagens coloridas, os laços de fita cor-de-rosa, os sapatinhos de cristal, aquela trança enorme que vai até os pés, a carruagem que parece abóbora, as esmeraldas... (*falam cada vez mais rápido e misturam tudo*)

REI: Quietas! Vocês me deixam louco. O que é que estão pensando?! Olhem aqui: vocês estão me tirando do sério! Acham que é fácil ser rei? Cansei de levar este reino nas costas. De hoje em diante, não quero mais ter nenhuma responsabilidade. Vou ter uma "vida de rei"! Quer dizer: não vou ter uma vida de rei... Ou melhor, viverei folgadão, deixarei de ser rei. (*pausa*)

Mas... como? Eu não tenho um vice-rei. Quem será rei no meu lugar?

GONERIL E REGANE: (*chamando a atenção para elas*) Papito! Podemos ajudar em alguma coisa?

REI: Claro que não!!! (*pausa*) Quer dizer... Hum...Pensando bem...

CORDÉLIA: (*voltando com a peteca*) Papai, olha que linda...

REI: (*interrompendo*) Agora não, Cordélia. Estou tendo uma grande e excelente ideia!

CORDÉLIA: Uma ideia?

(*Regane e Goneril jogam Cordélia para fora de cena, sem que o rei perceba.*)

REI: Sim. Vocês, queridas filhinhas, são minhas únicas herdeiras.

(*aparte*) Bem que tentei um filho homem, mas não foi possível.

(*solene*) Acho que já estão crescidinhas o suficiente para assumir uma grande responsabilidade! Por isso, vou dividir este nosso lindo reino entre vocês.

(*som de clarins*) Daqui para a frente, passarei a viver por aí, cavalgando pelas planícies com meus puxa-sacos e guarda-costas, sem fazer nada.

(*sonhador*) Só na boa, de papo para o ar, caçando, pescando... Eta vida boa, Meu Deus! E eu não quero nem casa! Vou me hospedar na casa de vocês. Um mês na casa de cada uma, uma espécie de rodízio, entendem?

REGANE: (*para Goneril*) Dessa última parte eu não gostei.

GONERIL: Nem eu.

REI: O que foi, meninas?

GONERIL: Nada não, papizucho fofo.

REGANE: Nada não, papai. Eu disse "a última parte foi a que *mais* gostei".

REI: Mas, para que mereçam seu quinhão, devem declarar seu amor ao vosso lindo e amável pai, que no caso sou eu. Aquela que declarar mais amor por mim receberá a melhor porção do reino.

REGANE: Primeirona!

GONERIL: Não, senhora. Eu sou mais velha...

REI: Está bem, começamos por Goneril, que é minha filha mais velha. Vamos lá: um, dois, três... valendo!

GONERIL: (*inclinando-se*) Papai, eu o amo mais do que as palavras podem exprimir! Gosto mais do senhor do que das férias na casa da vovó. Não trocaria sua companhia nem mesmo por um caminhão cheio de chocolates! Para mim o senhor é mais importante do que minha coleção de bonecas!

Mais importante do que meus papéis de carta! O senhor é o máximo!

REI: Está bem, filha, já disse o bastante. Puxa, você gosta mesmo de mim! Aqui está a sua parte do reino. (*rasga o mapa e entrega um pedaço a ela, que sai feliz*)

REGANE: (*inclinando-se mais que a primeira*) Meu pai, faço minhas as palavras de minha irmã e ainda digo mais: o senhor é mais fofo que uma cama de algodão-doce! Mais alegre e colorido que um pote de jujubas! Mais perfumado que brilho labial com cheirinho de frutas! Mais lindo que aquele vestidinho rosa que está lá na vitrine esperando por mim e ninguém foi comprar... Eu quero, eu quero, eu quero! (*começa a ter um ataque de consumismo, mas percebe e se recompõe*) Ahã, bem, resumindo: o senhor é simplesmente deslumbrante!

REI: A ti e aos da tua descendência, pertença para sempre esta outra parte do nosso reino. (*ele rasga outra parte do mapa e dá para Regane, que a pega e sai*)

O bobo volta e observa.

REI: E agora você, Cordélia, minha filha mais moça, minha alegria. O que poderá dizer que mereça um pedaço de reino mais opulento que o de suas irmãs?

Cordélia volta amordaçada e demora um pouco para responder.

CORDÉLIA: (*se livrando da mordaça*) Nada, papai.

REI: Como assim, nada?

CORDÉLIA: (*aparte*) Infeliz de mim que, de tão tímida, não consigo trazer o que sinto no coração até a boca.

REI: Vamos, fale!

CORDÉLIA: Meu bom senhor é meu rei e pai, me educou e me protegeu, por isso o amo como é meu dever, nem mais nem menos.

REI: Pense bem, você está prejudicando sua herança.

CORDÉLIA: Senhor, meu amor pelo senhor é mais profundo do que a minha fala. Mas não poderia dizer que o amarei mais do que possa vir a amar o meu futuro marido.

REI: (*furioso*) Pois, então, fique com sua verdade como seu dote. De hoje em diante, não tenho mais você como filha. Para mim, você não existe mais: quem não existe não precisa de herança. Suma da minha frente, desapareça! Nunca mais quero vê-la nestas terras.

CORDÉLIA: Mas, senhor...

REI: Desapareça, eu já disse!

Cordélia sai em prantos.

BOBO: Olha, vossa majestade me desculpe, mas isso não está certo. Se eu fosse o senhor...

REI: Mas não é! Eu sou o rei, um grande rei. E você não passa de um bobo boneco nanico.

BOBO: O senhor está se deixando levar pelas aparências. Na verdade, Cordélia é a filha que mais o ama.

REI: Cuidado, bobo! Estou com a mão fechada, pronto para socar você.

BOBO: Pode socar! Mas, antes, escute este seu bobo! O senhor está sendo insensato. Primeiro dividiu seu próprio reino e ficou sem nada, depois expulsou a única filha que realmente o ama! É, preciso me conformar: o senhor é mesmo o maior de todos os bobos.

O rei joga um sapato no bobo, que desvia.

Bobo (*aparte*) Ih, lá vêm aquelas barangas de novo... Quer saber? Vou me mandar. Não vou ficar aqui com esses malucos, mas sim procurar outro emprego, outro rei. (*ele foge*)

CENA 4

Entram Goneril e Regane, deliciando-se com seus mapas.

REI: Agora só tenho vocês duas. Acabei de expulsar para sempre a desalmada de sua irmã e quero que fiquem com a parte do reino que estava destinada àquela traidora. (*sai*)

As duas avançam sobre a terceira parte do mapa até rasgá-la ao meio. Depois cantam:

GONERIL E REGANE: Ha, ha, ha, ha...

Agora somos donas de tudo,
mandamos na terra e no mar.
Estamos ricas e temos poder
e ninguém mais irá nos segurar.

Nossa irmã que só diz a verdade
ficou sem nada e vai se mandar.
Quem é esperto mente o que sente,
quem é boboca não sabe inventar.

Agora somos donas de tudo,
o velho rei foi fácil de enganar.
Somos o máximo, as maiorais
e a maninha vai se amargar.
Ha, ha, ha...
(Saem.)
[...]

BRANDINI, Angelo. *O bobo do rei*. São Paulo: Companhia das Letrinhas, 2015. p. 10-20.

O mineiro **Angelo Brandini** é autor, diretor, palhaço e ator. Fundador da Cia. Vagalum tum tum, também participou do trabalho realizado pelos Doutores da Alegria.

 Minha biblioteca

Mangá Shakespeare – Romeu e Julieta. Ilustrações de Sonia Leong, tradução de Alexei Bueno. Galera Record.

Mangá Shakespeare – Hamlet. Ilustrações de Emma Vieceli, tradução de Alexei Bueno. Galera Record.

Duas adaptações de famosas tragédias de Shakespeare para a linguagem dos mangás. Em *Romeu e Julieta*, as duas famílias inimigas são da máfia japonesa Yakuza. Em *Hamlet*, o protagonista é o príncipe da Dinamarca, e a história se passa em 2107.

Interpretação do texto

Compreensão inicial

O texto teatral *O bobo do rei* é dividido em cenas. No trecho que você leu, foram reproduzidas as cenas 1 a 4.

1▸ A cena 1 tem início com a observação: "Quando o público entra, os atores já estão em cena". Responda no caderno:

a) Na cena inicial o que os atores fazem para envolver a plateia?

b) Qual é a função do jogo "Eu vou pagar para ver" nessa cena?

2▸ Dos personagens listados no início, qual(quais) não aparece(m) nas quatro primeiras cenas do texto teatral? Por quê?

3▸ Releia esta fala do rei:

> **REI**: [...] Ai de mim! Estou cansado, **entediado**.

a) Que termo poderia substituir a palavra destacada?

b) Explique o porquê de ele se sentir assim.

c) Transcreva outra fala em que o rei dá mais detalhes sobre seu estado de ânimo.

d) O que o rei pretende fazer para mudar de vida?

e) Qual é a decisão do rei?

4▸ Assinale a alternativa que revela:

a) o que aconteceu com o reino, ao final das quatro cenas.

- O reino ficou dividido entre as duas filhas mais velhas do rei.
- O rei desistiu da ideia de deixar o reino com as filhas.
- O rei dividiu o reino igualmente entre as filhas.

b) a causa de Cordélia ter ido embora chorando.

- Brigou com as irmãs.
- Foi expulsa do reino pelo pai.
- Brigou com o pai.

Detalhe de escultura do rei Lear, de Seward Johnson. Nova Jersey, EUA, 2017.

5▸ Goneril e Regane, a pedido do pai, fazem uma declaração de amor para ele. Responda:

a) Que tipo de elementos elas usam para comparar com o amor que sentem?

b) Copie o trecho do texto que mostra que o sentimento delas pelo pai é o contrário do que expressam.

6▸ Releia a fala de Cordélia ao expressar seu amor pelo pai:

> **CORDÉLIA**: Meu bom senhor é meu rei e pai, me educou e me protegeu, por isso o amo como é meu dever, nem mais nem menos. [...] Senhor, meu amor pelo senhor é mais profundo do que a minha fala. Mas não poderia dizer que o amarei mais do que possa vir a amar o meu futuro marido.

O que caracteriza a fala de Cordélia: raiva, respeito, sinceridade, indiferença, revolta, outro tipo de sentimento? Justifique sua opinião.

7▸ O que o bobo fala para alertar o rei sobre o erro que está cometendo?

8▸ A quarta cena termina com Goneril e Regane, as duas irmãs mais velhas, cantando felizes. Reúnam-se em grupo e conversem sobre as questões a seguir:

a) Qual é a opinião de vocês sobre o desfecho das quatro primeiras cenas? Justifiquem suas respostas.

b) O que vocês imaginam que vai acontecer nas cenas seguintes com cada um dos personagens?

9▸ Ouçam o restante da história, que será contada pelo professor. Comparem com o desfecho que vocês imaginaram. Vocês concordam com o desfecho da história dado pelo autor?

Linguagem e construção do texto

O texto teatral é escrito para contar uma história por meio de uma encenação e, por isso, costuma apresentar todos os **elementos** e **momentos de uma narrativa**.

1▸ Copie o quadro a seguir no caderno. Releia o texto e complete-o com os elementos presentes nas quatro cenas lidas.

Elementos da narrativa				
Personagens	Enredo (sequência de ações)	Tempo	Espaço	Narrador

O **enredo** das quatro primeiras cenas estrutura-se em uma sequência de ações que constituem os **momentos da narrativa**.

2▸ Copie o quadro a seguir no caderno e complete-o com o que você observou durante a leitura dessas cenas.

Momentos da narrativa/Enredo	Momentos das quatro cenas iniciais
Situação inicial	
Conflito(s)	
Clímax do conflito	
Desfecho	

Quando uma história é estruturada em **parágrafos**, dizemos que é uma **narrativa em prosa**. E a história contada em **versos e estrofes** é uma **narrativa em verso**.

O que estrutura a narrativa no **texto teatral** é o **diálogo** — ou sequências conversacionais — entre os personagens.

Para garantir a compreensão desse gênero textual, é preciso ficar atento ao **nome de cada personagem**. Como você viu, no texto teatral o nome aparece antes de cada fala.

Além disso, o leitor deve prestar atenção nas indicações do modo de falar e de agir de cada personagem.

Releia a primeira fala do texto:

> **ATOR-REI**: Agora é minha vez, eu vou pagar pra ver: eu sou o rei. (*coloca barba e cabelos postiços*)
> Este é o meu reino. (*estende um mapa no chão, depois se vira para os outros atores*)
> E vocês são as três filhas do rei. (*canta*)
> Eu vou pagar, eu vou pagar pra ver, eu vou pagar.

Observe o que está entre parênteses e escrito com um formato de letra diferente, chamado de itálico, forma de letra inclinada para a direita. Essas partes indicam as **ações** que devem ser executadas pelo ator (*colocar barba e cabelos postiços*, *estender um mapa no chão*, *virar-se para os outros atores*) e o **modo** de falar (*cantar*).

Em geral, essas orientações aparecem entre parênteses e com um formato diferente de letra. São as **rubricas**.

> **Rubrica** é o nome dado à indicação, no texto teatral (ou texto dramático), de como um ator deve executar um movimento, um gesto ou uma fala do personagem. Essa orientação também ajuda o trabalho de outros profissionais envolvidos na montagem da peça, como cenógrafos, pessoas que cuidam do som (sonoplastas) e diretores.

Como as peças teatrais são produções de maior duração, o texto teatral costuma ser dividido para facilitar a troca de cenários e figurinos e também para permitir, nos intervalos, algum descanso para os espectadores. Assim, as peças teatrais costumam ser divididas em:

- **atos**: conjunto de cenas separadas por uma ou mais pausas na apresentação. Essa divisão é feita em peças de longa duração;
- **quadros**: indicação da organização de cada cenário. Essa divisão é utilizada quando há mudanças radicais de cenários;
- **cenas**: são as menores unidades narrativas de uma peça. É essa a divisão que estrutura a peça *O bobo do rei*, dividida em 18 cenas.

O texto teatral *O bobo do rei* foi escrito para ser encenado para o público infantil e juvenil. Sua duração é menor, portanto apresenta somente divisão e numeração de cenas.

3▸ No caderno, copie do texto teatral outras duas **rubricas** referentes à atuação do rei.

4▸ No texto lido, há duas rubricas sobre sonoplastia.

> Além das rubricas sobre a atuação dos personagens, pode haver aquelas que se referem à **sonoplastia**. **Sonoplastia** consiste na técnica de produção de sons que são utilizados em determinados momentos da representação teatral.

Localize-as e copie-as no caderno.

5▸ Como o texto teatral é estruturado pelas falas dos personagens, a linguagem utilizada nos diálogos ajuda a caracterizá-los. Releia algumas falas dos personagens.

Personagens	Falas
Rei	"Estou tão carente hoje, os puxa-sacos de plantão estão de folga, ninguém me faz um elogio, ninguém diz o quanto estou bonitão, lindão, fofão, gostosão... (*pausa*) Ai, que saco!!! (*grita*) Bobo, venha me alegrar... BOBO!"
Bobo	"O senhor está se deixando levar pelas aparências. Na verdade, Cordélia é a filha que mais o ama."
Goneril	"Papai, eu o amo mais do que as palavras podem exprimir! Gosto mais do senhor do que das férias na casa da vovó. Não trocaria sua companhia nem mesmo por um caminhão cheio de chocolates! Para mim o senhor é mais importante do que minha coleção de bonecas! Mais importante do que meus papéis de carta! O senhor é o máximo!"
Regane	"Meu pai, faço minhas as palavras de minha irmã e ainda digo mais: o senhor é mais fofo que uma cama de algodão-doce! Mais alegre e colorido que um pote de jujubas! Mais perfumado que brilho labial com cheirinho de frutas! Mais lindo que aquele vestidinho rosa que está lá na vitrine esperando por mim e ninguém foi comprar... Eu quero, eu quero, eu quero! (*começa a ter um ataque de consumismo, mas percebe e se recompõe*) Ahã, bem, resumindo: o senhor é simplesmente deslumbrante!"
Cordélia	"Senhor, meu amor pelo senhor é mais profundo do que a minha fala. Mas não poderia dizer que o amarei mais do que possa vir a amar o meu futuro marido."

Nas falas é possível perceber algumas características de cada personagem. Escreva no caderno o nome do personagem a que se refere cada uma das características a seguir.

a) Observador(a)

b) Vaidoso(a)

c) Consumista

d) Egoísta

e) Realista

f) Superficial

6▸ Na fala de que personagem se percebe uma linguagem **mais formal**? Copie do texto dois exemplos que comprovem sua resposta.

7▸ Seria provável que, por ocupar a maior posição social no reino, o rei se expressasse por meio de uma linguagem **mais formal**. Entretanto, na peça teatral, é justamente ele que usa vários recursos da linguagem **mais informal**.

a) Copie do texto uma palavra ou expressão utilizada pelo rei que seja exemplo de:
  - expressão popular:
  - gíria:
  - exagero:

b) Por que você acha que o rei usa uma linguagem mais informal?

8▸ No texto teatral, faz-se referência a brincadeiras e brinquedos tradicionais, que existem há bastante tempo.

a) Localize no texto essas referências e copie-a no caderno.

b) Você já brincou com algum dos brinquedos citados no texto? Se sim, quais?

Bilboquê.

9▸ No texto também há um trecho que remete a um verso de uma conhecida canção da música popular brasileira. Releia-o:

> Todo mundo pensa que vida de rei é boa, mas eu já estou achando tudo isso um saco.

Compare esse trecho com os versos de letra da canção "Ouro de tolo", do compositor Raul Seixas:

> [...]
> Ah! Mas que sujeito chato sou eu
> Que não acha nada engraçado
> Macaco, praia, carro, jornal, tobogã
> **Eu acho tudo isso um saco.**
> [...]
>
> SEIXAS, Raul. Ouro de tolo. *Krig-ha, Bandolo!* Philips, 1973, lado A, faixa 5.

Assinale a alternativa correspondente ao **efeito de sentido** produzido em ambos os textos.

a) tristeza

b) revolta

c) desânimo

d) raiva

Com base nessa semelhança entre os dois trechos, assinale a alternativa que explica como são caracterizados o *eu* da letra de canção e o *rei* do texto teatral:

a) animado e feliz

b) bravo e revoltado

c) desanimado e desinteressado

d) triste e decepcionado

> Quando um texto faz referência a outros textos ou estabelece um diálogo com outras manifestações artísticas (música, cinema, artes visuais, etc.), dizemos que ocorre **intertextualidade**.

10 Além da relação estabelecida com a letra da canção de Raul Seixas, as cenas de *O bobo do rei* dialogam, isto é, estabelecem intertextualidade com algumas histórias conhecidas. Veja:

GONERIL e REGANE: [...] os sapatinhos de cristal, aquela trança enorme que vai até os pés, a carruagem que parece abóbora, as esmeraldas...

Carlos Araújo/Arquivo da editora

a) Com que histórias esse trecho do texto teatral estabelece intertextualidade?

b) Que efeitos de sentido esse recurso de intertextualidade produz no texto teatral *O bobo do rei*?

11 Assinale a(s) alternativa(s) que explica(m) o efeito provocado pela alternância da organização em **prosa** e **verso** no texto teatral:

a) Quebra a monotonia do diálogo entre os personagens.

b) Prolonga o texto.

c) Marca o ritmo do texto.

12 Ao final da leitura das quatro primeiras cenas de *O bobo do rei*, responda no caderno: Qual é o sentido do título do texto? O rei é bobo ou o bobo é do rei?

Hora de organizar o que estudamos

▸ Copie o esquema no caderno e escolha no quadro a palavra que completa corretamente as lacunas.

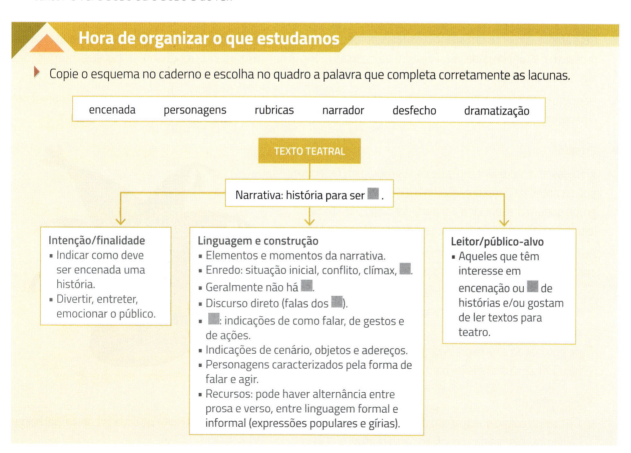

| encenada | personagens | rubricas | narrador | desfecho | dramatização |

TEXTO TEATRAL

Narrativa: história para ser ■.

Intenção/finalidade
- Indicar como deve ser encenada uma história.
- Divertir, entreter, emocionar o público.

Linguagem e construção
- Elementos e momentos da narrativa.
- Enredo: situação inicial, conflito, clímax, ■.
- Geralmente não há ■.
- Discurso direto (falas dos ■).
- ■: indicações de como falar, de gestos e de ações.
- Indicações de cenário, objetos e adereços.
- Personagens caracterizados pela forma de falar e agir.
- Recursos: pode haver alternância entre prosa e verso, entre linguagem formal e informal (expressões populares e gírias).

Leitor/público-alvo
- Aqueles que têm interesse em encenação ou ■ de histórias e/ou gostam de ler textos para teatro.

Prática de oralidade

Conversa em jogo

Dizer o que o outro quer ouvir para obter vantagens

Nas cenas do texto *O bobo do rei* que você leu, Goneril e Regane enganam o pai sobre o amor que sentem por ele. Ao dizerem exatamente o que o rei queria ouvir, as duas obtêm partes do reino. Cordélia, embora sinta amor verdadeiro pelo pai, não consegue convencê-lo e é expulsa do reino.

Conversem sobre as questões a seguir:

1▸ Você já viu ou viveu situações semelhantes à da história?

2▸ Que cuidado se deve ter para evitar comportamentos como os de Goneril e Regane?

3▸ Qual é a sua opinião sobre a atitude de Goneril e Regane?

Leitura dramática

A proposta desta seção é convidar você a experimentar a leitura expressiva em voz alta das quatro cenas do texto teatral *O bobo do rei* que você leu nesta unidade.

Para representar a fala de um personagem, você vai precisar refletir sobre a entonação que considera mais adequada, de modo a ajudar o espectador a ter uma ideia de como esse personagem age. Siga as orientações:

➡ **Planejamento**

1▸ Organizem-se em cinco grupos. Depois de o professor sortear o personagem para cada grupo, marquem as falas dele para fazer a leitura oral expressiva. As falas do coro serão feitas por todos os alunos.

2▸ Releiam inicialmente em silêncio as falas do personagem do seu grupo e preparem-se para fazer a leitura expressiva oral, um de cada vez. Prestem atenção às rubricas para executar corretamente as pausas, interrupções e gestos indicados.

3▸ Depois que todos no grupo tiverem lido essas falas, elejam o colega que, na opinião do grupo, melhor represente o personagem. Ele será o ator que participará da leitura coletiva das quatro cenas.

➡ **Ensaio**

1▸ Junte-se aos representantes de cada grupo para fazer um ensaio antes da apresentação final. Os demais colegas do grupo podem presenciar o ensaio e dar dicas para tornar a leitura coletiva mais interessante.

Carlos Araujo/Arquivo da editora

2▸ Ao ler as falas de cada personagem, os representantes de cada grupo devem prestar atenção:

- no timbre (mais agudo ou mais grave) e no tom (mais alto ou mais baixo) da voz de acordo com o indicado nas **rubricas**.
- na entonação e na expressividade das frases marcadas na escrita pelos sinais de pontuação.

➡ **Apresentação**

- De acordo com o que foi feito durante o planejamento e o ensaio, o representante de cada grupo vai participar da leitura coletiva das cenas do texto teatral.

Podcast de leitura dramática

Na seção *Prática de oralidade*, você e seus colegas leram expressivamente cenas do texto teatral *O bobo do rei*. Agora vocês vão se reunir em novos grupos para gravar um *podcast* de leitura dramática com quatro episódios, cada um dedicado a uma das quatro cenas já lidas.

> Um **podcast de leitura dramática**, como o próprio nome sugere, reúne episódios com a leitura dramatizada de textos literários gravados e transmitidos em áudio. Cada episódio pode trazer um texto diferente ou partes (capítulos e cenas, por exemplo) de um mesmo texto.

Os episódios desse *podcast* dramático poderão ser publicados no *blog* ou veiculados em um programa de rádio na escola.

▸ Planejamento

▸ **Com a turma toda.** Conversem sobre a produção e circulação do *podcast* dramático da turma.

- Organizem-se em quatro grandes grupos e definam que cena será interpretada por cada grupo.
- Escolham um nome para o *podcast*, elegendo uma das sugestões feitas pela turma.
- Criem um episódio inicial para apresentar o programa aos ouvintes e dar informações sobre o texto e o autor.
- Decidam se vão utilizar efeitos sonoros ou criar trilhas para a abertura e o fechamento de cada episódio.
- Combinem onde e quando gravarão os episódios, verificando a disponibilidade de espaço e equipamento.
- Decidam a melhor maneira de compartilhar os episódios.

▸ Preparação

1▸ Ouçam os *podcasts* de leitura dramática que o professor vai apresentar. Anotem e conversem sobre os aspectos observados: expressividade, ritmo, entonação, pausas, hesitações, interação entre efeito sonoro e falas.

2▸ Reúna-se com seus colegas de grupo e selecionem quem vai representar cada personagem da cena a ser interpretada, quais assumirão o coro, quem ficará responsável pela sonorização e quem apresentará cada episódio.

3▸ Façam um roteiro para indicar quem ficará responsável pela leitura de cada trecho. Definam os momentos em que o grupo vai usar efeitos sonoros, marcando no roteiro quando e que tipo de efeito deverá entrar.

4▸ Decorem suas falas e treinem a leitura em conjunto, já com a inclusão dos efeitos sonoros.

▸ Gravação, edição e finalização

1▸ No local, dia e horário combinados, reúnam-se e gravem o episódio de acordo com o roteiro elaborado na *Preparação*.

2▸ Depois da gravação, reúnam-se em um local com computadores e editem o áudio por meio de um programa disponível. Façam os cortes necessários e incluam as trilhas ou os efeitos sonoros que tiverem sido gravados separadamente.

3▸ Salvem o episódio do grupo no local informado pelo professor.

▸ Divulgação e circulação

1▸ Avaliem com o professor a possibilidade de publicar o *podcast* no *blog* da turma ou no *site* da escola, se houver.

2▸ Se forem transmitir o *podcast* para ser ouvido na escola, elaborem cartazes para comunicar quando, onde e de que maneira os episódios vão ao ar.

> **! Atenção**
>
> Façam a leitura de maneira dramatizada, escolhendo timbre, entonação e tom de voz adequados a cada personagem e momento do enredo. Não se esqueçam de respeitar as pausas e hesitações sugeridas pela pontuação e, principalmente, de seguir as orientações das rubricas.

Outras linguagens: Fotografia

Depois de ter lido as quatro cenas iniciais de *O bobo do rei*, veja uma das fotos utilizadas para a divulgação dessa peça por meio de *sites* especializados em programação teatral para crianças e jovens.

Observe os figurinos e os objetos que os atores usaram em cena e conversem sobre as questões com os colegas.

Foto de divulgação da peça *O bobo do rei* com encenação de atores da companhia de teatro Cia. Vagalum tum tum, 2012.

1▸ Que personagem ocupa o centro da imagem?

2▸ Além da referência sobre a barba e o cabelo, que outro detalhe presente nessa imagem foi mencionado no texto lido?

3▸ Na sua opinião, qual personagem feminino está representado na foto? Por quê?

4▸ Conversem: Quem poderiam ser os outros personagens?

5▸ Se você tivesse contato com a peça *O bobo do rei* apenas por meio dessa imagem, você teria vontade de ir ao teatro para assistir a ela? Justifique sua resposta.

Rei Lear em texto teatral, HQ e cordel

O texto que você leu nesta unidade é parte de uma adaptação de *Rei Lear*, uma peça escrita pelo inglês William Shakespeare, em 1605.

Foi criada uma versão atual dessa obra, em história em quadrinhos, em que é possível observar a encenação ilustrada da peça com a participação da plateia, em um cenário leve e divertido.

Leia a seguir um trecho da história em quadrinhos.

perfídia: deslealdade.

WILLIAMS, Marcia. Tradução de Sérgio Tellaroli. *Bravo, Sr. William Shakespeare*. São Paulo: Ática, 2001. p. 24.

1▸ Na página reproduzida, observe:

a) os personagens: A aparência deles corresponde ao que você imaginou ao ler as cenas iniciais de *O bobo do rei*?

b) as falas dos personagens: Em que elas se diferenciam do texto lido?

c) as falas das pessoas que assistem a essa representação teatral: Que diferença você percebe em relação ao texto lido?

d) os textos abaixo dos quadrinhos: Eles correspondem à fala de algum personagem ou à fala do narrador? Há esse elemento da narrativa no texto *O bobo do rei*?

Agora que você já comparou as semelhanças e as diferenças entre as cenas iniciais de *O bobo do rei* e *Rei Lear* contado em história em quadrinhos, confira como um autor brasileiro reconta a mesma história em uma recriação da peça de Shakespeare em cordel.

Leia em voz alta as três primeiras estrofes das 143 que compõem esse cordel. Assim, você vai conseguir apreciar o envolvente ritmo dessa modalidade brasileira de texto em verso.

Rei Lear em cordel

Marco Haurélio

Na terra onde o bem floresce
Logo a maldade se assanha,
Como na presente história
Em que a lisonja e a manha
Causaram a <u>derrocada</u>
De um grande rei da Bretanha.

Este rei se chamou Lear
E, já na idade madura,
Quis testar suas três filhas,
Sem achar que fez loucura,
Mergulhando a sua terra
Nas águas da <u>desventura</u>.

Sua filha primogênita
Chamava-se Goneril
A do meio era Regane,
Ser hipócrita de alma vil;
A caçula era Cordélia,
Um anjo meigo e gentil.
[...]

HAURÉLIO, Marco. *Rei Lear em cordel*.
Barueri: Amarilys, 2014. p. 7.

Carlos Araujo/Arquivo da editora

Reprodução/Manole

▸ **derrocada**: destruição.
desventura: desgraça, infortúnio.

2▸ O que chamou a sua atenção nesse texto?

3▸ Perceba que, nas duas primeiras estrofes, os versos valorizam a descrição do reino:

> Na terra onde o bem floresce
> Logo a maldade se assanha,
> [...]

> Mergulhando a sua terra
> Nas águas da desventura.

Como você faria para incluir no texto *O bobo do rei* como é o reinado, isto é, de que modo o rei governa? Escreva no caderno uma sugestão e, depois, apresente-a para os colegas, oralmente.

Língua: usos e reflexão

Termos da oração: sujeito e predicado

1▸ Releia essa frase do texto teatral:

Eu sou o rei, um grande rei.

verbo

(1ª pessoa do singular)

Responda oralmente: A qual palavra o verbo se refere?

Observe que o verbo e a informação dada na frase referem-se ao termo *eu*. Esse termo é chamado de **sujeito** da oração.

Note que esse sujeito se refere à 1ª pessoa do singular (*eu*), e o verbo está concordando com a 1ª pessoa do singular.

2▸ Leia outra frase do texto:

E você não **passa** de um bobo boneco nanico.

sujeito   verbo

(3ª pessoa do singular)

Responda oralmente: Que informação é dada sobre esse sujeito?

Essa informação dada sobre o sujeito, incluindo o verbo, chama-se **predicado**.

Note que, na frase acima, a forma verbal *passa* — na 3ª pessoa do singular — está se referindo ao termo *você*, que é o sujeito dessa frase.

O verbo deve se flexionar para concordar em número (singular e plural) e pessoa (1ª, 2ª ou 3ª pessoa do discurso) com o sujeito a que se refere.

> **Sujeito** é o termo da oração sobre o qual se dá uma informação e também a que o verbo se refere.
> **Predicado** é o termo da oração que traz toda a informação sobre o sujeito na oração.
> **Sujeito e predicado** são termos essenciais para a formação da oração.

Nesta seção, vamos estudar o sujeito e os tipos de sujeito.

Carlos Araujo/Arquivo da editora

O sujeito na oração

Você viu que o **verbo** tem de ser flexionado para **concordar** com o **sujeito**. Assim, para localizar o **sujeito de uma oração**, é necessário achar antes o verbo para descobrir **a que** ou **a quem ele se refere**:

1▸ Releia uma fala do rei: "Ninguém me faz um elogio". Responda oralmente: Qual é o sujeito ao qual o verbo se refere? Para responder a essa pergunta, siga os passos:

- **Primeiro localize o verbo:** O verbo é a forma verbal *faz*.
- **Depois, verifique a que termo ele se refere:** A forma verbal *faz* se refere ao termo *ninguém*; assim, *ninguém* é o **sujeito** da oração.

É importante perceber que nem sempre o sujeito é o primeiro termo da oração. Observe outra fala do rei:

Na verdade, **eu estou** muito entediado.

A forma verbal *estou* se refere ao termo *eu*; assim, *eu* é o **sujeito** dessa oração.

Leia agora outra frase do texto:

sujeito

Os puxa-sacos de plantão estão de folga.

núcleo: parte principal do sujeito

A forma verbal *estão* refere-se ao termo "os puxa-sacos de plantão". Portanto, "os puxa-sacos de plantão" é o **sujeito** dessa oração.

Entretanto, do sujeito destacado, a parte mais importante é a expressão *puxa-sacos*. Essa expressão é a parte central do sujeito, o **núcleo**. Releia um trecho da fala de Goneril e Regane:

sujeito   predicado

Nós duas **viemos** aqui.

núcleo do sujeito: 1ª pessoa do plural

Observe que a forma verbal concordou com o núcleo do sujeito.

Se a expressão *nós duas* for substituída por outra — *vocês duas*, por exemplo —, a forma verbal também deverá ser alterada para haver concordância. Veja:

Vocês duas **vieram** aqui.

núcleo do sujeito: 3ª pessoa do plural

As palavras sublinhadas nessas frases são as mais importantes do sujeito, isto é, são os **núcleos do sujeito**. Por isso o verbo fará a concordância com elas.

Núcleo do sujeito é o nome que se dá ao termo que representa a ideia central do sujeito.

Observe o que ocorre com o verbo nas frases seguintes:

- <u>Você</u> veio aqui.
- <u>Nós</u> viemos aqui.
- <u>Você e ela</u> vieram aqui.
- <u>Eu</u> vim aqui.
- <u>Você e eu</u> viemos aqui.

Nessas frases, a expressão *nós duas* foi substituída por *você, nós, você e ela, eu, você e eu*. Para cada uma dessas substituições, foi necessário **flexionar o verbo** para garantir a concordância entre o verbo e o sujeito a que se refere.

2▸ Leia as orações a seguir. No caderno, circule o verbo e localize o sujeito das orações, grifando em sua resposta o núcleo do sujeito.
   a) "[...] os atores já estão em cena."
   b) "[...] mas o peso da coroa na cabeça está difícil de aguentar."
   c) "[...] vida de rei é boa [...]"
   d) "[...] mas eu já estou achando tudo isso um saco."

Tipos de sujeito

O sujeito pode ser expresso e organizado de diferentes maneiras. Dependendo da forma como os sujeitos e seus núcleos são expressos, teremos diferentes tipos de sujeito.

Sujeito simples

Observe as alterações do sujeito nas frases a seguir:

Carlos Araujo/Arquivo da editora

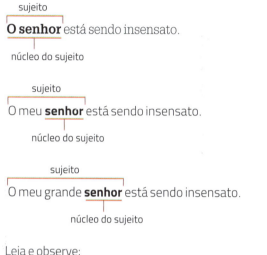

sujeito
O senhor está sendo insensato.
núcleo do sujeito

sujeito
O meu **senhor** está sendo insensato.
núcleo do sujeito

sujeito
O meu grande **senhor** está sendo insensato.
núcleo do sujeito

Leia e observe:

Note que, mesmo acrescentando elementos que ampliam a ideia do sujeito, o núcleo continua sendo apenas um: *senhor*. É um **sujeito simples**.

Leia outra oração:

sujeito
A desprezível **filha** do rei enganou o próprio pai.
núcleo do sujeito

Nesse sujeito há **um só núcleo**, por isso se diz que o **sujeito** é **simples**.

Observe que, no sujeito, os elementos que cercam o núcleo ajudam a determiná-lo, a especificá-lo.

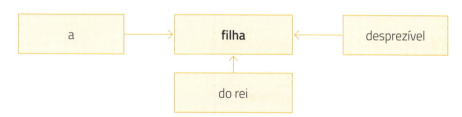

O sujeito que apresenta **um só núcleo** é classificado como **sujeito simples**.

Sujeito composto

Observe:

sujeito

Aquela **filha** egoísta e sua **irmã** são as herdeiras do reino.

núcleo do sujeito — núcleo do sujeito — verbo no plural

O sujeito que apresenta **dois ou mais núcleos** é classificado como **sujeito composto**.

Agora, vamos analisar passo a passo essa frase.

> Aquela filha egoísta e sua irmã são as herdeiras do reino.

1º) Localize o **verbo** ⟶ *são*.
2º) Localize o **sujeito** a que o verbo se refere ⟶ *aquela filha egoísta e sua irmã*.
3º) Localize o **núcleo do sujeito**, a parte mais importante do sujeito, com a qual o verbo concorda ⟶ *filha* e *irmã*.
4º) Localize toda a declaração sobre o sujeito, incluindo o verbo ⟶ *são as herdeiras do reino*.

▶ Leia a tirinha a seguir.

CHIQUINHA E CAIO TIVERAM QUE APAGAR O GRAFITE QUE FIZERAM NA SALA DA CASA.

VIDA DE GRAFITEIRO TEM QUE SER NA RUA.

FOI MAL, CAIO. ADULTO NÃO ENTENDE NADA.

MAIS TARDE, NA RUA...

CHIQUINHA, JÁ PRA CASA!

CAIO, SAI DA RUA, MENINO!

GRAFITEIRO SOFRE!

© Miguel Paiva/Acervo do cartunista

PAIVA, Miguel. *Chiquinha*: namoro ou amizade? Rio de Janeiro: Rovelle, 2014. p. 10.

Responda no caderno:
a) Por que Caio diz "Grafiteiro sofre!" no segundo quadrinho?
b) Transcreva da tirinha uma oração que apresenta:
  • um sujeito composto.
  • um sujeito simples.

Sujeito subentendido (ou desinencial)

Agora, vamos ver formas de organizar a frase sem a presença do sujeito.

1▶ Releia este trecho do texto *O bobo do rei*:

Agora **somos** donas de tudo, / **mandamos** na terra e no mar.

verbos

Responda: Quem é dona de tudo e manda na terra e no mar?

Tendo lido o texto *O bobo do rei*, logo identificamos a quem esses versos se referem: às duas filhas mais velhas do rei, Goneril e Regane.

Nesse caso, o sujeito **não** está evidente, mas podemos determiná-lo com base na leitura do texto e na terminação da forma verbal *somos*.

Esses versos não foram construídos com o sujeito explícito. O sujeito está **subentendido**. Como lemos o texto teatral, sabemos a quem se referem as formas verbais *somos* e *mandamos*. Além disso, a terminação verbal indica que o sujeito se refere a um termo subentendido: *nós*.

O sujeito está **subentendido**, ou seja, não está expresso nas orações, mas pode ser localizado.

2▸ Leia, agora adaptado, o trecho anterior extraído do texto teatral. Compare-os.

Trecho adaptado:

> Agora nós somos donas de tudo, / nós mandamos na terra e no mar.

a) O que há de diferente no trecho original, reproduzido anteriormente, em relação a esse trecho adaptado?

b) Por que, nesse caso, a redação do texto original seria mais adequada do que a do trecho adaptado?

Para evitar a repetição do pronome *nós*, o autor empregou o recurso de deixar o **sujeito subentendido**. Sabemos a quem os verbos se referem pela terminação do verbo e pelo contexto, que nos mostra que já houve referência ao sujeito anteriormente.

Reveja outro trecho do texto teatral em que a terminação do verbo identifica o sujeito:

> Agora só tenho vocês duas.

A forma verbal *tenho* indica que o **sujeito** dessa oração é *eu*. A palavra está subentendida, não é necessário explicitá-la, pois a forma verbal a revela.

3▸ Leia a tira humorística a seguir:

VERISSIMO, Luís Fernando. Família Brasil. *O Estado de S. Paulo*, São Paulo, 5 set. 2010. Caderno 2, p. D14.

a) Quem, provavelmente, é Boca?

b) O que torna essa tirinha engraçada?

c) Quais foram os recursos que o autor da tira empregou para não repetir o nome *Boca*?

4▸ Leia a anedota a seguir:

> Dois loucos conversando:
> — Como é o seu nome?
> — Sei lá, <u>não lembro</u>. **(1)** E o seu?
> — Nossa, <u>também não lembro</u>. **(2)**
> — <u>Então somos xarás</u>! **(3)**
>
> Domínio público.

Nas frases sublinhadas, os sujeitos estão subentendidos. De cada uma das frases, indique no caderno:

a) o sujeito que está subentendido;

b) a palavra que o ajudou a identificar o sujeito.

O sujeito subentendido é um recurso que pode ser utilizado para obter coesão textual. Veja a seguir.

Coesão textual: o uso do sujeito subentendido

Releia o início da cena 1 do texto teatral *O bobo do rei*.

> *Quando o público **entra**, os atores já **estão** em cena. Eles **jogam** uma peteca [...]. Depois de algum tempo, **resolvem** mudar de brincadeira e **inventam** um jogo [...]*

Ao escrever, um dos cuidados que o autor deve ter é organizar as frases para que seu texto seja facilmente compreendido. Vamos ver um recurso que foi empregado nesse trecho do texto.

Observe todos os verbos destacados. A que sujeito eles se referem? Note que mais de um verbo se refere ao mesmo sujeito (*os atores*) e que, **para evitar a repetição**, o autor do texto optou por deixá-lo subentendido em algumas orações. Porém, é fácil localizá-lo pelas formas verbais e pelo contexto.

Ao evitar a repetição de palavras e indicar o sujeito pelo verbo, foi mantida a coerência entre as partes.

Esse recurso dá ao texto duas qualidades:

- **concisão**: elimina repetições desnecessárias, deixando o texto mais preciso, sem palavras desnecessárias;
- **coesão**: estabelece relação entre as partes do texto.

> **Coesão textual** é a ligação/relação lógica entre as partes ou frases de um texto.

O **sujeito subentendido** é um dos recursos usados para **evitar repetições desnecessárias** e, ao mesmo tempo, não deixar perder de vista o termo a que está se referindo o verbo.

Sujeito indeterminado

Você estudou que o **sujeito subentendido** não está explícito na oração, mas pode ser identificado pela observação do contexto e, principalmente, por meio da forma verbal. Mas há casos em que a intenção é justamente não deixar claro para o leitor quem é precisamente o sujeito da oração.

Leia o quadrinho a seguir.

LINIERS. Macanudo. *Folha de S.Paulo*, São Paulo, 6 set. 2011. Ilustrada, p. E9.

Observe esta frase da tira:

E se **colocam** algo depois dos créditos?
|
verbo
3ª pessoa do plural

É possível, lendo toda a tirinha, indicar a quem o personagem se refere nessa frase? Ou indicar com certeza se o verbo faz referência a uma ou mais pessoas?

Como não é possível determinar o sujeito a que esse verbo se refere, dizemos que essa oração foi organizada com um **sujeito indeterminado**.

▶ Copie no caderno as outras orações da tira em que o sujeito também é indeterminado.

Uma frase terá sujeito indeterminado com o verbo na 3ª pessoa do plural quando não houver nenhuma outra indicação que permita identificar a quem o verbo se refere.

Agora, leia esta outra frase, título de uma notícia:

Tiveram de retirar 10 famílias de áreas alagadas

Zero Hora, Porto Alegre, 21 jul. 2011.

Lendo apenas o título da notícia, sabemos que alguém retirou as famílias de locais que estavam alagados. Entretanto, não sabemos quem, nem quantas pessoas praticaram essa ação.

Somente ao ler a notícia completa é possível identificar a quem a forma verbal do título se refere, ou seja, é possível saber que quem retirou as famílias foram os "funcionários da defesa civil". Apenas o título não esclarece quem é esse ser, por isso o sujeito é indeterminado. Entretanto, quando há acesso ao contexto mais amplo, ou seja, a toda a notícia, pode-se localizar a quem a forma verbal *Tiveram* se refere, e o sujeito da oração passa a ser classificado como subentendido.

O **sujeito indeterminado** é aquele que não está presente na oração e não pode ser identificado ou determinado pelo contexto ou pela terminação do verbo.

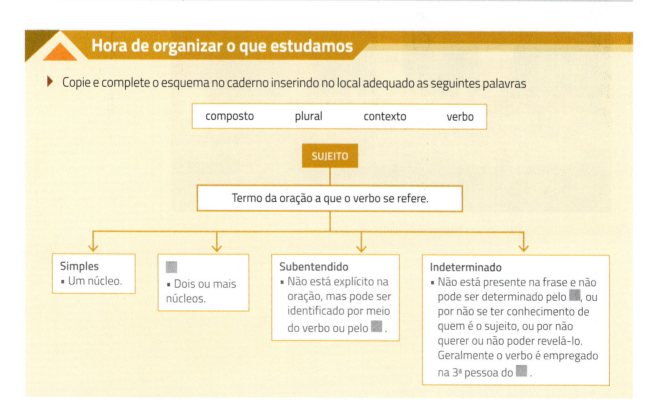

Hora de organizar o que estudamos

▶ Copie e complete o esquema no caderno inserindo no local adequado as seguintes palavras

| composto | plural | contexto | verbo |

SUJEITO

Termo da oração a que o verbo se refere.

Simples
• Um núcleo.

• Dois ou mais núcleos.

Subentendido
• Não está explícito na oração, mas pode ser identificado por meio do verbo ou pelo ▪ .

Indeterminado
• Não está presente na frase e não pode ser determinado pelo ▪ , ou por não se ter conhecimento de quem é o sujeito, ou por não querer ou não poder revelá-lo. Geralmente o verbo é empregado na 3ª pessoa do ▪ .

Sujeito e concordância verbal

1▸ Reescreva as frases a seguir no caderno. Depois, identifique o sujeito da frase e o substitua por cada uma das palavras ou expressões que estão entre parênteses. Faça a **concordância** adequada do verbo em cada caso.

a) A geração mais antiga não entende o gosto do jovem pela internet. (eles; nós; os mais velhos; você)

b) Goneril e Regane ficaram felizes com a partilha do reino. (o rei; eu; todos nós; você)

c) Vocês têm de dormir mais horas por noite. (nós; todos nós; ele; você)

2▸ Copie no caderno a frase a seguir. Encontre os **verbos**, identifique o **sujeito** de cada verbo e o **núcleo** de cada sujeito:

> Shakespeare se tornou mundialmente conhecido e seus textos teatrais foram encenados inúmeras vezes

3▸ Leia este trecho de uma notícia:

Festa medieval em cidade vizinha ao Porto reconta a história de Portugal

Danças, fantasias e encenações de combates tomam o centro histórico de
Santa Maria da Feira

Giuliana Miranda
SANTA MARIA DA FEIRA (PORTUGAL)

O rei de Portugal caminha imponente pelas ruas rodeado pela nobreza, enquanto, a poucos metros dali, trovadores entretêm os plebeus com muita música e dança. Simultaneamente, vendedoras anunciam seus produtos entre a multidão que lota tavernas e se arrisca no arco e flecha e nos combates com espadas de madeira.

Apesar dos elementos fiéis ao passado, essas cenas se passam nos dias atuais, em pleno centro histórico de Santa Maria da Feira, que abriga um castelo. A cidade é vizinha do Porto, no norte de Portugal. [...]

Folha de S.Paulo, 4 out. 2018. Caderno Turismo, p. D8.

▶ **plebeu:** pertencente à classe social mais baixa na Idade Média.

▶ **trovadores:** músicos e poetas da época medieval.

O evento Viagem Medieval de Santa Maria da Feira relembra o período da Idade Média em Portugal. Além da feira com áreas temáticas, há espetáculos e demonstrações da vida cotidiana do século XIV na cidade.

Encenação de combate no evento **Viagem Medieval de Santa Maria da Feira**.

a) O que você sabe sobre a Idade Média? Converse com os colegas e o professor.

b) Você acha importante conhecer os fatos do passado dos locais onde vivemos ou visitamos? Por quê?

c) Releia um trecho da notícia:

> A cidade é vizinha do Porto, no norte de Portugal.

Localize e copie desse trecho:
- o verbo;
- o sujeito a que esse verbo se refere.

d) Agora releia a linha-fina da notícia:

> Danças, fantasias e encenações de combates tomam o centro histórico de Santa Maria da Feira

Localize e copie desse título:
* o verbo;
* o sujeito.

e) Responda: Qual é o tipo de sujeito encontrado na frase da linha-fina?

4▸ Leia os quadrinhos a seguir.

LAERTE. Lola, a Andorinha. *Folha de S.Paulo*, São Paulo, 15 jan. 2011. Folhinha, p. 8.

a) Por que Lola não levou o prêmio?

b) Transcreva no caderno as frases organizadas sem verbo.

c) A ausência do verbo nessas frases prejudica a identificação do sentido?

d) Copie no caderno as orações a seguir, grife os verbos e identifique o sujeito que está subentendido:
* Nunca fui sorteada!
* Estou tão feliz!
* Não vai levar o prêmio?

5▸ Leia a tirinha a seguir e responda às questões no caderno.

SCHULZ, Charles M. Minduim. *O Estado de S. Paulo*, São Paulo, 26 set. 2011. Caderno 2.

a) A menina pergunta a Spike se ele está dormindo. O que revela que ele está acordado?

b) No balão do último quadrinho, a frase foi escrita de modo diferente. Identifique o recurso empregado e o que ele revela?

c) Como a menina organiza a fala para não identificar quem descobriu a causa da doença de Spike?

6▸ Leia as frases mais abaixo e observe como foram organizadas. Depois, classifique-as de acordo com este critério:

a) frase nominal

b) oração com sujeito composto

c) oração com sujeito simples

d) oração com sujeito indeterminado

e) oração com sujeito subentendido

(   ) "Itália barra navio de imigrantes" (*O Estado de S. Paulo*, São Paulo, 11 jun. 2018.)

(   ) Interromperam o trânsito de várias estradas no final de semana.

(   ) Ai, que medo!!!

(   ) Não queremos mais guerras!

(   ) "Petrobras e União travam disputa" (*O Estado de S. Paulo*, São Paulo, 11 jul. 2018.)

7▸ Observe as formas verbais destacadas e identifique no caderno os tipos de sujeito nas frases a seguir:

a) Acabada a tempestade, o sol **nascerá**.

b) Você e eu **gostamos** de jogar xadrez.

c) Explodiram os caixas eletrônicos de dois bancos nesta madrugada.

d) Fico triste quando **ouço** notícias sobre tantas guerras no noticiário.

◅ **No dia a dia** ▻

Concordância verbal

É muito comum as pessoas deixarem de fazer a concordância entre sujeito e verbo quando o sujeito vem depois do verbo. Veja a reprodução de parte do anúncio de ofertas de uma loja.

Anúncio publicado no jornal *Folha de S.Paulo*, São Paulo, 11 set. 2004. p. C6.

Leia-o prestando atenção na concordância entre sujeito e verbo. Para analisar a redação desse anúncio, siga estes passos:

a) Transcreva a locução verbal que foi utilizada na chamada do anúncio.

b) Qual é o sujeito a que essa locução verbal se refere?

c) Essa construção é típica da linguagem mais formal ou mais informal?

d) De acordo com o nível formal indicado pela norma-padrão, o verbo deve concordar em número e pessoa com o sujeito a que se refere. Para seguir essa regra, como deveria ficar a frase?

e) Qual é a provável razão de o anunciante ter feito a concordância dessa maneira?

Vocativo e aposto

Vocativo

Você observou que o texto teatral é construído por meio de diálogos. Releia o diálogo entre o rei e Cordélia:

> **CORDÉLIA**: (*entrando*) Olá, **papai**. (*pausa*) O senhor me parece tristinho.
>
> **REI**: Olá, **minha filha**. Na verdade, eu estou muito entediado, sabe? Como é dura a vida de rei! Você viu os meus puxa-sacos por aí? Estou tão carente, preciso de elogios, de carinho.
>
> **CORDÉLIA**: Ah, não fica assim, **papai**! Eu vou brincar com o senhor. Olha, por que não jogamos um pouco de peteca, hein? Espere aqui que vou buscar uma e já volto. (*sai*)

Observe as expressões em destaque: ao falar, uma personagem se dirige à outra por meio de um **chamamento**. A esse chamamento dá-se o nome **vocativo**. A palavra *vocativo* vem do latim *vocare*, que significa "chamar".

> **Vocativo** é o nome que se dá ao termo da frase que expressa um chamamento, uma invocação.

Por desempenhar a função de chamar de forma explícita a pessoa **a quem a fala é dirigida**, o vocativo refere-se sempre à segunda pessoa do discurso (os pronomes pessoais *tu/vós* ou as formas de tratamento, como *você/vocês*, *senhor/senhora*).

Leia mais exemplos do texto teatral em que o vocativo está destacado.

> **Senhor**, aconteceu uma coisa incrível!

> **Papito**! Podemos ajudar em alguma coisa?

> Agora não, **Cordélia**.

Observe que os vocativos vêm separados por pontuação: geralmente vírgula, sendo comum também o ponto de exclamação. O vocativo vem isolado dos outros termos da oração por vírgula porque não se liga sintaticamente a nenhum deles.

Importante: não confundir o **vocativo** com o **sujeito** a que o verbo se refere. Observe:

<u>Cordélia</u>, diga o que sente por mim.
vocativo

<u>Cordélia</u> falou o que sente por seu pai.
sujeito

▶ Copie do texto teatral mais duas falas com vocativo e sublinhe as palavras ou expressões que o representam.

Aposto

Leia as frases a seguir:

> O Bobo, **servo do rei**, deve entretê-lo, fazê-lo rir.
>
> Goneril, **a filha mais velha do rei**, é interesseira e egoísta.
>
> Regane, **a filha do meio**, também é interesseira, egoísta e ultraconsumista.
>
> Cordélia, **a filha mais nova do rei,** é a mais sincera.

Observe as expressões destacadas e entre vírgulas. Essas expressões explicam ou caracterizam a palavra que as antecede, isto é, que vem antes.

Essas palavras ou expressões são chamadas de **aposto**.

É comum o aposto introduzir o nome que ele explica por meio do uso dos dois-pontos (:). Veja a frase a seguir:

Cordélia queria apenas uma coisa: <u>**sinceridade**</u>.
aposto

Agora observe:

oração com valor de aposto

Cordélia queria apenas uma coisa: **ser sincera**.
verbo

Nesse caso, o aposto foi expresso por uma oração, isto é, por uma frase com verbo.

Leia outras orações com apostos:

> Para melhorar a convivência entre as pessoas, são necessárias certas condições: **tolerância, compreensão, ausência de preconceito, respeito, solidariedade**.

> Tudo ficou sob as águas: **casas, árvores, indústrias**...

Os termos destacados nas frases acima explicam, respectivamente, as palavras *condições* e *tudo* por meio de uma enumeração de elementos. São **apostos enumerativos**.

Existe um tipo de aposto que não se separa por vírgula nem por dois-pontos do termo a que se refere. Observe:

O físico e cientista **Albert Einstein** não era considerado bom aluno quando pequeno.
substantivos   aposto

Minha filha **Juliana** ficou indignada com a atitude dos colegas.
substantivo
aposto

Albert Einstein e a fórmula $E = mc^2$, equação que faz parte de sua famosa teoria da relatividade.

Foi interditada a rua **XV de Novembro**.
substantivo   aposto

Nas frases acima, o **aposto** liga-se ao elemento a que se refere (substantivo), especificando-o. Trata-se do **aposto especificativo**. Nesses casos, não há pontuação separando o substantivo do aposto.

> **Aposto** é um termo que se associa a um nome explicando, explicitando ou especificando seu sentido. Geralmente vem separado do nome por sinal de pontuação: vírgula, travessão ou dois-pontos. Quando especifica o termo a que se refere, não é separado dele por sinal de pontuação.

▶ Copie e complete o esquema no caderno inserindo no local adequado as seguintes palavras:

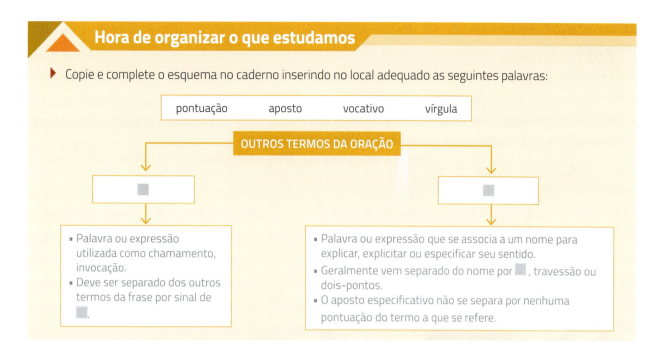

| pontuação | aposto | vocativo | vírgula |

OUTROS TERMOS DA ORAÇÃO

▢

▢

- Palavra ou expressão utilizada como chamamento, invocação.
- Deve ser separado dos outros termos da frase por sinal de ▢.

- Palavra ou expressão que se associa a um nome para explicar, explicitar ou especificar seu sentido.
- Geralmente vem separado do nome por ▢, travessão ou dois-pontos.
- O aposto especificativo não se separa por nenhuma pontuação do termo a que se refere.

Atividades: vocativo e aposto

1▶ Leia a charge a seguir:

O BONDE DA HISTÓRIA

- Entenda, querida! 2002 é pra quem pode, nós ainda estamos esperando a passagem para 2001!

ANGELI. O bonde da história. *Folha de S.Paulo*, 1º jan. 2002. Opinião. p. A2.

a) Observe na fonte da tirinha a data em que ela foi publicada. Agora, responda: Como pode ser explicada a fala "2002 é pra quem pode [...]"?

b) Qual é a razão de o personagem dizer que ainda está esperando a passagem para 2001?

c) Transcreva no caderno o vocativo presente na charge.

d) Que tipo de sentimento do personagem esse vocativo revela?

e) No fundo da imagem veem-se fogos de artifício. Que elemento pode explicar a presença desses fogos?

f) "Pegar o bonde da história" é uma expressão utilizada para indicar a necessidade de ter conhecimento sobre a realidade que nos cerca, sobre o que acontece ao nosso redor, para que não fiquemos alienados dos fatos que transformam nossas vidas e mudam nossas histórias. Em sua opinião, por que foi dado esse título à charge?

2▶ Leia o texto a seguir:

Foz do Iguaçu

Maravilha nossa

Ao longo de quase três quilômetros de fronteira, o Rio Iguaçu vai despencando de forma dramática. Ao todo, formam-se 270 cachoeiras, lideradas pela poderosa Garganta do Diabo, com 80 metros de altura. Eis as Cataratas do Iguaçu, **metade nossa**, **metade dos vizinhos argentinos**. [...]

Ainda tem a Usina de Itaipu, **um dos mais engenhosos complexos hidrelétricos do mundo**, a 12 quilômetros do centro de Foz. [...]

Viajar pelo mundo. São Paulo: Rac Mídia, ed. 97, ago. 2017. p. 24.

a) A que termos das frases se referem os termos destacados?

b) Qual é a função que os trechos destacados exercem em relação aos termos a que se referem?

3▶ Leia a seguir o título e a linha-fina de uma reportagem e o primeiro parágrafo logo abaixo:

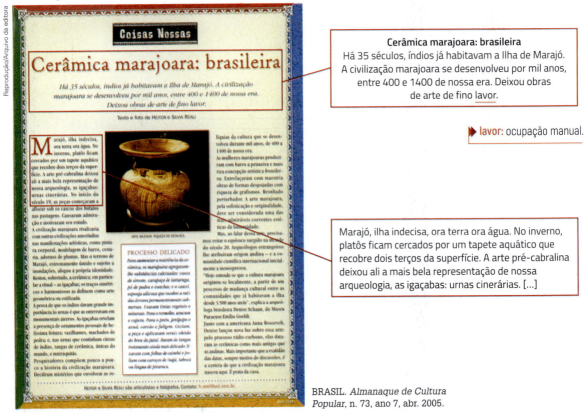

Cerâmica marajoara: brasileira
Há 35 séculos, índios já habitavam a Ilha de Marajó. A civilização marajoara se desenvolveu por mil anos, entre 400 e 1400 de nossa era. Deixou obras de arte de fino lavor.

▶ **lavor:** ocupação manual.

Marajó, ilha indecisa, ora terra ora água. No inverno, platôs ficam cercados por um tapete aquático que recobre dois terços da superfície. A arte pré-cabralina deixou ali a mais bela representação de nossa arqueologia, as igaçabas: urnas cinerárias. [...]

BRASIL. *Almanaque de Cultura Popular*, n. 73, ano 7, abr. 2005.

a) Além de qualificar *cerâmica marajoara*, que função sintática o adjetivo pátrio *brasileira* exerce no título da reportagem? Explique.

b) Na linha-fina, pode-se considerar aposto a expressão "entre 400 e 1400 de nossa era"? Por quê?

c) Identifique no primeiro parágrafo do texto um aposto e escreva no caderno.

4▶ Transcreva no caderno os apostos presentes nas frases a seguir.

a) Cientistas descobriram que a baleia-de-bico, cetáceo que vive em grupos coesos, fica silenciosa em águas rasas — possível estratégia de sobrevivência.

b) Albert Einstein, o revolucionário físico formulador da teoria da relatividade, fez um manifesto contra as guerras no fim de sua vida.

c) Quero apenas isto: um lugar para morar.

5▸ Crie apostos para os nomes destacados nas frases. Não se esqueça de observar a pontuação adequada.

a) Tudo deve ser feito para preservar a **biodiversidade**.

b) **Carlos** ganhou um ingresso para assistir à peça *O bobo do rei*.

Desafios da língua

Pontuação e efeitos de sentido

1▸ Leia a tirinha reproduzida abaixo e responda às questões a seguir no caderno.

QUINO. *Toda Mafalda*. São Paulo: Martins Fontes, 2008. p. 75.

a) O que a personagem está fazendo nos quadrinhos 1 e 2?

b) Que recursos o autor utilizou para destacar essa ação?

c) Quem está falando com a Mafalda?

d) No último quadrinho, Mafalda censura a interrupção do "ditado da sua consciência". Por que ela se refere à consciência, e não ao pensamento?

e) Como o leitor percebe que o texto dos balões de pensamento está sendo ditado?

Você já estudou que a pontuação, além de marcar pausas e finais das frases, ajuda a organizar o texto de forma que o leitor consiga entender o que está escrito de acordo com a intenção do autor.

2▸ Releia o texto dos dois primeiros quadrinhos.

a) Que outro sinal de pontuação poderia ter sido usado no lugar do ponto final depois do nome *Mafalda*? Por quê?

b) Que outro sinal de pontuação poderia ter sido usado no lugar dos dois-pontos depois de *Meus cumprimentos*?

c) Assinale a alternativa que melhor explica por que o sinal de reticências aparece no final do texto do primeiro balão e no início do texto do segundo balão.

- Revela a insegurança da personagem quanto a tomar ou não a sopa.
- Expressa a interrupção do ditado da consciência.
- Indica a continuidade da frase entre um balão e outro.

d) Assinale a(s) alternativa(s) que melhor explica(m) o uso das vírgulas antes e depois da expressão *como sabemos*.

- Isola a expressão para destacá-la.
- Isola a expressão para não quebrar a continuidade da frase *a sopa é uma porcaria*.
- Isola a expressão dificultando a compreensão do texto pelo leitor.

e) O segundo balão termina com o sinal de reticências. Assinale a alternativa que melhor explica o efeito que o uso desse sinal provoca na leitura da tirinha.

- Destaca o fato de o ditado da consciência ter sido interrompido.
- Indica a continuidade do ditado da consciência.
- Demonstra a hesitação da personagem.

3▸ Copie no caderno o "ditado" feito pela consciência da Mafalda, substituindo o nome dos sinais pelos próprios sinais.

4▸ Releia a fala da outra personagem.

Responda no caderno:

a) Que sinal poderia substituir o ponto de exclamação depois da palavra *Mafalda*?

b) E no fim dessa fala, que sinal poderia substituir o ponto de exclamação?

c) Que efeito de sentido a substituição do ponto de exclamação por outros sinais provocaria?

5▸ Releia o último balão de fala.

a) Que outra pontuação poderia substituir o ponto de interrogação no fim da fala de Mafalda?

b) Que efeito de sentido o uso do ponto de interrogação pode provocar na fala de Mafalda?

Recorde os sinais de pontuação:

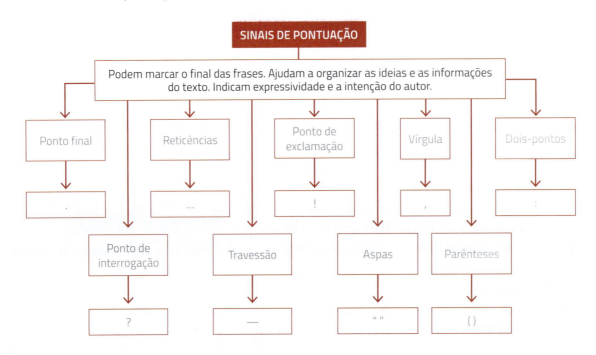

6 ▸ **Desafio!** Contar piadas exige do contador muita expressividade na fala, não é? Leia em voz alta e com entonação adequada os quadrinhos reproduzidos abaixo, observando a pontuação que marca a expressividade das falas quando se conta uma piada.

SOUSA, Mauricio de. *Cascão*, n. 40. Parte integrante de caixa Turma da Mônica. Coleção Histórica. São Paulo: Panini Comics, mar. 2014. p. 28.

Agora responda no caderno:

a) Por que Bidu não gostou das piadas contadas pelo amigo Duque?

b) O que Duque poderia fazer para melhorar sua contação de piadas?

7▸ A seguir há duas piadas, mas a pessoa que as registrou se esqueceu de pontuar o texto. A única pista deixada no texto foi o uso de letras maiúsculas e minúsculas. Leia os textos procurando entender o sentido. Depois, reescreva-os no caderno pontuando-os de modo a torná-los claros, engraçados e com sentido. Pontue-os da forma que, na sua opinião, garantiria a melhor expressividade possível.

Dica: lembre-se do travessão quando for pontuar diálogos!

a) Professora O que você vai ser quando crescer Joãozinho Um adulto

b) A mãe apavorada fala com o filho Menino por que você engoliu o dinheiro que eu lhe dei A senhora me disse que era o meu lanche

◣ Outro texto do mesmo gênero

Você vai ler uma cena de um texto teatral de Martins Pena, o fundador da **comédia de costumes** no Brasil. A peça teatral *A família e a festa na roça* foi escrita e encenada pela primeira vez no final do século XIX.

Uma comédia de costumes tem a intenção de fazer uma crítica à sociedade por meio do humor, bem como uma sátira dos costumes de um grupo de pessoas ao construir o enredo em torno dos códigos sociais existentes no contexto a que pertencem os personagens.

Essa peça de Martins Pena narra a história da família de Domingos João, um fazendeiro com problemas econômicos que vê a oportunidade de aumentar suas posses casando a filha Quitéria com Antônio do Pau-D'Alho, já que este moço tem "um sítio com seis escravos e é muito trabalhador". Mas Quitéria ama Juca, um estudante de medicina, que também a ama e quer se casar com ela.

Diante da proximidade da realização do que estava compromissado entre o pai de Quitéria e Antônio, os dois enamorados criam um plano para fugir a esse compromisso.

Leia um trecho da cena VII da peça, uma conversa em que os personagens Juca e Quitéria combinam o que fazer.

A família e a festa na roça

[…]

CENA VII

[…]

JUCA, *depois de pensar um momento* — Ouve: quando chegar o teu pretendido noivo, e falarem em casamento, finge-te de doente, desmaia, treme; enfim, faze-te de doente, como uma mulher é capaz de fazer quando quer, e deixa o mais por minha conta.

QUITÉRIA — O que queres fazer?

JUCA — Já te disse que deixes tudo por minha conta. Olha: ficas doente; naturalmente mandam-me chamar, e então arranjarei tudo. Oh, que ia esquecendo… Toma sentido no que vou te dizer.

QUITÉRIA — Diga.

JUCA — Quando estiveres doente e eu te der um copo de água com açúcar, vai ficando melhor; porém, logo que eu coçar a cabeça, torna a desmaiar. Entendes?

QUITÉRIA — Entendo, sim. E depois?

JUCA — E depois… Eu te direi. Mas chega tua mãe, e é preciso ocultarmos o plano.

Carlos Araujo/Arquivo da editora

Quer saber se o plano do casal dará certo e Quitéria e Juca ficarão juntos?

Leia, então, a cena XIII da peça *A família e a festa na roça*, consultando no glossário o significado de algumas palavras pouco usadas atualmente.

QUADRO I

O teatro representa uma sala de uma casa da roça, mesquinhamente mobiliada com mesa e cadeiras de pau. Domingos João, sentado à mesa, está vestido de calças de riscado e japona de baetão azul. [...]

CENA XIII

Entra Juca correndo, seguido de Inacinho.

JUCA — O que há de novo?

JOANA — Senhor doutor, minha filha está para morrer.

JUCA *chega-se para Quitéria e toma-lhe o pulso e diz* — Não é nada; mande vir um copo com água. (*Sai Joana.*)

JUCA, *para Domingos* — Quando digo que não é nada, falto um pouco à verdade, porque sua filha tem uma inflamação de carbonato de potassa.

DOMINGOS JOÃO, *muito espantado* — Inflamação de quê?

JUCA — De carbonato de potassa.

ANTÔNIO — E isto é perigoso, senhor doutor?

JUCA — Muito; não só para ela, como para a pessoa que com ela se casar.

ANTÔNIO, *à parte* — Mau! (*Entra Joana com um copo de água.*)

JOANA — Aqui está a água. (*Juca toma o copo de água, faz que tira uma coisa da algibeira e a deita dentro do copo.*)

JUCA — Este remédio vai curá-la imediatamente. (*Dá a Quitéria, que logo que bebe o primeiro gole abre os olhos.*)

DOMINGOS JOÃO — Viva o senhor licenciado!

QUITÉRIA, *levantando-se* — Minha mãe...

JOANA — Minha filha, o que tem?

JUCA — Esta menina é preciso ter muito cuidado na sua saúde, e eu acho que se ela se casar com um homem que não entenda de medicina, está muito arriscada a sua vida.

DOMINGOS JOÃO — Mas isto é o diabo; já prometi-a ao senhor... (*Apontando para Antônio.*)

ANTÔNIO — Mas eu...

JUCA — Arrisca assim a vida de sua filha.

DOMINGOS JOÃO — Já dei minha palavra. (*Juca coça a cabeça.*)

QUITÉRIA — Ai, ai, eu morro! (*Cai na cadeira.*)

TODOS — Acuda, acuda, senhor doutor!

JUCA, *chegando-se* — Agora é outra doença.

DOMINGOS JOÃO — Então, o que é agora?

> ▶ **mesquinhamente:** de forma pobre, miserável.
>
> ▶ **japona:** casaco, jaqueta.
>
> ▶ **baetão:** tecido grosso, próprio para agasalhos.
>
> ▶ **carbonato de potassa:** uma das denominações de carbonato de potássio, produto químico com várias utilidades na indústria.
>
> ▶ **algibeira:** pequeno bolso integrado à roupa, geralmente costurado pelo lado de dentro do vestuário.
>
> ▶ **deitar:** derramar.

Carlos Araujo/Arquivo da editora

JUCA — É um eclipse.

DOMINGOS JOÃO, *admirado* — Ah! (*Juca esfrega as mãos e passa-as pela testa de Quitéria.*)

QUITÉRIA, abrindo os olhos — Já estou melhor.

JUCA — Vê, Sra. D. Joana, se sua filha não tiver sempre quem trate dela, morrerá certamente. Não é assim, Sra. Angélica? (*Quando diz estas últimas palavras dá, às escondidas, à Angélica, uma bolsa com dinheiro.*)

ANGÉLICA — Senhor doutor, tem razão, a menina morre.

DOMINGOS JOÃO — Então o que havemos de fazer?

JUCA — Se eu não tivesse estudando...

JOANA — O senhor licenciado podia...

JUCA — Se meu pai...

DOMINGOS JOÃO — Tenho uma boa fazenda, e o marido de minha filha fica bem aquinhoado.

JUCA — Se o Sr. Domingos quisesse...

DOMINGOS JOÃO — Explique-se.

JUCA — Conhecendo as boas qualidades de sua filha, e estimando muito a sua família, me ofereço...

JOANA, *com presteza* — E o consentimento de seu pai?

JUCA — Esse, o terei.

DOMINGOS JOÃO — Mas, a palavra que dei ao Sr. Antônio?

ANTÔNIO — Não se aflija, pois não desejo mais casar-me com uma mulher que tem eclipses.

JUCA — Visto isso, cede?

ANTÔNIO — De boa vontade.

JOANA — Senhor Domingos João, diga ao senhor que sim!

ANGÉLICA — Olhe que sua filha morre!

INACINHO — Meu pai, case-a, com os diabos! O senhor licenciado é boa pessoa.

DOMINGOS JOÃO — Já que todos o querem, vá feito. (*Para Juca*) Minha filha será sua mulher. (*Quitéria levanta-se.*)

JUCA — Como consente, quisera que eu efetuasse isto o mais breve possível.

DOMINGOS JOÃO — Iremos agora mesmo falar ao vigário, e de caminho podemos ver a festa.

JOANA — Diz bem.

DOMINGOS JOÃO — Vão se vestir. (*Saem as duas.*)

JUCA — Quando eu acabar meus estudos voltarei para ajudar meu pai.

DOMINGOS JOÃO — Dê-me um abraço. (*Para Inacinho*:) Já agora não irás amanhã para a cidade. Quem havia de dizer que o Sr. Juca seria meu genro!

ANGÉLICA — Deus assim o quis.

DOMINGOS JOÃO — E o quebranto, não? Dizia esta mulher, Sr. Juca, que minha filha tinha quebranto, diabo no corpo, espinhela caída, quando ela não teve senão carbonato de eclipse.

JUCA, *rindo-se sem poder se conter* — É verdade!

DOMINGOS JOÃO, *desconfiado* — De que se ri?

JUCA — Da asneira da senhora.

PENA, Martins. A família e a festa na roça. In: DAMASCENO, Darcy (edição crítica). *Comédias de Martins Pena*. Rio de Janeiro: Ediouro, [s.d.]. p. 53-58.

eclipse: termo da astronomia usado para designar o processo em que objetos celestes, ao se moverem pelo espaço, acabam ficando à sombra de outro.

aquinhoado: aquele que toma uma parte (quinhão) de alguma coisa para si; favorecido; contemplado.

presteza: prontidão, rapidez.

diabo no corpo: expressão usada para caracterizar pessoa que está agitada, nervosa.

Converse com os colegas sobre as questões a seguir:

1▸ Ao expor as atitudes de cada personagem, a peça teatral realiza, pelo humor, uma crítica social, o que é próprio da comédia de costumes. Em sua opinião, o que as atitudes dos personagens revelam sobre os valores de cada um deles?

2▸ Com base nas falas e nas ações de Antônio, qual das alternativas a seguir caracteriza melhor a personalidade desse personagem?

a) seguro, corajoso, decidido.

b) indeciso, mas corajoso.

c) decidido, mas medroso.

d) inseguro, medroso, indeciso.

Texto teatral

Nesta seção, a turma realizará duas produções: retextualizar uma narrativa para compor um texto teatral e fazer a representação do texto teatral escrito por vocês.

Para isso, reúnam-se em grupos e sigam estas orientações.

➠ **Planejamento**

1▸ Depois de estudar a estrutura e a linguagem do texto *O bobo do rei*, o desafio aqui proposto é produzir um texto teatral a partir de uma narrativa. Para isso, apresentamos uma letra de canção cujo diálogo entre os personagens pode inspirar a criação de um texto teatral.

Sinal fechado

Paulinho da Viola

— Olá! Como vai?

— Eu vou indo. E você, tudo bem?

— Tudo bem! Eu vou indo, correndo pegar meu lugar no futuro… E você?

— Tudo bem! Eu vou indo, em busca de um sono tranquilo… Quem sabe?

— Quanto tempo!

— Pois é, quanto tempo!

— Me perdoe a pressa, é a alma dos nossos negócios!

— Qual, não tem de quê! Eu também só ando a cem!

[…]

— Quanto tempo!

— Pois é… Quanto tempo!

— Tanta coisa que eu tinha a dizer, mas eu sumi na poeira das ruas…

— Eu também tenho algo a dizer, mas me foge à lembrança!

— Por favor, telefone! Eu preciso beber alguma coisa, rapidamente…

— Pra semana…

— O sinal…

— Eu procuro você…

— Vai abrir, vai abrir…

— Eu prometo, não esqueço, não esqueço…

— Por favor, não esqueça, não esqueça…

— Adeus!

— Adeus!

VIOLA, Paulino da. *Sinal fechado.* Universal Music, 1994.

Carlos Araújo/Arquivo da editora

2▶ Imaginem como a narrativa poderia ser encenada. Pensem nas características de cada personagem e como suas falas contariam essa história por meio de diálogo, gestos e ações. Pensem também no figurino e no cenário, situando quando e onde a história se passa.

3▶ Para planejar a escrita do texto, retomem as características do gênero **texto teatral**, que é uma narrativa:

- para ser representada, encenada;
- que tem a intenção de entreter, divertir, emocionar os espectadores;
- construída por meio de falas e rubricas;
- que apresenta um roteiro técnico com personagens, cenário e figurino.

4▶ Leiam também o esquema apresentado a seguir. Ele vai auxiliá-los no planejamento do texto de vocês.

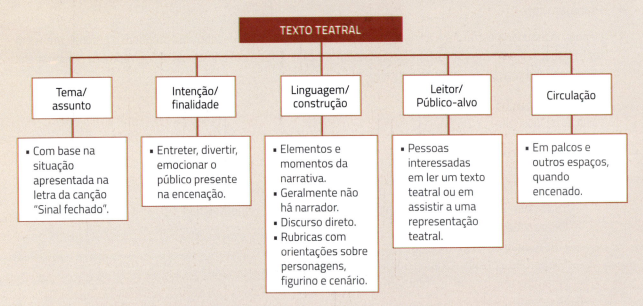

❱❱ Primeira versão

1▶ Dividam as falas do diálogo para evidenciar a fala que caberá a cada um. Copiem essas falas em uma folha avulsa.

2▶ Escolham, cada um, o nome para seu personagem.

3▶ Imaginem a cena em que os personagens se encontram e escrevam **rubricas** com indicações sobre:

- o cenário: lugar em que o encontro entre as personagens acontece;
- o momento (de dia ou à noite);
- os sons que podem ser ouvidos no ambiente;
- o modo de falar de seu personagem: tom de voz alto/baixo, com ou sem sotaque, com espanto, devagar, demonstrando surpresa, contrariedade, tentando esconder as emoções, com alegria, com pressa, etc.

4▶ Escrevam as falas do texto teatral.

5▶ Leiam a produção em voz alta para verificar se as falas e indicações de cena estão claras e adequadas, pois o texto teatral é feito para ser encenado.

❱❱ Revisão

1▶ Primeiro, leia sozinho as falas do seu personagem, respeitando as anotações feitas nas rubricas.

2▶ Reúna-se com um colega do grupo e façam a leitura dramatizada do diálogo, na íntegra, da forma que imaginaram.

3▶ Refaçam as rubricas que considerarem inadequadas depois dessa leitura dramatizada.

4▸ Releiam o texto e façam os últimos ajustes antes da escrita definitiva. Considerem estes itens:
- as características do gênero textual proposto;
- a organização do texto teatral (em cenas, atos, rubricas);
- a linguagem apropriada à situação narrada e às características dos personagens.

❱❱ Versão final

1▸ Façam uma leitura final do texto, alternando a representação de personagens com o colega. Confiram as escolhas de linguagem, a pontuação e a expressividade que cada fala exige.

2▸ Escrevam a versão final do texto e aguardem as orientações do professor sobre a realização da encenação.

Representação de texto teatral

❱❱ Preparação

1▸ Troquem os textos teatrais entre os grupos e leiam os textos produzidos pelos colegas. Depois, conversem e escolham um dos textos para ser encenado. Se preferirem, também podem fazer a encenação do trecho da peça *A família e a festa na roça*, de Martins Pena.

2▸ Com a mediação do professor, definam:
- o local, a data e o horário da apresentação;
- quem será a plateia, dependendo do espaço disponível, que poderá assistir à apresentação: alunos do colégio, pais, turmas de outro período de aula, comunidade escolar como um todo, etc.
- como divulgar a apresentação da peça: confecção de convites impressos ou digitais, cartaz, na internet, boca a boca.

3▸ Reúnam-se em grupos para organizar a produção e a encenação do texto teatral escolhido por vocês.

Grupo 1: **atores** — deverão ensaiar as falas dos personagens.

Grupo 2: **cenário** — deverão providenciar a mobília para compor o cenário e outros materiais que possam ser utilizados para dar mais veracidade à apresentação. Verifiquem a possibilidade de trabalhar com sucata e materiais reciclados.

Grupo 3: **figurino** — deverão listar e providenciar peças de roupa e acessórios que ajudem na caracterização dos personagens. Orientem-se pelas rubricas e também pesquisem os costumes da época ou da região, de acordo com o perfil dos personagens.

Grupo 4: **sonoplastia** — caso a turma decida utilizar sons na representação, os alunos escalados para este grupo deverão cuidar dos recursos sonoros (som de queda, batidas na porta, fundo musical, etc.) e combinar quem ficará responsável por realizar esse som na hora certa. Pensem também se os efeitos sonoros serão ao vivo ou gravados.

Carlos Araujo/Arquivo da editora

⇉ Ensaio

1▶ O grupo 1 deverá ensaiar a dramatização do texto teatral escolhido por vocês, observando principalmente:

- a expressividade de cada fala: entonação, dicção e altura da voz, de acordo com as rubricas de interpretação e com o contexto das situações encenadas;
- a gestualidade e o deslocamento de cada personagem de acordo com o que está indicado nas rubricas de movimentação: entrada, gestos, direcionamento de cada fala.

2▶ Os grupos encarregados do cenário e dos figurinos devem providenciar tudo o que for preciso: material, confecção, montagem no palco e ajuste de roupas e adereços no corpo de cada personagem.

3▶ O grupo encarregado da produção sonora (sonoplastia) deve providenciar a gravação da trilha sonora a ser utilizada ou de sua execução ao vivo.

4▶ Cada ator deve:

- repassar as falas, os movimentos e gestos, assim como as entradas em cena;
- testar a movimentação pelo cenário, o uso do figurino e a inserção da sonoplastia em meio a cada fala.

⇉ Avaliação

▶ Mesmo que a receptividade da plateia seja positiva em relação ao resultado da apresentação — demonstrada por meio de aplausos e comentários favoráveis —, é aconselhável que o grupo faça um balanço dos pontos positivos e/ou negativos da encenação, como forma de retomar e analisar cada um dos itens do gênero textual estudado. Trata-se de uma oportunidade de avaliação para aperfeiçoar futuras representações dessa ou de outras peças teatrais e de reforçar o objetivo que deve nortear essa atividade: a interação dos espectadores com os atores por meio da representação.

A seguir, são apresentadas algumas sugestões de elementos a serem considerados na avaliação:

- a atuação dos atores: a expressividade das falas e a gestualidade e o deslocamento no palco;
- a composição do cenário;
- os figurinos utilizados;
- a sonoplastia.

Carlos Araujo/Arquivo da editora

Autoavaliação

Chegou o momento de fazer um balanço de tudo o que foi estudado na Unidade 5. Leia o quadro de conteúdos para recordar o que estudou e, no caderno, avalie seu desempenho usando os tópicos propostos a seguir como orientação. Isso ajudará você na hora de organizar seus estudos.

Meu desempenho

- **Compreendi bem** (registre no caderno os itens que você compreendeu)
- **Avancei em** (registre no caderno os itens em que você melhorou)
- **Preciso rever** (registre no caderno os itens que você precisa estudar mais)
- **Outras observações e/ou outras atividades**

UNIDADE 5	
Gênero Texto teatral	**LEITURA E INTERPRETAÇÃO** · Leitura do texto teatral *O bobo do rei,* de Angelo Brandini · Localização e identificação dos elementos e momentos da narrativa no texto teatral · Identificação das características da construção e da linguagem do texto teatral: cena, ato, cenário, discurso direto e rubrica · Relação entre a peça *O bobo do rei* e *Rei Lear,* de Shakespeare (intertextualidade) **PRODUÇÃO TEXTUAL** **Oral** · Leitura dramática · Interatividade: *Podcast* de leitura dramática **Escrita** · Retextualização de texto narrativo para texto teatral **Teatral** · Encenação de texto teatral lido ou produzido
Ampliação de leitura	**CONEXÕES** · Outras linguagens: Fotografia · Texto teatral em HQ: *Rei Lear,* de Marcia Williams · Texto teatral em cordel: *Rei Lear,* de Marco Haurélio **OUTRO TEXTO DO MESMO GÊNERO** · *A família e a festa na roça,* Martins Pena
Língua: usos e reflexão	· O sujeito na oração e tipos de sujeito: simples, composto, subentendido, indeterminado · Coesão textual: o uso do sujeito subentendido · Vocativo e aposto · Desafios da língua: Pontuação e efeitos de sentido
Participação em atividades	· Orais · Coletivas · Em grupo

Carlos Araujo/Arquivo da editora

Cena do filme *Alice no País das Maravilhas*, direção de Tim Burton, 2010.

6

Histórias para estimular a imaginação

Você gosta de histórias em que os acontecimentos vão além do real e compõem um universo mágico, de fantasia? Que histórias assim você conhece? Como você conheceu essas histórias: lendo um livro, ouvindo alguém contando, assistindo a filmes? Qual delas é sua história preferida?

Nesta unidade você vai:

- ler e interpretar conto maravilhoso;
- identificar elementos e momentos da narrativa;
- exercitar a fluência na leitura oral de texto literário;
- produzir conto maravilhoso a partir de uma situação inicial;
- identificar os determinantes do substantivo;
- perceber o uso dos determinantes do substantivo em sequências descritivas;
- refletir sobre a pronúncia de algumas palavras da língua portuguesa.

Na Unidade 4, você observou as escolhas e os recursos de linguagem empregados em poemas para produzir efeitos sonoros e de sentido, como as rimas e a linguagem figurada.

Agora, você vai ler um **conto maravilhoso**, um gênero literário em que alguns desses recursos também são utilizados para estimular a imaginação e os sentidos. No conto maravilhoso, algumas escolhas são feitas para produzir o efeito de fantasia, de sonho, de magia...

Conheça a história de um sábio e dos jovens que o acompanhavam. O que um sábio ensinaria aos jovens? O que de maravilhoso poderia acontecer nessa história?

Leia o texto a seguir para descobrir.

Leitura

Como os campos
Marina Colasanti

1   Preparavam-se aqueles jovens estudiosos para a vida adulta, acompanhando um sábio e ouvindo seus ensinamentos. Porém, como fizesse cada dia mais frio com o adiantar-se do outono, dele se aproximaram e perguntaram:

— Senhor, como devemos vestir-nos?

— Vistam-se como os campos — respondeu o sábio.

Os jovens então subiram a uma colina e durante dias olharam para os campos. Depois dirigiram-se à cidade, onde compraram tecidos de muitas cores e fios de muitas fibras. Levando cestas carregadas, voltaram para junto do sábio.

Nik Neves/Arquivo da editora

5   Sob seu olhar abriram os rolos das sedas, desdobraram as peças de damasco, e cortaram quadrados de veludo, e os emendaram com retângulos de cetim. Aos poucos foram recriando em longas vestes os campos arados, o vivo verde dos campos em primavera, o pintalgado da germinação. E entremearam fios de ouro no amarelo dos trigais, fios de prata no alagado das chuvas, até chegarem ao branco brilhante da neve. As vestes suntuosas estendiam-se como mantos. O sábio nada disse.

Só um jovem pequenino não havia feito sua roupa. Esperava que o algodão estivesse em flor, para colhê-lo. E quando teve os tufos, os fiou. E quando teve os fios, os teceu. Depois vestiu sua roupa e foi para o campo trabalhar.

Arou e plantou. Muitas e muitas vezes sujou-se de terra. E manchou-se do sumo das frutas e da seiva das plantas. A roupa já não era branca, embora ele a lavasse no regato. Plantou e colheu. A roupa rasgou-se, o tecido puiu-se. O jovem pequenino emendou os rasgões com fios de lã, costurou remendos onde o pano cedia. Quando a neve veio, prendeu em sua roupa mangas mais grossas para se aquecer.

Agora a roupa do jovem era de tantos pedaços, que ninguém poderia dizer como havia começado. E estando ele lá fora uma manhã, com os pés afundados na terra para receber a primavera, um pássaro o confundiu com o campo e veio pousar em seu ombro. Ciscou de leve entre os fios, sacudiu as penas. Depois levantou a cabeça e começou a cantar.

Ao longe, o sábio, que tudo olhava, sorriu.

COLASANTI, Marina. *Longe como o meu querer*. São Paulo: Ática, 2002. p. 29-30. © by Marina Colasanti.

> **damasco:** tecido de seda com desenhos.
> **pintalgado:** salpicado de pintas ou manchas.
> **entremear:** intercalar, colocar no meio.
> **suntuoso:** luxuoso.
> **tufo:** porção de pelos ou fios.
> **regato:** pequeno curso de água, riacho, córrego.
> **puir-se:** desgastar-se, desfazer-se.

Marina Colasanti nasceu na Eritreia, país africano que já foi colônia da Itália. Artista plástica, jornalista, poeta, mora no Brasil desde 1948. Publicou, ilustrou e traduziu muitos livros. *Longe como o meu querer* é um dos seus diversos livros de contos.

Interpretação do texto

Compreensão inicial

1▸ Esse conto é uma narrativa que começa apresentando os personagens. Quem são eles?

2▸ Releia este trecho do conto:

— Senhor, como devemos vestir-nos?
— Vistam-se como os campos.

a) Explique com suas palavras como quase todos os jovens interpretaram a recomendação do sábio.

b) Agora explique como um dos jovens interpretou a recomendação do sábio.

3▸ Copie no caderno uma frase do texto com o fato que comprova quem realmente se vestiu como os campos.

4▸ Releia o trecho a seguir.

> [...] abriram os rolos das sedas, desdobraram as peças de damasco, e cortaram quadrados de veludo, e os emendaram com retângulos de cetim. [...] As vestes suntuosas estendiam-se como mantos. O sábio nada disse. [...]

Assinale as alternativas que indiquem o que se pode pensar da atitude do sábio. Ele nada disse porque:

a) ficou orgulhoso com o que os jovens fizeram.

b) preferiu aguardar.

c) não quis elogiar o trabalho perfeito.

d) não era o que ele esperava.

5▸ Releia o início do conto:

> Preparavam-se aqueles jovens estudiosos para a vida adulta [...]

Qual foi o ensinamento que, de acordo com o conto, os jovens poderiam aprender para a vida adulta?

6▸ No caderno, amplie o desfecho da história dando continuidade à frase final do conto: "Ao longe, o sábio, que tudo olhava, sorriu, porque ▓".

7▸ O título do conto é "Como os campos". Depois de conhecer a história, você daria outro título a ela? Por quê?

8▸ Por que esse texto pode ser considerado um conto maravilhoso?

Linguagem e construção do texto

O conto de Marina Colasanti apresenta uma linguagem bem elaborada, com **descrições** cheias de detalhes para que o leitor imagine os fatos narrados. Veja a seguir os efeitos de sentido provocados por este e outros recursos estilísticos usados pela autora.

Descrição: escolhas de estilo e efeitos de sentido

1▸ Ao **descrever** a confecção das vestes dos jovens, a autora apresenta detalhes e comparações que tornam possível ao leitor visualizar as imagens.
Releia o parágrafo dessa sequência descritiva:

> Sob seu olhar abriram os rolos das sedas, desdobraram as peças de damasco, e cortaram quadrados de veludo, e os emendaram com retângulos de cetim. Aos poucos foram recriando em longas vestes os campos arados, o vivo verde dos campos em primavera, o pintalgado da germinação. E entremearam fios de ouro no amarelo dos trigais, fios de prata no alagado das chuvas, até chegarem ao branco brilhante da neve. As vestes suntuosas estendiam-se como mantos. [...]

Desenhe, em uma folha à parte, como você imagina essas vestes, considerando a **descrição** dos detalhes indicados no texto. Depois, com os colegas, organize um mural para expor os desenhos.

2▸ Escreva em seu caderno as palavras ou expressões do texto que caracterizam os seguintes substantivos:

a) tecidos

b) fios

3▸ Essas caracterizações, representadas pelo uso de adjetivos e locuções adjetivas, poderiam ser retiradas do texto sem prejuízo para o entendimento da história? Por quê?

4▸ Releia este trecho do conto:

> Aos poucos, foram recriando em longas vestes os campos arados, o vivo verde dos campos em primavera
> [...].

a) Que palavras ou expressões foram usadas para descrever com detalhe a cor verde? Copie-as no caderno.

b) Por que a autora faz essa descrição detalhada da cor?

5▸ O conto apresenta uma série de **ações** para descrever como a veste do jovem pequenino vai se transformando.

a) Copie no caderno pelo menos três dessas ações.

b) Qual é o efeito de sentido provocado por esse recurso de apresentar diversas ações para mostrar o que o personagem havia entendido?

6▸ Uma das características da produção literária de Marina Colasanti é o detalhamento, a escolha cuidadosa de cada palavra. Releia o trecho a seguir:

Nik Neves/Arquivo da editora

> Arou e plantou. Muitas e muitas vezes sujou-se de terra. E manchou-se do sumo das frutas e da seiva das plantas. A roupa já não era branca, embora ele a lavasse no regato. Plantou e colheu. A roupa rasgou-se, o tecido puiu-se. O jovem pequenino emendou os rasgões com fios de lã, costurou remendos onde o pano cedia. Quando a neve veio, prendeu em sua roupa mangas mais grossas para se aquecer.

Esse trecho mostra que a escolha da autora foi a de formar um parágrafo com frases curtas para apresentar esse momento da narrativa. Qual é o efeito de sentido provocado por essa sequência de frases curtas no conto? Converse com os colegas e depois registre no caderno as conclusões a que chegaram.

7▸ Releia este trecho em voz alta. Depois responda às perguntas no caderno.

> [...] sujou-se de terra. E manchou-se do sumo das frutas e da seiva das plantas. [...]

a) Que som se destaca nessas palavras?

b) Que efeito é produzido por essa repetição de sons?

8▸ Releia as frases a seguir e responda no caderno: A linguagem empregada nestas frases é utilizada por jovens como você? Explique.

I. "[...] com o adiantar-se do outono, dele se aproximaram e perguntaram [...]."

II. "[...] entremearam fios de ouro no amarelo dos trigais [...]."

III. "[...] foram recriando em longas vestes os campos arados [...]."

9▸ Assinale a(s) alternativa(s) que corresponde(m) às características da linguagem do texto "Como os campos".

a) Linguagem mais elaborada, monitorada, diferente da forma comumente usada no dia a dia com pessoas próximas.

b) Vocabulário selecionado com termos usados no dia a dia com pessoas próximas.

c) Construções de frases que não são comuns no uso cotidiano.

d) Linguagem menos monitorada, com uso de gírias.

Elementos e estrutura da narrativa

1▸ Releia o texto "Como os campos" e assinale a alternativa que corresponde à característica do narrador nesse conto.

a) **narrador-personagem** — em 1ª pessoa: participa dos acontecimentos da história.

b) **narrador observador** — em 3ª pessoa: conta os fatos com distanciamento, sem participar da história.

c) **narrador intruso**: não participa da história, mas comenta e emite opiniões sobre os fatos narrados.

2▸ Copie no caderno um trecho que comprove sua escolha sobre o tipo de narrador.

> Ao escrever uma narrativa, o autor escolhe o tipo de narrador que a história vai ter. O narrador pode ser:
> - **Narrador-personagem, ou narrador em 1ª pessoa** — o narrador é um dos personagens da história. Ao mesmo tempo que conta os fatos, participa deles, mostra-se. Percebemos sua presença pelo uso da 1ª pessoa: *eu* ou *nós*.
> - **Narrador observador, neutro ou narrador em 3ª pessoa** — não participa da história, limita-se a contar os fatos, sem interferir ou manifestar opiniões. O leitor não percebe a presença dele no texto.
> - **Narrador intruso** — não participa dos acontecimentos, mas comenta os fatos, expressando sentimentos e opiniões sobre eles.

3▸ O conto "Como os campos" apresenta os elementos principais de uma narrativa. Copie no caderno o quadro a seguir e complete-o respondendo às perguntas sobre o conto.

Elementos da narrativa	Conto "Como os campos"
Personagens Quem participa da história?	
Narrrador Qual é o tipo de narrador?	
Espaço Onde a história acontece?	
Tempo Quando os fatos acontecem?	
Enredo (ações) O que acontece? Como os fatos se desenrolam?	

4▸ O enredo do conto se desenvolve em alguns momentos. Copie no caderno o quadro da página a seguir e transcreva as frases abaixo nas partes adequadas:

> Um dos jovens não faz sua roupa como os demais.

> Jovens acompanham o sábio e ouvem os ensinamentos dele.

> Um pássaro confunde as roupas do jovem com o campo e pousa em seu ombro, deixando o sábio satisfeito com a ação do jovem.

> Jovens questionam o sábio sobre como se vestir nos dias frios e saem à procura de material para suas vestes.

Enredo ou momentos da narrativa	
Situação inicial: situação de equilíbrio.	
Conflito: os motivos que desencadearam a ação da história.	
Clímax: momento de maior tensão na história.	
Desfecho: resolução do conflito.	

5▸ Indique no caderno que parágrafos correspondem a cada um dos momentos da narrativa. Veja o exemplo: Situação inicial: 1ª frase do parágrafo 1.

a) Conflito.

b) Clímax.

c) Desfecho.

Coesão textual na narrativa

Para organizar melhor o enredo do conto "Como os campos", foram empregadas algumas palavras para fazer a **ligação** entre **partes do texto**. Veja como essas palavras contribuem para construir o sentido do texto.

1▸ Releia o primeiro parágrafo do conto. Que palavra marca a passagem da situação inicial para o conflito?

2▸ Leia novamente os trechos indicados abaixo. Depois, escreva no caderno as palavras que marcam:

a) o parágrafo em que se inicia o clímax da narrativa;

b) o parágrafo em que ocorre o desfecho da história.

3▸ Releia estas frases do conto e observe as palavras destacadas:

Quando a neve veio, prendeu em sua roupa mangas mais grossas para se aquecer.
Agora a roupa do jovem era de tantos pedaços, que ninguém poderia dizer como havia começado.
Depois levantou a cabeça e começou a cantar.

Assinale a alternativa que indica o sentido que essas **palavras de ligação** expressam:

- espaço
- tempo
- oposição

4▸ Releia este trecho e observe outra palavra usada para fazer ligações no texto:

Arou **e** plantou. Muitas **e** muitas vezes sujou-se de terra.

Que ideia expressam as palavras destacadas nesse trecho?

- espaço
- adição
- tempo

Os termos que ligam palavras, frases, orações e partes do texto, estabelecendo relações de sentido entre elas, são chamados de elementos de coesão textual.
Coesão textual é a conexão feita entre partes de um texto por meio de palavras e expressões.

5▸ Em uma narrativa, não são apenas as palavras de ligação que marcam o tempo. Há também outras formas para indicar o tempo e a duração dos fatos narrados. Observe os tempos verbais empregados no conto e responda no caderno.

a) Qual é o tempo verbal predominante, que indica quando aconteceram os fatos? Dê exemplos.

b) Como é possível saber a duração dos fatos narrados nesse conto?

▶ Em seu caderno, copie o esquema a seguir substituindo os símbolos por uma das palavras ou expressões do quadro.

| narrador | imaginados | mais elaborada | pretérito | fantasia |

CONTO MARAVILHOSO

Narrativa de fatos ■, em que realidade e fantasia se misturam.

Intenção/finalidade
Contar uma história que estimula a ■, a imaginação, o sonho.

Linguagem e construção
- Emprego de palavras para produzir efeitos de sentido relacionados à fantasia, ao imaginário.
- Linguagem que pode ser ■.
- Geralmente há uso de verbos no ■, destacando ações no decorrer do tempo.
- Elementos da narrativa: ■, personagens, espaço, tempo e enredo.
- Momentos da narrativa: situação inicial, conflito, clímax e desfecho.

Leitor/público-alvo
Pessoas que gostam de histórias que estimulam a imaginação.

De olho na tela

Pequenas histórias. Imagem Filmes. DVD.

Você já ouviu falar no provérbio "Quem conta um conto aumenta um ponto"? Neste filme, Marieta Severo é uma senhora que fica na varanda de uma fazenda contando histórias do folclore brasileiro que ouviu durante sua vida e aumentando pontos onde acha que convém. Enquanto tece uma toalha com retalhos, narra histórias cheias de humor e magia, como o caso do pescador que casou com uma sereia ou o do encontro entre um Papai Noel de loja e um menino de rua.

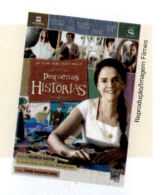

Reprodução/Imagem Filmes

Ouça mais

Uma ideia toda azul e outras histórias. Marina Colasanti. Luz da Cidade. Audiolivro.

Imagine ouvir histórias contadas pela própria Marina Colasanti! Neste audiolivro, ela conta dez histórias em que a época, os acontecimentos, os lugares e os personagens ligam o leitor a um mundo de encantamento, mas abordando assuntos sempre relevantes na vida cotidiana: medo, coragem, verdade, mentira, entre outros.

Reprodução/Editora Luz da Cidade

◣Prática de oralidade

Conversa em jogo

A maioria sempre tem razão?

O conto que você leu apresenta um sábio que dá uma resposta à pergunta dos jovens e não interfere mais, apenas observa as ações deles.

▶ No conto, a maioria dos jovens tomou a mesma atitude. Apenas um deles tomou outra decisão, diferenciando-se dos demais. Converse com os colegas sobre as questões a seguir. Lembre-se de aguardar sua vez de falar, tendo atenção às falas dos colegas, sem interrompê-las.

    a) O que é mais fácil: fazer parte da maioria ou tomar suas próprias decisões?

    b) Em sua opinião, questionar a maioria pode ser bom? Por quê?

Leitura expressiva

Como ler um conto com fluência?

Você sabe o que é **fluência em leitura**?

É a habilidade de ler um texto com expressividade, clareza, sem tropeçar nas palavras e compreendendo seu sentido. Desenvolver essa fluência é importante, porque ela permite uma leitura clara, sem embaraço.

Aproveite as dicas a seguir e prepare-se para fazer uma leitura do texto em voz alta para os colegas da turma. Vamos lá?

➠ **Preparação**

1▶ Volte ao conto "Como os campos" e releia-o em voz alta algumas vezes, seguindo estas orientações:

    a) Leia de forma espontânea, natural, atentando para a expressividade da entonação e para o ritmo da leitura. Observar a pontuação pode ajudar você nessa tarefa.

    b) Pronuncie as palavras do texto com clareza, sem tropeçar na leitura.

    c) Lembre-se de usar um tom de voz alto, mas sem gritar.

    d) Observe, a cada releitura, a que trechos você deve dar mais destaque com a voz, isto é, dar mais ênfase para chamar a atenção do ouvinte.

2▶ Se possível, grave a leitura que você está fazendo. A gravação pode ser muito produtiva para praticar a fluência, pois você poderá ouvir sua leitura e repetir a gravação algumas vezes para melhorar os pontos que achar necessário. Para isso:

- prepare um gravador, um computador ou mesmo o celular no modo gravação;
- leia da forma como você ensaiou e grave sua leitura;
- ouça a gravação atentando para o que está bom e para o que pode ser melhorado. Se necessário, corrija e grave novamente.

➠ **Apresentação**

▶ Aguarde a chamada do professor para ler o conto para a turma. Atente-se à leitura dos colegas, pois isso ajudará você a se aperfeiçoar cada vez mais.

➠ **Avaliação**

▶ Ao final, converse com os colegas sobre essa atividade, refletindo sobre a seguinte questão e justificando-a:
Você considera importante ter uma leitura expressiva e fluente?

"E ENTÃO, NAQUELA NOITE..."

Jean Galvão/
Arquivo da editora

Outras linguagens: Pintura

Marina Colasanti contou uma história que, em alguns momentos, parece uma pintura, repleta de detalhes visuais sugeridos pelas palavras escolhidas. Releia este trecho:

> [...] E entremearam fios de ouro no amarelo dos trigais, fios de prata no alagado das chuvas [...].

Muitos pintores contaram pequenas histórias em suas pinturas, empregando, em vez de palavras, cores puras e brilhantes, texturas e elementos que pudessem transmitir emoções.

1▸ Observe a imagem de uma obra de arte feita pelo pintor Vincent van Gogh. Veja as escolhas que o pintor fez para representar o povoado de Auvers, na França, em um momento de chuva.

> Vincent van Gogh foi um pintor holandês que nasceu em 1853 e faleceu em 1890, na França. Em seus últimos anos de vida, adotou em sua pintura as linhas ondulantes e os tons intensos de amarelo, azul e verde.

Óleo sobre tela, 50,3 cm × 100,2 cm/Museu Nacional do País de Gales, Cardiff, País de Gales

Paisagem de Auvers sob a chuva, de Vincent van Gogh, 1890. Óleo sobre tela, 50,3 cm × 100,2 cm.

a) O que você vê na imagem? Converse com o professor e os colegas.

b) Agora observe detalhadamente na pintura de Van Gogh:

- os quatro planos da pintura (a plantação, a cidade, o campo mais distante e o céu);
- a mistura de cores para cada um dos planos;
- a representação da cidade com os mesmos tons azuis do céu;
- a presença de corvos sobre a plantação;
- as linhas diagonais que riscam toda a pintura, evidenciando a chuva que cai.

2▸ Ainda sobre essa pintura, Van Gogh escreveu em carta ao irmão Theo:

> Há vastos milharais sob céus ameaçadores, e devo manter-me firme em meu caminho para expressar tristeza e extrema solidão.
>
> GREEN, Jen. *Grandes Mestres – Vincent van Gogh*. São Paulo: Ática, 2004.

Em sua opinião, ele conseguiu esse efeito de expressar tristeza e solidão? Por quê? Comente com os colegas e o professor.

Arte e conhecimento

1▸ Leia esta citação bíblica pensando no conto "Como os campos".

> E com a roupa, por que inquietar-vos? Aprendei dos lírios dos campos, como crescem; não se afadigam nem fiam; ora, eu vos digo, o próprio Salomão, em toda a sua glória, jamais se vestiu como um deles!
>
> BÍBLIA. Tradução ecumênica. São Paulo: Loyola, 1994. p. 1869.

É possível relacionar a ideia do conto com a ideia dessa citação? Converse com os colegas sobre isso.

2▸ Leia esta letra de canção composta por Patativa do Assaré e Gereba e cantada por Fagner. Se possível, ouça-a.

Festa da natureza
Patativa do Assaré e Gereba

Chegando o tempo do inverno
Tudo é amoroso e terno
No fundo do pai eterno
Sua bondade sem fim

Sertão amargo esturricado
Ficando transformado
No mais imenso jardim
Num lindo quadro de beleza

Do campo até na floresta
As aves lá se manifestam
Compondo a sagrada orquestra
Da natureza em festa

Tudo é paz tudo é carinho
No despertar de seus ninhos
Cantam alegres os passarinhos
O camponês vai prazenteiro

Plantar o seu feijão ligeiro
Pois é o que vinga primeiro
Nas terras do meu sertão
Depois que o poder celeste

Mandar a chuva pro Nordeste
De verde a terra se veste
E corre água em borbotão

A mata com seu verdume
E as fulô com seu perfume
Se enfeita com vaga-lumes
Nas noites de escuridão

Nesta festa alegre e boa
Canta o sapo na lagoa
O trovão no ar reboa

Com a força desta água nova
O peixe e o sapo na desova
O camaleão que se renova
No verde-cana que cor

Grande cordão de borboletas
Amarelinhas brancas e pretas
Fazendo tanta pirueta
Com medo do bem-te-vi

Entre a mata verdejante
Seu pajé extravagante
O gavião assartante
Que vai atrás da juriti

Nesta harmonia comum
Num alegre zum-zum-zum
Cantam todos os bichinhos...

ASSARÉ, Patativa do; GEREBA. Festa da natureza. Intérprete: Fagner. In: *Me leve*. [S.l.]: Sony Music, 2002. 1 CD. Faixa 1.

Nik Neves/Arquivo da editora

O que essa letra de canção descreve? Converse com os colegas e o professor.

◣Língua: usos e reflexão

Determinantes do substantivo: sentidos para o texto

No conto lido nesta unidade, a autora empregou diversas vezes o recurso de descrever as ações da narrativa com uma linguagem rica em detalhes. Isso possibilita ao leitor visualizar imagens do conto como se observasse um quadro.

Para descrever algo com riqueza de detalhes, um dos recursos que a língua oferece é o de associar aos nomes (substantivos) palavras ou expressões que enriqueçam a ideia expressa por eles. Vamos refletir sobre o uso desse recurso no texto.

Na Unidade 5, você estudou que o sujeito tem uma parte mais importante chamada **núcleo do sujeito**. Esse núcleo pode ser acompanhado de alguns elementos para dar mais informações sobre ele.

Releia este trecho do conto "Como os campos":

O jovem pequenino emendou os rasgões com fios de lã, costurou remendos onde o pano cedia. [...]

Nesse trecho há dois verbos: *emendou* e *costurou*. Então, nesse período há duas orações referindo-se ao mesmo sujeito: *o jovem pequenino*.

Observe no esquema a seguir o sujeito e o predicado da primeira oração:

Observe que o núcleo *jovem* está acompanhado de palavras que o tornam mais preciso, mais determinado.

Núcleo do sujeito é a palavra principal do sujeito de uma oração.

Observe a relação entre as palavras que compõem o sujeito dessa oração:

Relembre a função dessas palavras no texto:
- *o*: artigo que se refere ao substantivo *jovem* e dá ideia de determinação.
- *jovem*: substantivo usado pelo narrador para se referir ao personagem.
- *pequenino*: adjetivo que caracteriza o substantivo *jovem*.

As palavras que acompanham o substantivo especificando-o, determinando-o, são chamadas de **determinantes do substantivo**.

Adjetivo e locução adjetiva

Vamos ver como a autora do conto "Como os campos" empregou a linguagem para fazer caracterizações. Releia este trecho:

[...] foram recriando em longas vestes os campos arados, o vivo verde dos campos em primavera [...].

Para caracterizar o tom do verde empregado no tecido dos jovens, ela "cercou" a palavra de determinantes. Observe o esquema a seguir:

A autora enriquece a caracterização dos elementos na narrativa com a descrição de detalhes. Observe o emprego que fez no mesmo trecho citado anteriormente:

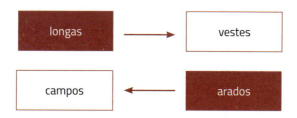

Para fazer a caracterização dos **substantivos** *vestes* e *campos*, foram empregados os **adjetivos** *longas* e *arados*. Para caracterizar o *verde*, foi empregada a **locução adjetiva** *dos campos em primavera*.

Adjetivos: palavras que caracterizam os substantivos e podem expressar qualidade, estado, aparência, modo de ser.

Locução adjetiva: expressão construída com mais de uma palavra que tem o mesmo valor do adjetivo ao caracterizar o substantivo.

Leia outros exemplos de locuções adjetivas que a autora empregou para caracterizar substantivos:

Depois dirigiram-se à cidade, onde compraram **tecidos de muitas cores** [...].

Sob seu olhar abriram os rolos das sedas, desdobraram as peças de damasco, e cortaram **quadrados de veludo** [...].

E entremearam **fios de ouro** no amarelo dos trigais [...]

Veja como são formadas as locuções adjetivas destacadas nesses trechos:

A locução adjetiva é formada por uma preposição e um substantivo ou uma expressão com substantivo.

Preposição: palavra que liga dois termos. Geralmente o segundo termo completa ou explica o sentido do primeiro.

Veja alguns exemplos de preposições e as ideias que elas acrescentam:

Vou à casa **de** Pedro.
estabelece uma relação de posse

Foi **para** casa cedo.
estabelece uma ideia de deslocamento, de direção

Vivia **sem** preocupações.
estabelece uma relação de modo

Saiu **com** um amigo.
estabelece uma relação de companhia

Veja no quadro abaixo quais são as principais preposições:

Principais preoposições: a, ante, após, até, com, contra, de, desde, em, entre, para, perante, por, sem, sob, sobre, trás.

! **Atenção**

Veja, ao final do livro, nos quadros de ampliação dos estudos gramaticais, uma relação com expressões com valor de preposição para consultar quando considerar necessário.

Algumas locuções adjetivas podem ser substituídas por adjetivos com ideias correspondentes:

tecido **de muitas cores**: tecido **colorido**
fio **de ouro**: fio **áureo** ou fio **dourado**

1▸ Faça um esquema em seu caderno e, com base nas ideias do texto, atribua **adjetivos** e **locuções adjetivas** à roupa do jovem pequenino para caracterizá-la.

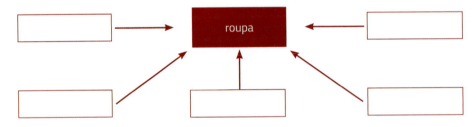

2▸ Utilizando os adjetivos e as locuções adjetivas que você colocou em seu esquema, produza em seu caderno um parágrafo descrevendo a roupa do jovem como você a imaginou.

As palavras podem mudar de classe

Dependendo do contexto em que estão, as palavras podem mudar de classe. Observe na frase:

o vivo **verde** dos campos em primavera
substantivo

Nessa frase a palavra *verde* é um substantivo: o *verde*.
Agora, veja como fica diferente na frase:

No **campo verde** e florido, os pássaros voltaram a cantar.
substantivo   adjetivo

Note que, nessa última frase, a palavra *verde* está caracterizando o substantivo *campo*. Então, nesse contexto, *verde* é um adjetivo.

O mesmo ocorre com a expressão do texto:

um **jovem pequenino**
    substantivo adjetivo

Nessa frase a palavra *jovem* é um substantivo: um *jovem*.

Observe como fica nesta frase:

Era um **homem** muito **jovem**, mas muito triste.
    substantivo   adjetivo

Portanto, as palavras podem mudar de classe, **dependendo do contexto** em que estiverem.

▶ Indique no caderno se as palavras destacadas são substantivos ou adjetivos.

a) No mar **azul**, às vezes saltavam golfinhos brincalhões.

b) O **azul** do mar refletia os raios do sol se pondo.

c) Morava em uma casa **velhinha** no topo da colina.

d) Uma **velhinha** rápida e esperta pegou o primeiro lugar na fila.

A posição do adjetivo e os sentidos para os textos

A mudança de posição do adjetivo em relação ao substantivo pode alterar o sentido do que se quer expressar. Observe:

> **I.** O mundo exige um **novo homem**: mais sensível, mais atento aos filhos.

> **II.** Ao participar pela primeira vez das Olimpíadas, ele ainda era um **homem novo**.

Na frase **I**, *novo* quer dizer "renovado", "moderno".
Na frase **II**, *novo* quer dizer "jovem".
Veja outros exemplos:

Nik Neves/Arquivo da editora

Minha avó foi uma **grande** mulher.
        notável, de muitas qualidades

Minha avó foi uma mulher **grande** e forte.
        alta, de elevada estatura

O **pobre** homem desesperou-se ao ver a água inundar sua casa.
  infeliz

Era um homem **pobre**, que trabalhava duramente para manter os filhos.
   sem recursos, sem dinheiro

O uso do adjetivo e as locuções adjetivas na descrição

▶ Releia este trecho do conto:

> Aos poucos foram recriando em longas vestes os campos arados, o vivo verde dos campos em primavera, o pintalgado da germinação. E entremearam fios de ouro no amarelo dos trigais, fios de prata no alagado das chuvas, até chegarem ao branco brilhante da neve. As vestes suntuosas estendiam-se como mantos. [...]

a) É possível criar uma imagem do que o narrador descreveu? Converse com os colegas e o professor sobre isso.

b) Desafio! Em uma folha à parte, represente com desenho e com cores a imagem que o trecho estimula em sua mente.

Atividades: adjetivo e locução adjetiva

1▶ Leia o anúncio publicitário a seguir.

Anúncio criado pela J. W. Thompson.

Observe o uso de expressões para detalhar e caracterizar o substantivo. Depois, responda às atividades no caderno.

a) Qual é o objetivo desse anúncio publicitário?

b) Copie as palavras ou expressões que foram usadas para caracterizar a relação da empresa com o consumidor.

c) Qual foi a provável intenção na escolha dessas palavras?

d) Quais são os possíveis sentidos para a palavra *transparente*?

2▸ Em jornais, revistas ou panfletos, pesquise anúncios que utilizem adjetivos ou locuções adjetivas para exaltar o produto anunciado. Ao analisar os anúncios que encontrou, reflita sobre as seguintes questões:

- Qual é o provável motivo ou a intenção do anunciante ao usar adjetivos no anúncio?
- O texto do anúncio é convincente para levar o leitor a consumir o produto anunciado?

Traga seu anúncio para a sala e, com a orientação do professor, apresente-o aos colegas com seus comentários e suas críticas e ouça os deles.

3▸ Leia o texto informativo a seguir.

Mundão

NATIONAL
por GEOGRAPHIC
BRASIL

RUÍNAS SOLITÁRIAS
A remota Pirâmide do Adivinho e o imenso Palácio do Governador – nomes atribuídos em épocas recentes – dominam Uxmal, maior e mais famosa cidade maia do Puuc, a região montanhosa na península de Yucatán, no México.

22 **S** Abril 2002

Revista *Superinteressante*, n. 175, São Paulo: Abril, p. 22, abr. 2002.

a) Que informações esse texto apresenta?

b) Observe como a descrição do que está na fotografia necessitou de adjetivação. Copie no caderno os substantivos a seguir e transcreva do texto os adjetivos que caracterizam cada um deles.

- ruínas
- Pirâmide do Adivinho
- Palácio do Governador
- épocas
- cidade
- região

c) Em anúncios publicitários, a adjetivação costuma ser empregada para convencer os leitores sobre as características dos produtos e levá-los a consumir o que está sendo anunciado. Nesse texto informativo, pode-se afirmar que a adjetivação foi empregada com a mesma finalidade?

4▸ Outra forma de expressar a característica de alguns dos substantivos usados no texto da atividade anterior seria substituir o adjetivo por uma **locução adjetiva**. Observe o exemplo:

> **região montanhosa** — região com muitas montanhas

Agora, no caderno, substitua os adjetivos em destaque por uma locução adjetiva de sentido semelhante:

a) palácio **imenso**   **b)** tarde **ensolarada**   **c)** paisagem **encantadora**

5▶ Leia o texto informativo a seguir. Depois, faça as atividades no caderno.

Como se pega o bicho-geográfico

Muito comum entre banhistas nesta época de praias lotadas, a contaminação pelo parasita conhecido como "bicho-geográfico" começa quando cães e gatos infectados defecam em terreno quente e úmido. Quando alguém pisa ou deita na areia contaminada, o bicho — cujo nome científico é *Ancylostomas* — penetra na pele. "Não é necessário haver ferimentos cutâneos para que o parasita entre no corpo", diz o dermatologista Vidal Haddad, da Universidade Estadual Paulista. Em contato com os pés, mãos ou costas, o parasita fixa-se sob a pele, onde traça linhas sinuosas — daí o nome popular.

Discovery Magazine, São Paulo: Synapse, n. 5, p. 76, dez. 2004.

a) Qual é a finalidade principal desse texto?

b) De acordo com o texto, pode-se afirmar que a contaminação se dá pelo contato com as fezes de qualquer cão ou gato?

c) Que palavra do texto justifica sua resposta? Classifique-a.

d) Que características do solo favorecem a contaminação?

e) Como o texto caracteriza os nomes do parasita: *Ancylostomas* e bicho-geográfico?

f) Releia esta frase do texto:

> Não é necessário haver ferimentos **cutâneos** para que o parasita entre no corpo.

Reescreva a frase substituindo o adjetivo destacado por uma locução adjetiva.

6▶ Escreva no caderno locuções adjetivas que possam substituir os adjetivos das expressões a seguir:

a) lanche **matinal**

b) roupas **citadinas**

c) brilho **lunar**

d) carinho **paternal**

e) força **viril**

f) crise **estomacal**

g) casa **insegura**

h) água **pluvial**

i) corpos **celestes**

7▶ Anote no caderno as preposições que você empregou nas locuções adjetivas da atividade anterior.

8▶ O texto informativo a seguir foi publicado em um livro sobre a culinária brasileira. Observe como os adjetivos e as locuções adjetivas ajudam a caracterizar uma fruta típica do Nordeste.

Mangaba
(*Marconia speciosa muelle*)

Tipicamente brasileira, a mangaba é uma frutinha com polpa suculenta, aromática, saborosa, de suco leitoso e ácido. Há uma curiosidade a respeito de seu ponto de colheita, que é chegado só quando o fruto cai naturalmente da árvore.

Devido a esse fato, durante o período de safra as árvores são vistas com os troncos rodeados de redes ou galhos e folhas secas, a fim de impedir que as frutas se machuquem na queda. Frutifica entre outubro e dezembro e pode ser consumida por inteiro. Na Paraíba, seu suco e principalmente seu sorvete fazem as honras da casa para os turistas. É rica em vitamina C.

FISBERG, Mauro. *Um, dois, feijão com arroz*: a alimentação no Brasil de norte a sul. São Paulo: Atheneu, 2002. p. 350.

Silvestre Silva/Acervo do fotógrafo

Mangaba.

a) Que informações esse texto apresenta sobre a mangaba?

b) Copie o esquema em seu caderno e preencha os quadros com os adjetivos e locuções adjetivas que se referem a essa fruta. Coloque quantos quadros forem necessários:

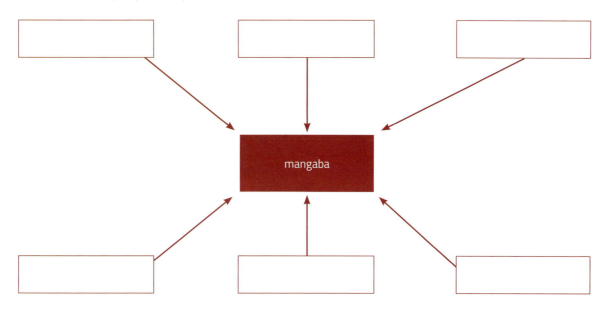

c) Qual é o fato curioso sobre a colheita dessa fruta?

9▸ **Desafio!** Agora imagine que você é o autor de um livro de culinária. Escolha uma comida típica de sua região e escreva sobre ela: uma fruta, um prato tradicional, um tempero, um doce, etc.

a) Faça uma pesquisa com pessoas do seu convívio, em *sites* ou em outros meios para obter informações sobre essa comida.

b) Escreva, em uma folha à parte, um ou dois parágrafos descrevendo com detalhes o alimento escolhido.

c) Leia seu parágrafo para os colegas e ouça o deles. Para ficar mais interessante, todos os que escolheram a mesma comida poderão fazer a leitura em sequência, assim vocês podem acrescentar as informações que acharem interessantes.

d) Se houver diferentes alimentos escolhidos, vocês poderão montar um mural para que outras pessoas da escola leiam e ampliem seus conhecimentos sobre comidas de sua região.

Outros determinantes do substantivo: artigo, numeral e pronome

Há outras classes de palavras que também podem atuar como determinantes do substantivo, detalhando a ideia que ele expressa.

Leia novamente o trecho desta frase que aparece no conto "Como os campos":

Preparavam-se aqueles jovens estudiosos para a vida adulta [...].

pronome | adjetivo
substantivo

Atenção

Veja, ao final do livro, nos quadros de ampliação dos estudos gramaticais, uma relação com artigos, numerais e pronomes para consultar quando considerar necessário.

Nessa frase, o substantivo *jovens* vem determinado pelo adjetivo *estudiosos* e por um pronome: *aqueles*. Isso quer dizer que não se trata de quaisquer jovens, mas, sim, especificamente de *aqueles jovens estudiosos*.

Agora, leia esta frase:

O jovem foi receber os primeiros dias de primavera.

        artigo   substantivo

          numeral   locução
          ordinal   adjetiva

Note que a palavra *primeiros* determina a ideia do substantivo *dias*, indicando uma ordenação. É um tipo de numeral. Portanto, além dos adjetivos e das locuções adjetivas, outras classes de palavras, como artigos, numerais e pronomes, podem atuar como determinantes do substantivo.

▸ No conto "Como os campos", para se referir a um dos personagens, a autora usou o substantivo *jovem* acompanhado de determinantes. Ao longo do texto, os determinantes do substantivo *jovem* vão se modificando. Observe estas frases:

> Só um **jovem** pequenino não havia feito sua roupa.
> O **jovem** pequenino emendou os rasgões com fios de lã, costurou remendos onde o pano cedia.

a) Quais são os determinantes do substantivo *jovem* na primeira e na segunda frases?

b) Qual é a provável razão de terem sido feitas essas modificações?

⚠ Atenção

Veja, ao final do livro, nos quadros de ampliação dos estudos gramaticais, uma relação com outros determinantes do substantivo para consultar quando considerar necessário.

> **Artigos**, **numerais** e **pronomes** são classes de palavras que podem atuar como **determinantes do substantivo** quando o acompanham, tornando seu significado mais preciso ou mais delimitado.

Hora de organizar o que estudamos

▸ Leia o esquema a seguir.

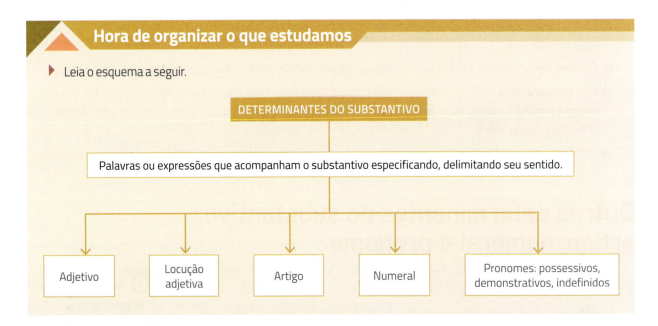

DETERMINANTES DO SUBSTANTIVO

Palavras ou expressões que acompanham o substantivo especificando, delimitando seu sentido.

- Adjetivo
- Locução adjetiva
- Artigo
- Numeral
- Pronomes: possessivos, demonstrativos, indefinidos

Atividades: determinantes do substantivo

1▸ Copie no caderno os substantivos destacados dos trechos a seguir. Depois escreva os determinantes de cada um, classificando-os como adjetivo ou locução adjetiva, artigo, numeral, pronome.

a) Tocaram duas **músicas** muito antigas, diferentes, mas lindíssimas...

b) A **menina** tinha aquele **jeito** tranquilo, vagaroso, o mesmo **andar** seguro das pessoas que não têm **medo** da vida.

2▸ A página de revista reproduzida a seguir apresenta, sob o título "Úteis e fúteis", um conjunto de acessórios indicados para uma viagem de aventuras.

Revista da Folha, São Paulo, ano 13, n. 625, 20 jun. 2004.

Leia a lista de alguns dos acessórios para viagem indicados pela revista como "bagagem essencial":

garrafa térmica	lanterna pequena
binóculo portátil	câmera digital
bússola de bolso	

Responda às atividades seguintes no caderno.

a) Faça uma lista com os substantivos e outra com os adjetivos e as locuções adjetivas apresentados na lista.

b) Quais seriam as prováveis funções dos seguintes objetos em uma bagagem de acampamento?

- Câmera digital.
- Binóculo portátil.
- Bússola de bolso.

Relacione, entre os objetos listados, um que você considere útil e outro que considere fútil, levando em conta as características de cada um. Justifique sua escolha.

3▸ Imagine que você e seus amigos farão uma viagem. Você decide escrever uma carta ou um *e-mail* para um deles, que costuma levar roupas e acessórios demais nessas situações, para que ele possa preparar melhor a própria bagagem.

a) Reorganize a lista a seguir em forma de carta ou *e-mail*, não se esquecendo de alguns elementos: data e local (em carta), destinatário, saudação, despedida e assinatura.

b) No corpo de sua mensagem, detalhe com adjetivos e locuções adjetivas os substantivos destacados, para que seu amigo (ou sua amiga) tenha uma ideia mais precisa do que levar. Se preferir, substitua o nome *Pedro* pelo nome de seu amigo ou de sua amiga.

Nik Neves/Arquivo da editora

Pedro,

Levarei na minha bagagem apenas o que considero essencial:

2 calças;

2 blusas;

2 pares de tênis;

6 camisetas;

1 par de chinelos;

3 bermudas;

1 pijama.

Desafios da língua

A pronúncia das palavras

Algumas palavras podem causar dúvidas na hora de serem pronunciadas. Muitas vezes, identificar a posição da sílaba tônica, isto é, da sílaba forte, é o melhor modo de resolver uma dúvida sobre pronúncia.

Por exemplo, como deve ser lida a palavra destacada no trecho a seguir?

> Preparavam-se aqueles jovens **estudiosos** para a vida adulta [...].

Em determinados casos, porém, temos de recorrer ao dicionário para resolver uma dúvida quanto à pronúncia das palavras.

1▶ Leia a tira a seguir:

QUINO. *Toda Mafalda: da primeira à última tira*. São Paulo: Martins Fontes, 2000. p. 117.

a) Assinale a alternativa que explica o que as falas de Manolito nos dois primeiros quadrinhos expressam.

- Apresentam fatos para comprovar a qualidade do salame.
- Apresentam argumentos para convencer a senhora a não devolver o salame.
- Dão exemplos para convencer a cliente de que o salame estragado não é ruim.
- Apresentam apenas a revolta do personagem contra o mundo.

b) O que produz o efeito humorístico na tirinha?

c) Releia em voz alta a fala do personagem nos dois primeiros quadrinhos. Como você pronunciaria a palavra *ruins*?

Prosódia: estudo do som das palavras que indica a posição correta da sílaba tônica.

2▶ Há várias outras palavras que causam dúvida na pronúncia quanto à posição da sílaba tônica. Leia:

Condor.

a) Leia as palavras a seguir em voz alta:

| ruim | Nobel | circuito | condor |

b) Copie-as no caderno e circule a sílaba tônica de acordo com o modo como você fez a leitura. Depois, confira se a sua fala estava de acordo com a prosódia.

3 ▸ Leia este anúncio publicitário em voz alta:

Disponível em:
<https://www.pronatecinscricao.com.br/cursos-gratuitos-senai-2018/>.
Acesso em: 6 jul. 2018.

a) Qual é o objetivo desse anúncio?

b) Como você leu a palavra *gratuitos*? Comente com os colegas e o professor.

4 ▸ Leia outras palavras que podem causar incerteza quanto à posição da sílaba tônica. Se tiver dúvida quanto ao significado de alguma, consulte um dicionário.

	Proparoxítonas	Paroxítonas	Oxítonas
Sílaba tônica de acordo com a prosódia	**á**libi, ar**qué**tipo, a**zá**fama, **ê**xodo, **ín**terim, **ô**mega, pro**tó**tipo, **zê**nite	a**va**ro, aus**te**ro, carac**te**res, for**tui**to (três sílabas), i**be**ro, pu**di**co, ju**nio**res (plural de *júnior*), **lá**tex, pe**ga**da, re**cor**de, ru**bri**ca, se**nio**res (plural de *sênior*), **têx**til, pa**la**to	**mis**ter, re**cém**- (prefixo), re**fém**, su**til**

Perceba também que, como as sílabas tônicas das palavras proparoxítonas são acentuadas graficamente, temos mais segurança na hora de pronunciá-las se elas estiverem escritas.

Observar a sílaba tônica das palavras é importante também para **assegurar a comunicação**.

5 ▸ Leia os quadrinhos reproduzidos a seguir e observe como, com humor, foi ressaltada a confusão que uma palavra pode causar. Depois, responda às questões no caderno.

SOUSA, Mauricio de. Turma da Mônica. *O Estado de S. Paulo*, São Paulo, 9 jan. 2014. Caderno 2, C4.

a) Por que Chico Bento ofereceu tantos tipos de doce para a menina?

b) De que a menina realmente gostava?

c) O que provoca humor na tirinha?

d) Qual foi o motivo da confusão na comunicação entre os dois?

Outras dúvidas de pronúncia

Com as atividades anteriores, você notou que perceber qual é a sílaba tônica ajuda não só a saber como pronunciar, mas também a reconhecer o sentido de muitas palavras.

Em certos casos, porém, para identificar o sentido e mesmo a pronúncia, a questão é perceber se o som da vogal deve ser **aberto** ou **fechado**, conforme você verá a seguir.

1▸ Observe estas capas de livro:

Leia em voz alta os títulos dos livros. Compare a leitura da palavra *gosto* em *Um gosto de quero mais* e em *Eu gosto de pessoas*. O que você observa?

2▸ Leia a tirinha a seguir:

QUINO. *Toda Mafalda*. São Paulo: Martins Fontes, 2008. p. 165.

a) No último quadrinho a aparência do personagem é de desânimo. Por que ele se sentiu assim?

b) Leia em voz alta as falas do personagem nos dois primeiros quadrinhos. Como você pronunciou as palavras *pegar* e *pego*?

c) Agora leia esta frase em voz alta:

> Eu **pego** o livro assim que sair daqui.

Qual é a diferença entre a pronúncia de *pego* nessa frase e na tirinha?

3▸ Pesquise palavras que sejam iguais na escrita, mas na fala tenham o som representado pelas vogais **e** ou **o** diferentes, por um ser aberto e o outro fechado.
Exemplo: *ele* (nome da letra **l**) e *ele* (pronome pessoal masculino).

a) Faça uma lista com as palavras pesquisadas. Copie também as frases em que você encontrou as palavras, pois o contexto em que elas são usadas é importante para saber seu significado.

b) Apresente oralmente para a turma as palavras e as frases que você encontrou e compare-as com as de seus colegas. Observe a pronúncia de cada uma.

Outro texto do mesmo gênero

Você já ouviu falar do lago Titicaca? É um lago localizado na cordilheira dos Andes, entre o Peru e a Bolívia. Além de ser o lago mais alto do mundo, é o maior da América do Sul em volume de água.

Leia um conto sobre esse lago.

O geógrafo
Eduardo Galeano

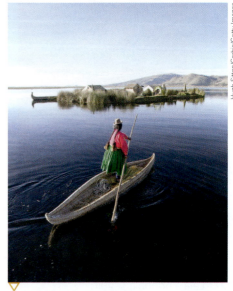

Lago Titicaca, Peru, 2017.

— O lago Titicaca. O senhor conhece?

— Conheço.

— Antes, o lago Titicaca ficava aqui.

— Aonde?

— Pois bem aqui.

E passeou o braço pela imensidão ressecada.

Estávamos no deserto do Tamarugal, uma paisagem de cascalhos calcinados que se estendia de horizonte a horizonte, atravessada muito de vez em quando por alguma lagartixa; mas eu não era ninguém para contradizer um entendido.

Fui picado pela curiosidade científica. E o homem teve a amabilidade de me explicar como foi que o lago se mudou para tão longe.

— Quando foi, não sei. Eu não tinha nascido. Foi levado pelas garças.

Num longo e cruel inverno, o lago tinha se congelado. Virou gelo de repente, sem aviso, e as garças haviam ficado presas pelas patas. Após muitos dias e muitas noites de bater asas com todas as suas forças, as garças prisioneiras tinham enfim conseguido levantar voo, mas com lago e tudo. Levaram o lago gelado e andaram com ele pelos céus. Quando o lago derrteu, caiu. E ficou lá, longe.

Eu olhava as nuvens. Suponho que não estava com cara de muito convencido, porque o homem perguntou, com certa impaciência:

— E se existem discos voadores, diga-me, senhor: por que não podem existir lagos voadores?

GALEANO, Eduardo. *Bocas do tempo*. Porto Alegre: L&PM, 2004. p. 207.

Deserto do Tamarugal, Chile, 2017.

1 ▸ O título do conto é "O geógrafo". Releia o trecho a seguir:

> [...] eu não era ninguém para contradizer um entendido.

Geógrafo é um profissional especialista em Geografia, portanto "um entendido" no assunto. Na história, a explicação dada para a mudança do lago pode ser considerada uma explicação de especialista? Por quê?

2 ▸ A história surpreendeu você? Por quê?

3 ▸ Como pode ser classificado o narrador desse conto? Dê um exemplo que justifique sua resposta.

4 ▸ Converse com os colegas, procurando identificar cada um dos momentos do enredo:
a) situação inicial
b) complicação
c) clímax
d) desfecho

Conto maravilhoso

Agora, você será o autor de um conto maravilhoso. A partir de uma **situação inicial** proposta, você dará continuidade ao texto.

Os contos que você e os colegas vão produzir serão reunidos em uma antologia de contos maravilhosos da turma e divulgados por meio impresso ou digital. Para isso, siga as etapas.

⯈ Preparação

1▸ Relembre:

- Para conseguir dar um toque especial ao conto "Como os campos", a autora Marina Colasanti descreve detalhes das vestes feitas pelos personagens. Já no conto "O geógrafo", a explicação sobre a mudança da localização do lago Titicaca é feita com detalhes fantasiosos (garças prisioneiras, lagos voadores).

- Ao fazer a descrição detalhada dos personagens, dos espaços e do tempo na narrativa, os autores dos contos que você leu nesta unidade utilizam alguns recursos da língua, como os adjetivos e as locuções adjetivas.

2▸ Para ajudar no planejamento da continuação do conto, é preciso atentar para os aspectos apresentados no esquema a seguir.

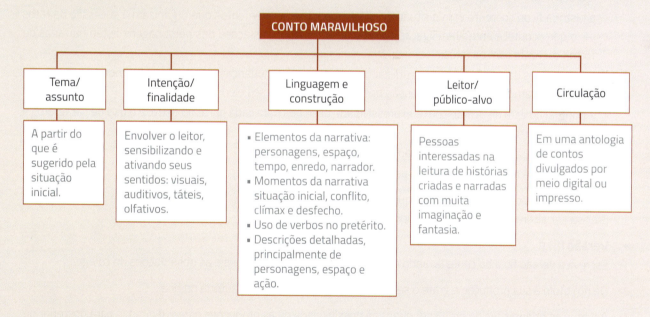

CONTO MARAVILHOSO

Tema/assunto	Intenção/finalidade	Linguagem e construção	Leitor/público-alvo	Circulação
A partir do que é sugerido pela situação inicial.	Envolver o leitor, sensibilizando e ativando seus sentidos: visuais, auditivos, táteis, olfativos.	• Elementos da narrativa: personagens, espaço, tempo, enredo, narrador. • Momentos da narrativa situação inicial, conflito, clímax e desfecho. • Uso de verbos no pretérito. • Descrições detalhadas, principalmente de personagens, espaço e ação.	Pessoas interessadas na leitura de histórias criadas e narradas com muita imaginação e fantasia.	Em uma antologia de contos divulgados por meio digital ou impresso.

⯈ Versão inicial

1▸ Leia o início da narrativa:

> Num reino distante, vivia pacificamente um rei. Em seu reino havia harmonia, os habitantes não sentiam vontade de sair de lá. As terras produziam o necessário para o sustento de todos e dificilmente algum acontecimento ruim chegava a atrapalhar a vida das pessoas.

2▸ **Solte a fantasia** e imagine como você pode dar continuidade a essa história: pense no espaço ocupado por esse reino (mais rural ou mais urbano), que características remetem ao tempo em que seus habitantes vivem, como são seus habitantes (características físicas: altos, baixos, magros, gordos; características emocionais: alegres, brincalhões, tristes, retraídos), o que fazem, como vivem, etc.

3▸ Escreva, em um rascunho, informações para cada parte dos momentos da narrativa do esquema a seguir. Cada parte pode ter mais de um parágrafo.

Situação inicial
Num reino distante, vivia pacificamente um rei. Em seu reino havia harmonia, os habitantes não sentiam vontade de sair de lá. As terras produziam o necessário para o sustento de todos e dificilmente algum acontecimento ruim chegava a atrapalhar a vida das pessoas.
Conflito
Clímax
Desfecho

4▸ Ao escrever a continuação do conto, lembre-se de:

- usar adjetivos e locuções adjetivas que caracterizem os substantivos;

- descrever o local e os personagens;

- usar um narrador observador, em 3ª pessoa;

- usar verbos no pretérito;

- utilizar palavras que estabelecem relações de sentido entre os elementos do texto (coesão textual): *mas, um dia, porém, de repente, até, mais tarde, naquele momento, quando, depois, então, por isso, assim, no final, dessa forma*, etc.

⇥ Revisão

1▸ Releia seu conto e verifique se:

- a história ficou coerente com a situação inicial proposta e os elementos que organizam a sucessão de fatos — o que acontece antes tem ligação com o que vem depois, as ações dos personagens estão narradas de forma coerente com os fatos;

- os elementos de coesão que foram utilizados para marcar as mudanças entre um e outro momento da narrativa garantiram a coerência da sucessão dos fatos e ligaram esses elementos;

- a pontuação está de acordo com a expressividade desejada para cada parte do texto, e o uso de parágrafos e de letra maiúscula foi respeitado;

- as palavras estão escritas adequadamente;

- a intenção — narrar uma história a partir da situação inicial proposta — foi alcançada.

2▸ Troque de texto com um colega para que cada um leia o texto do outro e o alerte sobre o que não ficou bom e precisa ser alterado ou até mesmo suprimido ou acrescentado.

⇥ Versão final

1▸ Escreva a versão final do conto levando em consideração suas anotações e as observações do colega.

2▸ Dê um título à sua produção e grafe o seu nome como a assinatura de autoria no final.

3▸ Aguarde as orientações do professor quanto à possibilidade de as produções serem digitadas para posterior divulgação, impressa ou por meio digital, da antologia de contos maravilhosos da turma.

⇥ Produção da antologia de contos maravilhosos da turma

▶ Participe da organização de uma antologia de contos maravilhosos da turma, contribuindo com:

- sugestões para o título da antologia e para a organização dos textos: ordem alfabética dos títulos ou dos nomes dos autores;

- decisões quanto ao formato e ao material a ser utilizado na confecção da capa e do sumário, pensando na maneira como ela será publicada (se impressa em papel ou digitalizada);

- sugestões de como disponibilizar a antologia a um número maior de leitores: se for impressa em papel, fazer cópias xerografadas ou impressão em impressoras à tinta; se for digitalizada, decidir sobre endereços e formas de publicação em *sites* especializados ou no *blog* da escola.

Autoavaliação

Chegou o momento de fazer um balanço de tudo o que foi estudado na Unidade 6. Leia o quadro de conteúdos para recordar o que estudou e, no caderno, avalie seu desempenho usando os tópicos propostos a seguir como orientação. Isso ajudará você na hora de organizar seus estudos.

Meu desempenho

- **Compreendi bem** (registre no caderno os itens que você compreendeu)
- **Avancei em** (registre no caderno os itens em que você melhorou)
- **Preciso rever** (registre no caderno os itens que você precisa estudar mais)
- **Outras observações e/ou outras atividades**

UNIDADE 6	
Gênero **Conto maravilhoso**	**LEITURA E INTERPRETAÇÃO** · Leitura do conto maravilhoso "Como os campos", de Marina Colasanti · Localização e identificação dos elementos e momentos da narrativa · Relação entre os recursos de linguagem e a produção do clima de fantasia no conto maravilhoso: descrição **PRODUÇÃO TEXTUAL** **Oral** · Exercício de fluência em leitura **Escrita** · Conto maravilhoso a partir de situação inicial proposta
Ampliação de leitura	**CONEXÕES** · Outras linguagens: Pintura de Van Gogh · Arte e conhecimento · Arte musical **OUTRO TEXTO DO MESMO GÊNERO** · "O geógrafo", Eduardo Galeano
Língua: usos e reflexão	· Os determinantes do substantivo: adjetivo e locução adjetiva, artigo, numeral e pronome · Uso do adjetivo e das locuções adjetivas na produção de sequência descritiva · Desafios da língua: a pronúncia das palavras
Participação em atividades	· Orais · Coletivas · Em grupo

Nik Neves/Arquivo da editora

7

Histórias para ler com prazer

O que pode ter chamado a atenção do homem que escreve diante da janela? Será que ele observa o que acontece com a intenção de escrever sobre isso? O que você acha que ele costuma escrever: pesquisas, notícias, histórias...? Por quê?

Nesta unidade você vai:

- ler e interpretar crônica;
- localizar elementos e momentos da narrativa;
- participar de grupo de leitura dramatizada;
- produzir crônica a partir de foto de cena do cotidiano;
- participar da produção coletiva de antologia de crônicas;
- reconhecer o discurso direto e o indireto;
- reconhecer marcas de fala no discurso direto;
- identificar o sujeito e o predicado em orações;
- estudar o predicado nominal;
- identificar a sílaba tônica;

CRÔNICA

Contar e comentar fatos da vida é uma atividade praticada no dia a dia por muitas pessoas, e cada uma o faz à sua maneira. Você também, quando conta algum fato presenciado e até mesmo vivido, pode contá-lo do seu jeito, tornando-o mais engraçado, mais dramático, exagerando ou reduzindo os acontecimentos ao seu gosto. O cronista também faz isso.

A crônica que você vai ler narra como alguém tomou conhecimento de uma história de final impactante que aconteceu em uma fazenda.

O que pode ter acontecido de tão importante com a aranha da crônica?

Leitura

A aranha

Orígenes Lessa

  — Quer assunto para um conto? — perguntou o Eneias, cercando-me no corredor.

  Sorri.

  — Não, obrigado.

  — Mas é assunto ótimo, verdadeiro, vivido, acontecido, interessantíssimo!

5 — Não, não é preciso... Fica para outra vez...

  — Você está com pressa?

  — Muita!

  — Bem, de outra vez será. Dá um conto estupendo. E com esta vantagem: aconteceu... É só florear um pouco.

  — Está bem... Então... até logo... Tenho que apanhar o elevador...

10 Quando me despedia, surge um terceiro. Prendendo-me à prosa. Desmoralizando-me a pressa.

  — Então, que há de novo?

  — Estávamos batendo papo... Eu estava cedendo, de graça, um assunto notável para um conto. Tão bom, que até comecei a esboçá-lo, há tempos. Mas conto não é gênero meu — continuou o Eneias, os olhos muito azuis transbordando de generosidade.

  — Sobre o quê? — perguntou o outro.

  Eu estava frio. Não havia remédio. Tinha que ouvir, mais uma vez, o assunto.

15 — Um caso passado. Conheceu o Melo, que foi dono de uma grande torrefação aqui em São Paulo, e tinha uma ou várias fazendas pelo interior?

terceiro: terceira pessoa, outra pessoa.

desmoralizar: nesse contexto, "tirar o ânimo, o impulso, o ímpeto".

torrefação: estabelecimento onde se torra café.

Pergunta dirigida a mim. Era mais fácil concordar:

— Conheci.

— Pois olhe. Foi com o Melo. Quem contou foi ele. Esse é o maior interesse do fato. Coisa vivida. Batata! Sem literatura. É só utilizar o material, e acrescentar uns floreios, para encher, ou para dar mais efeito. Eu ouvi a história, dele mesmo, certa noite, em casa do velho. Não sei se você sabe que o Melo é um violonista famoso. Um artista. Tenho conhecido poucos violões tão bem tocados quanto o dele. Só que ele não é profissional nem fez nunca muita questão de aparecer. Deve ter tocado em público poucas vezes. Uma ou duas, até, se não me engano, no Municipal. Mas o homem é um colosso. O filho está aí, confirmando o sangue... fazendo sucesso.

— Bem... eu vou indo... Tenho encontro marcado. Fica a história para outra ocasião. Não leve a mal. Você sabe: eu sou escravo...

20   — Ora essa! Claro! Até logo.

Palmadinha no ombro dele. Palmadinha no meu. Chamei o elevador.

— É um caso único no gênero — continuou Eneias para o companheiro. — O Melo tinha uma fazenda, creio que na Alta Paulista. Passava lá enormes temporadas, sozinho, num casarão desolador. Era um verdadeiro deserto. E como era natural, distração dele era o violão velho de guerra. Hora livre, pinho no braço, dedada nas cordas. No fundo, um romântico, um sentimental. O pinho dele soluça mesmo. Geme de doer. Corta a alma. É contagiante, envolvente, de machucar.

batata!: da expressão popular "É batata!", que indica algo certeiro, que não falha, que não deixa de ocorrer, que não tem chance de errar.

floreio: enfeite, ornamento.

colosso: excelente, de muito valor.

desolador: de entristecer, causar pena ou aflição.

velho de guerra: expressão afetuosa usada para designar pessoa ou coisa que inspira carinho, confiança ou admiração.

pinho: violão ou viola brasileira.

Gustavo Grazziano/Arquivo da editora

Ouvi-o tocar várias vezes. *A madrugada que passou, O luar do sertão*, e tudo quanto é modinha sentida que há por aí tira até lágrima da gente, quando o Melo toca...

— Completo! — gritou o ascensorista, de dentro do elevador, que não parou, carregado com gente que vinha do décimo andar, acotovelando-se de fome.

Apertei três ou quatro vezes a campainha, para assegurar o meu direito à viagem seguinte.

25 Eneias continuava:

— E não é só modinha... Os clássicos. Música no duro... Ele tira Chopin e até Beethoven. A tarantela de Liszt é qualquer coisa, interpretada pelo Melo. Pois bem... (Isto foi contado por ele, hein! Não estou inventando. Eu passo a coisa como recebi.) Uma noite, sozinho na sala de jantar, Melo puxou o violão, meio triste e começou a tocar. Tocou sei lá o quê. Qualquer coisa! Sei que era uma toada melancólica. Acho que havia luar, ele não disse. Mas quem fizer o conto pode pôr luar. Carregando, mesmo. Sempre dá mais efeito. Dá ambiente.

O elevador abriu-se. Quis entrar.

— Sobe!

Recuei.

30 — Você sabe: nessa história de literatura, o que dá vida é o enchimento, a paisagem. Um tostão de lua, duzentão de palmeira, quatrocentos de vento sibilando na copa das árvores, é barato e agrada sempre... De modo que quem fizer o conto deve botar um pouco de tudo isso. Eu dou só o esqueleto. Quem quiser que aproveite... O Melo estava tocando. Luz, isso ele contou, fraca. Produzida na própria fazenda. Você conhece iluminação de motor. Pisca-pisca. Luz alaranjada.

— A luz alaranjada não é do motor, é do...

— Bem, isso não vem ao caso... Luz vagabunda. Fraquinha...

— Desce!

Dois sujeitos, que esperavam também, precipitaram-se para o elevador.

35 — Completo!

— O Melo estava tocando... Inteiramente longe da vida. De repente, olhou para o chão. Poucos passos adiante, enorme, cabeluda, uma aranha caranguejeira. Ele sentiu um arrepio. Era um bicho horrível. Parou o violão para dar um golpe na bruta. Mal parou, porém, a aranha, com uma rapidez incrível, fugiu, penetrando numa frincha da parede, entre o rodapé e o soalho. O Melo ficou frio de horror. Nunca tinha visto aranha tão grande, tão monstruosa. Encostou o violão. Procurou um pau, para maior garantia, e ficou esperando. Nada. A bicha não saía. Armou-se de coragem. Aproximou-se da parede, meio de lado, começou a bater na entrada da fresta, para ver se atraía a bichona. Era preciso matá-la. Mas a danada era sabida. Não saiu. Esperou ainda uns quinze minutos. Como não vinha mesmo, voltou para a rede, pôs-se a tocar outra vez a mesma toada triste. Não demorou, a pernona cabeluda da aranha apontou na frincha...

O elevador abriu-se com violência, despejando três ou quatro passageiros, fechou-se outra vez, subiu.

O Eneias continuava.

— Apareceu a pernona, a bruta foi chegando. Veio vindo. O Melo parou o violão, para novo golpe. Mas a aranha, depois de uma ligeira hesitação, antes que o homem se aproximasse,

▶ **sibilar:** produzir som agudo e contínuo, assoprando.

▶ **pisca-pisca:** luz oscilante que pode ser de um gerador, comum em locais distantes, onde não há rede elétrica.

▶ **frincha:** abertura estreita, fenda, fresta.

afundou outra vez no buraco. "Ora essa!" Ele ficou intrigado. Esperou mais um pouco, recomeçou a tocar. E quatro ou cinco minutos depois, a cena se repetiu. Timidamente, devagarzinho, a aranha apontou, foi saindo da fresta. Avançava lentamente, como fascinada. Apesar de enorme e cabeluda, tinha um ar pacífico, familiar. O Melo teve uma ideia. "Será por causa da música?" Parou, espreitou. A aranha avançara uns dois palmos...

40   — Desce!

— Eu vou na outra viagem.

— Dito e feito... — continuou Eneias. — A bicha ficou titubeante, como tonta. Depois, moveu-se lentamente, indo se esconder outra vez. Quando ele recomeçou a tocar, já foi com intuito de experiência. Para ver se ela voltava. E voltou. No duro. Três ou quatro vezes a cena se repetiu. A aranha vinha, a aranha voltava. Três ou mais vezes. Até que ele resolveu ir dormir, não sei com que estranha coragem, porque um sujeito saber que tem dentro de casa um bicho desses, venenoso e agressivo, sem procurar liquidá-lo, é preciso ter sangue! No dia seguinte, passou o dia inteiro excitadíssimo. Isto sim, dava um capítulo formidável. Naquela angústia, naquela preocupação. "Será que a aranha volta? Não seria tudo pura coincidência?" Ele estava ocupadíssimo com a colheita. Só à noite voltaria para o casarão da fazenda. Teve que almoçar com os colonos, no cafezal. Andou a cavalo o dia inteiro. E sempre pensando na aranha. O sujeito que fizer o conto pode tecer uma porção de coisas em torno dessa expectativa. À noite, quando se viu livre, voltou para casa. Jantou às pressas. Foi correndo buscar o violão. Estava nervoso. "Será que a bicha vem?" Nem por sombras pensou no perigo que havia em ter em casa um animal daqueles. Queria saber se "ela" voltava. Começou a tocar como quem se apresenta em público pela primeira vez. Coração batendo. Tocou. O olho na fresta. Qual não foi a alegria dele quando, quinze ou vinte minutos depois, como um viajante que avista terra, depois de uma longa viagem, percebeu que era ela... o pernão cabeludo, o vulto escuro no canto mal iluminado.

▶ **nem por sombras:** de maneira alguma, de modo nenhum.

Gustavo Grazziano/Arquivo da editora

(— Desce!

— Sobe!

45 — Desce!

— Sobe!)

— A aranha surgiu de todo. O mesmo jeito estonteado, hesitante, o mesmo ar arrastado. Parou a meia distância. Estava escutando. Evidentemente, estava. Aí, ele quis completar a experiência. Deixou de tocar. E como na véspera, quando o silêncio se prolongou, a caranguejeira começou a se mover pouco a pouco, como quem se desencanta, para se esconder novamente. É escusado dizer que a cena se repetiu nesse mesmo ritmo uma porção de vezes. E para encurtar a história, a aranha ficou famosa. O Melo passou o caso adiante. Começou a vir gente da vizinhança, para ver a aranha amiga da música. Todas as noites era aquela romaria. Amigos, empregados, o administrador, gente da cidade, todos queriam conhecer a cabeluda fã de *O luar do sertão*, e de outras modinhas. E até de música boa... Chopin... Eu não sei qual é... Mas havia um noturno de Chopin que era infalível. Mesmo depois de acabado, ela ainda ficava como que amolentada, ouvindo ainda. E tinha uma predileção especial pela *Gavota* de Tárrega, que o Melo tocava todas as noites. Havia ocasiões em que custava a aparecer. Mas era só tocar a *Gavota*, ela surgia. O curioso é que o Melo se tomou de amores pela aranha. Ficou sendo a distração, a companheira. Era Ela, com E grande. Chegou até a pôr-lhe nome, não me lembro qual. E ele conta que, desde então, não sentiu mais a solidão incrível da fazenda. Os dois se compreendiam, se irmanavam. Ele sentia quais as músicas que mais tocavam a sensibilidade "dela"... E insistia nessas, para agradar a inesperada companheira de noitadas. Chegou mesmo a dizer que, após dois ou três meses daquela comunhão — o caso não despertava interesse, os amigos já haviam desertado —, ele começava a pensar, com pena, que tinha de voltar para São Paulo. Como ficaria a coitada? Que seria dela, sem o seu violão? Como abandonar uma companheira tão fiel? Sim, porque trazê-la para São Paulo, isso não seria fácil!... Pois bem, uma noite, apareceu um camarada de fora, que não sabia da história. Creio que um viajante, um representante qualquer de uma casa comissária de Santos. Hospedou-se com ele. Cheio de prosa, de novidades. Os dois ficaram conversando longamente, inesperada palestra de cidade naqueles fundos de sertão. Negócios, safras, cotações, mexericos. Às tantas, esquecido até da velha amiga, o Melo tomou do violão, velho hábito que era um prolongamento de sua vida. Começou a tocar, distraído. Não se lembrou de avisar o amigo. A aranha quotidiana apareceu. O amigo escutava. De repente, seus olhos a viram. Arrepiou-se de espanto. E, num salto violento, sem perceber o grito desesperado com que o procurava deter o hospedeiro, caiu sobre a aranha, esmagando-a com o sapatão cheio de lama. O Melo soltou um grito de dor. O rapaz olhou-o. Sem compreender, comentou:

Gustavo Grazziano/Arquivo da editora

> **escusado:** desnecessário, inútil, supérfluo.
>
> **romaria:** agrupamento grande de pessoas que se dirige a algum lugar.
>
> **noturno e gavota:** tipos de composição musical.
>
> **irmanar-se:** unir-se, ligar-se.
>
> **camarada:** conhecido, colega; pessoa, indivíduo.
>
> **casa comissária:** estabelecimento que antigamente atuava no comércio do café, cobrando dos fazendeiros comissão pela venda, despesas de armazenamento e juros pelo financiamento da plantação.
>
> **palestra:** nesse contexto, conversa, conversação.
>
> **às tantas:** a certa altura, em tempo indeterminado.

— Que perigo, hein?

O outro não respondeu logo. Estava pálido, uma angústia mortal nos olhos.

50   — E justamente quando eu tocava a *Gavota* de Tárrega, a que ela preferia, coitadinha...

— Mas o que há? Eu não compreendo...

E vocês não imaginam o desapontamento, a humilhação com que ele ouviu toda essa história que eu contei agora...

— Desce!

Desci.

LESSA, Orígenes. *Omelete em Bombaim*. 3. ed. São Paulo: Global, 2013.

Orígenes Lessa nasceu em Lençóis Paulista, no interior de São Paulo, em 1903. Além de escritor, atuou como autor de teatro, jornalista e redator publicitário. Foi membro da Academia Brasileira de Letras e também publicou inúmeras obras para o público infantojuvenil. Uma de suas obras mais conhecidas, adaptada para novela de televisão, é *O feijão e o sonho*. Faleceu na cidade do Rio de Janeiro, em 1986.

Interpretação do texto

Compreensão inicial

1▸ A história da aranha surpreendeu você? Por quê? Comente com os colegas e ouça o que eles têm a dizer.

2▸ A característica da crônica de ser uma narrativa ligada a situações do cotidiano pode ser verificada no fato, que é corriqueiro, de uma pessoa encontrar outra e contar-lhe uma história acontecida com um conhecido.

    a) Logo no início da narrativa, um personagem quer convencer o narrador, que também é personagem, a escrever um conto sobre um caso que lhe foi relatado. Quem é o personagem que quer convencer o narrador a escrever o conto?

    b) Onde acontece a conversa entre eles?

    c) Que motivo o narrador alega para não ouvir o caso?

    d) Que acontecimentos possibilitam que o narrador acabe ouvindo a história que seu colega tem a contar?

    e) Qual é a história que o personagem insiste em contar como sugestão de um assunto para um conto?

3▸ A outra história, dentro da crônica, é contada ao narrador na porta do elevador.

    a) Quem são os personagens principais dessa outra história?

    b) Quais são as características de Melo apontadas pelo personagem da crônica que conta a história dele?

    c) Onde se passa essa história?

    d) Como é caracterizado o lugar?

    e) Quando se passam as ações nessa outra história?

    f) O que acontece nessa história?

4▸ A aranha é vista na história de duas maneiras: como um *bicho ameaçador* e como um *bicho companheiro*, com comportamento quase humano. Copie do texto palavras e expressões que caracterizam cada um desses modos de ver a personagem.

5▸ O que fez com que a aranha, a princípio considerada monstruosa, passasse a ser a distração e a companheira de Melo?

6▸ À medida que Melo e a aranha vão ficando companheiros, o personagem Eneias vai mudando a forma de se referir a ela. Compare o uso do pronome *ela* nas frases do texto:

   I. "Para ver se ela voltava. E voltou." (42º parágrafo)

   II. "Queria saber se "ela" voltava." (42º parágrafo)

   III. "Era Ela, com E grande. Chegou até a pôr-lhe nome, não me lembro qual." (47º parágrafo)

- Na frase **I**, o uso de *ela* é comum: o pronome foi empregado para substituir o substantivo *a bicha*. Explique o uso das aspas na frase **II** e o emprego da palavra *Ela*, com inicial maiúscula, na frase **III**.

7▸ No final da história, de acordo com o ponto de vista de Melo, a aranha é "uma velha amiga". E do ponto de vista do visitante, o que a aranha representa?

8▸ Observe com atenção as palavras usadas nesta frase:

> E, num salto violento, [...] caiu sobre a aranha, esmagando-a com o sapatão cheio de lama.

Agora, leia a frase seguinte e assinale a alternativa que a complete da maneira que achar mais adequada:
Do modo como é narrada essa passagem do texto, o que se pretende mostrar é:

a) a situação de fragilidade da aranha.

b) a situação de perigo vivida pelo visitante.

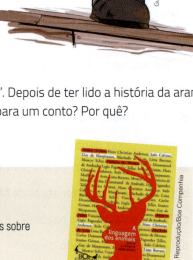

Gustavo Grazziano/Arquivo da editora

9▸ Releia:

> E vocês não imaginam o desapontamento, a humilhação com que ele ouviu toda essa história que eu contei agora...

- Por que o visitante ficou desapontado e humilhado ao ouvir a história da aranha?

10▸ O texto começa com uma pergunta: "— Quer assunto para um conto?". Depois de ter lido a história da aranha que apreciava música, qual é a sua opinião? Esse foi um bom assunto para um conto? Por quê?

 **Minha biblioteca**

A linguagem dos animais: contos e crônicas sobre bichos. Vários autores. Boa Companhia.

Escritores consagrados, de todos os tempos, se reúnem nessa antologia de contos e crônicas sobre animais, esses seres tão presentes na nossa vida e na literatura, tanto a brasileira quanto a universal.

Reprodução/Boa Companhia

Linguagem e construção do texto

Elementos e momentos da narrativa

A crônica que você acabou de ler é um aprimoramento da arte de contar porque traz dentro dela outra história.

1▸ Copie o quadro em seu caderno e complete-o com o que se pede em relação a cada uma das narrativas:

		Narrativa 1 (crônica)	Narrativa 2 (outra história)
Elementos da narrativa	Personagens		
	Espaço		
	Tempo		
	Enredo (ações)		
	Narrador		
Enredo ou momentos da narrativa	Situação inicial		
	Conflito		
	Clímax		
	Desfecho		

2▸ Que personagem é o elemento comum entre as duas histórias?

3▸ Todo o desenrolar da crônica foi marcado pelas paradas do elevador no andar em que o narrador ouvia a história contada por Eneias. Que recurso foi usado no texto para chamar a atenção do leitor sobre essas paradas?

4▸ Para conquistar a atenção do narrador, Eneias cita alguns atrativos da história que ele deseja ver transformada em conto. Assinale as alternativas que expressam tais atrativos.

a) História inventada, criada pela imaginação.

b) Caso interessantíssimo, único no gênero.

c) Caso passado, que aconteceu há tempo.

d) História verdadeira, relatada por quem a viveu.

5▸ Na tentativa de convencer o narrador a ficcionalizar sua história, Eneias diz:

> É só utilizar o material, e acrescentar uns floreios, para encher, ou para dar mais efeito. [...] nessa história de literatura, o que dá vida é o enchimento [...].

Qual dos trechos abaixo pode ser exemplo de floreios, segundo a definição de Eneias? Assinale a alternativa que considerar correta.

I. "O pinho dele soluça mesmo. Geme de doer. Corta a alma. É contagiante, envolvente, de machucar."

II. "Ele estava ocupadíssimo com a colheita. Só à noite voltaria para o casarão da fazenda. Teve que almoçar com os colonos, no cafezal. Andou a cavalo o dia inteiro. E sempre pensando na aranha."

6▸ Explique a "receita" de Eneias, ou seja, o que é, para ele, "florear" a linguagem, "dar enchimento" para uma história.

7▶ Um dos recursos linguísticos empregados na história para "florear" a linguagem é o uso de uma sequência de palavras ou expressões com sentido gradativo. Releia:

> É contagiante, envolvente, de machucar.

Copie, no caderno, outro exemplo do uso desse recurso.

8▶ Releia o trecho:

> Quando me despedia, surge um terceiro. **Prendendo-me à prosa**.

Assinale a alternativa que explica a expressão destacada no trecho.

a) A prosa impediu que o narrador fosse embora.

b) A prosa facilitou a saída do narrador da conversa.

c) O narrador sentiu-se livre para ir embora.

d) O narrador sentiu-se obrigado a continuar a conversa.

Hora de organizar o que estudamos

▶ Copie o esquema no caderno e complete-o com as palavras do quadro abaixo.

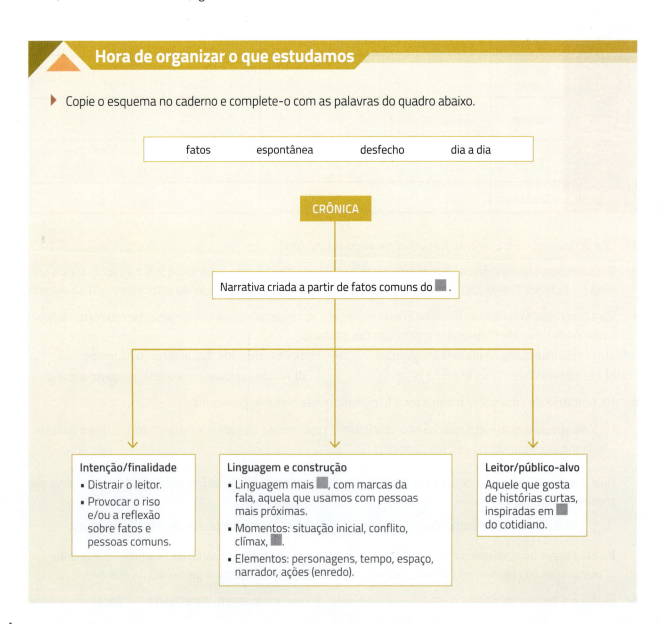

fatos   espontânea   desfecho   dia a dia

CRÔNICA

Narrativa criada a partir de fatos comuns do ▮.

Intenção/finalidade
- Distrair o leitor.
- Provocar o riso e/ou a reflexão sobre fatos e pessoas comuns.

Linguagem e construção
- Linguagem mais ▮, com marcas da fala, aquela que usamos com pessoas mais próximas.
- Momentos: situação inicial, conflito, clímax, ▮.
- Elementos: personagens, tempo, espaço, narrador, ações (enredo).

Leitor/público-alvo
Aquele que gosta de histórias curtas, inspiradas em ▮ do cotidiano.

▨ Prática de oralidade

Conversa em jogo

Para criar um conto, basta seguir uma receita?

▶ Eneias dá receitas, dita fórmulas, mas ele mesmo não consegue escrever o conto. Em sua opinião, para escrever um conto basta que se acrescentem "floreios" e "enchimentos" a uma ideia? Por quê?

Leitura dramatizada da crônica

Ao ler e analisar o texto de Orígenes Lessa, a atenção do leitor é capturada pela história da aranha do título. Entretanto, essa história está dentro de uma crônica.

Para recuperar a crônica, você fará uma leitura diferente, sem o conto que está entrelaçado com ela. Siga as etapas:

↠ Preparação

1▸ Forme um grupo com mais três colegas.

2▸ Conversem sobre cada personagem que cada um vai interpretar: o narrador (que também é personagem), Eneias, o ascensorista do elevador, o companheiro que chega.

3▸ Sigam a legenda de cores, que indica a fala de cada personagem:

Cores	Personagens
	narrador-personagem
	Eneias
	ascensorista
	companheiro

↠ Ensaio

1▸ Definidos os personagens que cada um vai interpretar, determinem de que modo eles vão ser interpretados, levando em conta o contexto, a situação vivida pelos personagens. Por exemplo, o narrador-personagem está com muita pressa para ir embora e, por isso, demonstra certa impaciência com a conversa de Eneias. Essa inquietação do narrador-personagem deve ser evidenciada no seu jeito de falar.

2▸ Ensaiem a leitura do texto, que teve cada parte pintada com a cor correspondente:

— Quer assunto para um conto? — perguntou o Eneias, cercando-me no corredor. Sorri.

— Não, obrigado.

— Mas é assunto ótimo, verdadeiro, vivido, acontecido, interessantíssimo!

— Não, não é preciso... Fica para outra vez...

— Você está com pressa?

— Muita!

— Bem, de outra vez será. Dá um conto estupendo. E com esta vantagem: aconteceu... É só florear um pouco.

— Está bem... Então... até logo... Tenho que apanhar o elevador...

Quando me despedia, surge um terceiro. Prendendo-me à prosa. Desmoralizando-me a pressa.

— Então, que há de novo?

— Estávamos batendo papo... Eu estava cedendo, de graça, um assunto notável para um conto. Tão bom, que até comecei a esboçá-lo, há tempos. Mas conto não é gênero meu — continuou o Eneias, os olhos muito azuis transbordando de generosidade.

— Sobre o quê? — perguntou o outro.

Eu estava frio. Não havia remédio. Tinha que ouvir, mais uma vez, o assunto.

— Um caso passado. Conheceu o Melo, que foi dono de uma grande torrefação aqui em São Paulo, e tinha uma ou várias fazendas pelo interior?

Pergunta dirigida a mim. Era mais fácil concordar:

— Conheci.

— Pois olhe. Foi com o Melo. Quem contou foi ele. Esse é o maior interesse do fato. Coisa vivida. Batata! Sem literatura. É só utilizar o material, e acrescentar uns floreios, para encher, ou para dar mais efeito. [...]

— Bem... eu vou indo... Tenho encontro marcado. Fica a história para outra ocasião. Não leve a mal. Você sabe: eu sou escravo...

— Ora essa! Claro! Até logo.

Palmadinha no ombro dele. Palmadinha no meu. Chamei o elevador.

— É um caso único no gênero — continuou Eneias para o companheiro. [...]

— Completo! — gritou o ascensorista, de dentro do elevador, que não parou, carregado com gente que vinha do décimo andar, acotovelando-se de fome.

Apertei três ou quatro vezes a campainha, para assegurar o meu direito à viagem seguinte.

Eneias continuava:

[...]

O elevador abriu-se. Quis entrar.

— Sobe!

Recuei.

— Você sabe: nessa história de literatura, o que dá vida é o enchimento, a paisagem. Um tostão de lua, duzentão de palmeira, quatrocentos de vento sibilando na copa das árvores, é barato e agrada sempre... De modo que quem fizer o conto deve botar um pouco de tudo isso. Eu dou só o esqueleto. Quem quiser que aproveite... O Melo estava tocando. Luz, isso ele contou, fraca. Produzida na própria fazenda. Você conhece iluminação de motor. Pisca-pisca. Luz alaranjada.

— A luz alaranjada não é do motor, é do...

— Bem, isso não vem ao caso... Luz vagabunda. Fraquinha...

— Desce!

Dois sujeitos, que esperavam também, precipitaram-se para o elevador.

— Completo!

[...]

O elevador abriu-se com violência, despejando três ou quatro passageiros, fechou-se outra vez, subiu.

O Eneias continuava.

[...]

— Desce!

— Eu vou na outra viagem.

— Dito e feito... — continuou Eneias. [...]

(— Desce!
— Sobe!
— Desce!
— Sobe!)

[...]

E vocês não imaginam o desapontamento, a humilhação com que ele ouviu toda essa história que eu contei agora...

— Desce!

Desci.

3▸ Lembrem-se de que se trata de uma leitura dramatizada, e não de uma simples leitura em voz alta. Portanto, é necessário interpretar cada fala de maneira bem expressiva. Além disso, entre uma fala e outra deve ser dado o intervalo de tempo adequado para que os diálogos soem espontâneos.

4▸ Se possível, gravem os ensaios e os ouçam para perceber melhor o que pode ser aprimorado na leitura dramatizada.

↠ Apresentação

1▸ Aguardem as instruções do professor sobre a apresentação da leitura dramatizada.

2▸ Mantenham a calma no momento da apresentação e leiam as falas dos personagens com bastante vivacidade. A apresentação de vocês tem tudo para ser um sucesso.

CONEXÕES ENTRE TEXTOS, ENTRE CONHECIMENTOS

Outras linguagens: Foto com detalhamento científico

Morfologia externa de uma aranha

> Morfologia: **1**. Estudo da forma, da aparência externa. **2**. Estudo da estrutura externa de um ser vivo. **3**. Disposição das partes observáveis a olho nu ou com o auxílio de microscópio.

▸ Leia o texto abaixo e relembre a forma como Eneias descreve a aranha:

> Poucos passos adiante, enorme, cabeluda, uma aranha caranguejeira. [...] Era um bicho horrível. [...] Nunca tinha visto aranha tão grande, tão monstruosa. [...] Apareceu a pernona, a bruta foi chegando.

- Qual é a principal diferença entre a forma como Eneias descreve a aranha no conto e a forma como ela é descrita no texto da foto a seguir?

MORFOLOGIA EXTERNA DE UMA ARANHA

4ª perna · *Fiandeira* · *Abdome* · *3ª perna* · *Olho simples* · *Cefalotórax (prossoma)* · *Trocanter* · *2ª perna* · *Pedipalpo* · *Quelícera* · *Fêmur* · *1ª perna* · *Patela* · *Tíbia* · *Metatarso* · *Tarso* · *Garra*

Reprodução/ Editora Ática

MUDA (ECDISE) DE UMA TARÂNTULA
As aranhas necessitam trocar seu exoesqueleto (esqueleto externo) para crescer. Durante a muda, o exoesqueleto se abre e a aranha sai de dentro, abandonando-o, como visto acima.

MUDA (ECDISE) DE UMA TARÂNTULA
As aranhas necessitam trocar seu exoesqueleto (esqueleto externo) para crescer. Durante a muda, o exoesqueleto se abre e a aranha sai de dentro, abandonando-o, como visto acima.

Atlas visuais — Animais. São Paulo: Ática, 1995. p. 15.

A teia de aranha: do mito ao conhecimento científico

A teia de Aracne

Gustavo Grazziano/Arquivo da editora

Conta uma lenda grega que Aracne era uma jovem que tecia rendas como ninguém. Sua fama, cada vez maior, despertou a ira de Minerva, a deusa das Artes. Transformada em velha, Minerva foi à casa de Aracne para comprar rendas. Na conversa, disse que as rendas eram bem-feitas, mas que as de Minerva eram mais belas. Aracne discordou e Minerva, furiosa, desafiou a jovem para tecerem juntas e decidirem qual era a melhor. A renda de Aracne foi ficando cada vez mais bonita. Minerva, cheia de inveja, transformou a moça em uma aranha, que até hoje tece e tece, sem cessar.

Quando pensamos em aranhas, logo nos lembramos das teias. Mas nem todas as aranhas tecem teias. A caranguejeira, a aranha-da-grama, a aranha papa-moscas, por exemplo, não tecem teias. Mas usam de muitas maneiras os fios de seda que produzem pelas fiandeiras do fim do abdome.

A maioria das aranhas deixa um rastro de fio de seda enquanto caminha. Por esse fio elas ficam suspensas quando caem, e por ele voltam a subir. As aranhas também usam os fios de seda para embrulhar as presas que caçam.

Um dos usos mais interessantes do fio de seda é como paraquedas. A aranha sobe em algum objeto alto, como uma haste de grama ou uma cerca, e fica de frente para o vento, na ponta das patas. Em seguida, levanta a ponta do abdome e vai soltando fios pela fiandeira. Levados pelas correntes de ar, os fios içam a aranha, que então viaja para longe, como que pendurada a um paraquedas.

As aranhas também usam os fios de seda para botar ovos. Eles são postos sobre um lençol de teia e depois são embrulhados com esse lençol, formando um casulo.

 fiandeira: nas aranhas, cada uma das estruturas cônicas localizadas na extremidade do abdome por onde é excretada a seda com que fazem a teia.

Traduzido e adaptado pelos professores César, Sezar e Bedaque, do livro *The Spiders*, de B. J. Laston, Wm. C. Brown Company, 1953, Estados Unidos. Disponível em: <https://gaiabiodicas.webnode.com.br/artigos/a-teia-de-aracne/>. Acesso em: 3 jul. 2018.

1▶ O texto "A teia de Aracne" é dividido em duas partes: no primeiro parágrafo (em itálico) é dada a explicação da mitologia grega para a origem da teia de aranha e da própria aranha. Você conhecia essa história?

2▶ Nos parágrafos seguintes, há informações sobre as aranhas. Qual das informações mais chamou sua atenção? Por quê?

📖 Minha biblioteca

A cabeça de Medusa e outras lendas gregas. Orígenes Lessa. Global.

Com texto ágil, divertido e atual, essa obra reconta seis narrativas da mitologia grega: "A cabeça de Medusa", "A caixa de Pandora", "O toque de ouro", "O cântaro milagroso", "A quimera" e "As três maçãs de ouro".

Reprodução/Global Editora

Língua: usos e reflexão

Língua falada e língua escrita

Vozes do discurso

A história "A aranha" se desenvolve ao longo de uma conversa entre pessoas próximas a um elevador.

Nas narrativas de ficção, as **vozes do discurso** dizem respeito às falas e aos pensamentos dos personagens e também à voz do narrador, ou seja, às partes em que ele conta a história. Vamos relembrar a forma como a fala dos personagens pode ocorrer nas narrativas.

Discurso direto

Releia este trecho:

> — Quer assunto para um conto? — <u>perguntou o Eneias, cercando-me no corredor.</u>
> <u>Sorri.</u>
> — Não, obrigado.
> — Mas é assunto ótimo, verdadeiro, vivido, acontecido, interessantíssimo!
> — Não, não é preciso... Fica para outra vez...

Esse trecho é constituído por um diálogo: conversa entre duas ou mais pessoas, em que há uma alternância de quem está com a palavra (turnos de fala). No diálogo está representada a fala dos personagens conversando, de maneira direta.

> Chamamos a essa fala dos personagens de **discurso direto**.

As frases sublinhadas são a fala de quem narra a história. Estão em 1ª pessoa, pois é um dos personagens que conta a história.

Esse tipo de discurso costuma ser introduzido por travessão e, às vezes, pelos **verbos de elocução**, isto é, verbos que anunciam que o personagem vai falar: *dizer, responder, falar, perguntar, comentar...* Observe o verbo de elocução destacado neste trecho:

> [...] O rapaz olhou-o. Sem compreender, **comentou**:
> — Que perigo, hein?

O verbo de elocução também costuma ser empregado após a fala do personagem, como se pode observar no trecho reproduzido anteriormente:

> — Quer assunto para um conto? — **perguntou** o Eneias, cercando-me no corredor.

Gustavo Grazziano/Arquivo da editora

Discurso indireto

Releia estes dois trechos em que Eneias narra a história de Melo, prestando atenção aos verbos de elocução destacados:

> [...] E ele **conta** que, desde então, não sentiu mais a solidão incrível da fazenda. [...]

> [...] Chegou mesmo a **dizer** que, após dois ou três meses daquela comunhão [...], ele começava a pensar, com pena, que tinha de voltar para São Paulo. [...]

Nesses dois trechos, percebemos que a fala do personagem está inserida na voz do narrador, ou seja, o personagem não fala diretamente, mas indiretamente por meio do narrador, isto é, o narrador é que conta o que o personagem falou.

> Chamamos a essa fala do personagem por meio do narrador de **discurso indireto**.

Hora de organizar o que estudamos

▶ Copie o esquema a seguir no caderno e complete-o com as palavras do quadro abaixo.

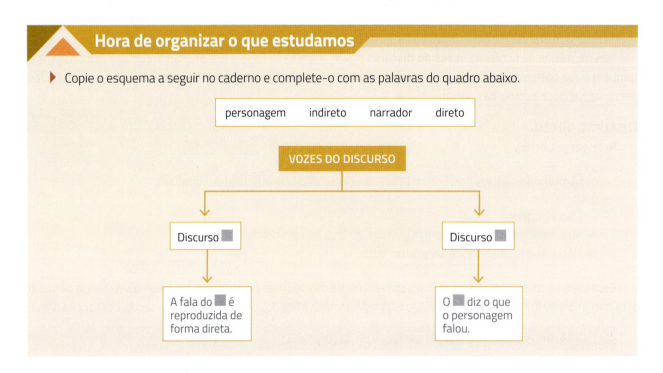

| personagem | indireto | narrador | direto |

VOZES DO DISCURSO

Discurso ▮ → A fala do ▮ é reproduzida de forma direta.

Discurso ▮ → O ▮ diz o que o personagem falou.

Discurso direto e marcas de fala

No diálogo criado, para dar ao leitor a impressão de uma conversa real, são utilizadas algumas marcas na escrita para representar características da língua falada, da oralidade. São **marcas da fala** no texto escrito.

Vamos ver como algumas dessas marcas da fala são representadas no texto "A aranha".

Palavras e expressões da linguagem informal

Releia algumas falas e observe as expressões destacadas:

— Estávamos **batendo papo**... [...]

— [...] Esse é o maior interesse do fato. **Coisa vivida. Batata!** [...]

[...] era o violão **velho de guerra**. [...]

— **Ora essa! Claro!** Até logo.

[...] Isto foi contado por ele, **hein!** [...]

[...] Tocou **sei lá o quê**. [...]

[...] Os clássicos. **Música no duro...** [...]

Gustavo Grazziano/Arquivo da editora

Essas expressões caracterizam usos mais descontraídos, mais espontâneos da língua, ou seja, usos sem a preocupação com formalidades ou convenções. Expressões assim têm seu emprego mais frequente na língua falada, no dia a dia.

▶ Conversem: Que palavras ou expressões vocês empregam com muita frequência, no dia a dia, nas conversas com amigos, familiares e que revelem informalidade, espontaneidade, mais descontração? Ao final da conversa, façam uma lista de expressões indicadas por vocês.

Indicações de pausas, hesitações, interrupções

As pausas, hesitações e interrupções de frases podem indicar momentos de dúvida, de incerteza, indicação de que outra fala iniciou, isto é, houve troca de turnos de fala interrompendo quem estava falando. Releia como isso acontece no texto:

> — Está bem... Então... até logo... Tenho de apanhar o elevador...

> — Bem... eu vou indo... [...] Você sabe: eu sou escravo... / — Ora essa! Claro! Até logo.

> — A luz alaranjada não é do motor, é do... / — Bem, isso não vem ao caso... [...]

O **turno de fala** é o que o falante produz como fala enquanto está com a palavra, por isso as pausas e até os momentos de silêncio têm significados, isto é, ganham sentidos durante a conversa.

Na escrita, a pontuação empregada para indicar as interrupções na fala são as **reticências**, como se pode observar nesses trechos.

Repetições de palavras ou expressões

Na fala, em muitos momentos fazemos uso de repetições para enfatizar uma ideia, demonstrar nossa certeza, ou até expressar uma dúvida. Veja no texto:

> — **Não**, **não** é preciso... Fica para outra vez...

Elementos de ligação entre as falas

Enquanto falamos, empregamos algumas palavras e expressões que ajudam a encadear o discurso. Observe no texto:

> Pergunta dirigida a mim. Era mais fácil concordar:
> — Conheci.
> — **Pois olhe**. Foi com o Melo. [...]

Leia este outro trecho:

> [...] Estava escutando. Evidentemente, estava. **Aí**, ele quis completar a experiência. [...]

É comum o emprego de expressões como *então, aí, daí, assim* marcando a continuidade do que se diz. Essas expressões ajudam a dar continuidade ao que está sendo dito. Esses elementos de ligação são chamados de **elementos de coesão**.

Vamos agora realizar uma **atividade oral** em grupos. Reúna-se com mais quatro colegas e sigam estas orientações:

1▶ **Em grupo.** Se possível, providenciem um gravador ou um celular que grave uma conversa que vocês vão realizar.

2▶ Determinem um tempo para essa conversa, por exemplo, 10 minutos.

3▶ Conversem sobre um fato recente: uma reportagem que viram na TV, um jogo, uma notícia que impressionou o grupo, um filme, algo ocorrido na escola... Gravem a conversa.

4▶ Ouçam a conversa gravada e façam uma lista das marcas próprias da língua falada presentes na conversa de vocês.

5▶ Aguardem instruções do professor para apresentarem o que vocês observaram.

Oração: sujeito e predicado

Na Unidade 5, você estudou que **sujeito** é o termo da oração a que o verbo se refere. Vamos rever.

Releia esta frase retirada do texto "A aranha" e observe o esquema:

O Melo teve uma ideia.
verbo

A forma verbal *teve* está se referindo ao termo *O Melo*.

O termo *O Melo* é o **sujeito**.

Assim, na oração acima há sujeito e verbo.

E o restante?

A parte restante também se refere ao sujeito e amplia a ideia sobre ele. Portanto, junto com o verbo, essa parte restante formará o **predicado** da oração. Observe:

sujeito | predicado
O Melo | teve uma ideia.
verbo

Dessa forma, na oração, tudo o que se refere ao sujeito — e, principalmente, o verbo — forma o **predicado**.

sujeito | predicado
A aranha | ficou famosa.
verbo

A quem se refere a forma verbal *ficou*? Ao termo *A aranha*.

Por meio do verbo, encontramos o sujeito.

Portanto, para analisar a construção de uma oração, a primeira etapa é a localização do **verbo**.

Assim, temos:

> O **predicado** é tudo o que se referir ao sujeito. É a parte da oração que traz toda a informação sobre o sujeito.
>
> **Sujeito** e **predicado** são termos importantes na organização de uma oração.

Não há oração sem predicado.

Veja como esta outra oração se organiza:

predicado | sujeito | predicado
Três ou quatro vezes | a cena | se repetiu.
verbo

O que é possível observar de diferente em relação às orações anteriores?

Aqui, o sujeito está no **meio** do predicado, isto é, o predicado começa antes do sujeito e continua depois dele.

1▸ Copie as orações a seguir em seu caderno e faça um esquema semelhante aos que você viu anteriormente, localizando o sujeito e o predicado. Não se esqueça de primeiro localizar o verbo.

a) O Melo tinha uma fazenda.

b) No dia seguinte, Melo passou o dia inteiro excitadíssimo.

2▸ Em seu caderno, faça esquemas das orações seguintes para mostrar como elas estão organizadas, localizando o sujeito e o predicado. Não se esqueça de primeiro localizar o verbo, pois é a partir dele que você encontra o sujeito mais facilmente.

a) Eu ouvi a história, dele mesmo, certa noite, em casa do velho.

b) O elevador abriu-se.

c) Uma noite, sozinho na sala de jantar, Melo puxou o violão.

Tipos de predicado

▸ Releia duas orações do texto "A aranha" para compará-las:

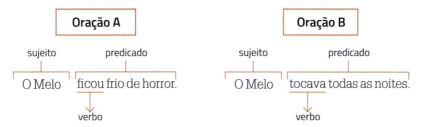

Resolva as atividades propostas a seguir:

a) Assinale a alternativa que melhor indica a ideia expressa pelo predicado em relação ao sujeito da oração **A**.

- ação do sujeito
- característica do sujeito
- estado do sujeito
- tempo

b) Considerando a oração **B**, assinale a alternativa que melhor indica a ideia expressa pelo predicado em relação ao sujeito dessa oração.

- ação do sujeito
- característica do sujeito
- mudança de estado do sujeito
- tempo

Pelo que foi respondido nessa atividade inicial, pode-se perceber que o predicado de cada uma das orações fez referência ao sujeito de formas diferentes:

- na oração **A**: o predicado expressa um estado do sujeito.
- na oração **B**: o predicado expressa uma ação do sujeito por meio do verbo.

Essas duas orações mostram dois tipos de predicado:

- **predicado nominal** — traz características, estado do sujeito; o verbo apenas liga a característica, o estado ao sujeito.
- **predicado verbal** — traz a ideia principal sobre o sujeito por meio de um verbo; no caso acima, um verbo de ação.

Vamos começar o estudo pelo predicado nominal, principalmente para ver como ele pode ajudar na compreensão e produção de textos.

Predicado nominal

1▸ Leia a tira reproduzida a seguir.

ADÃO. *Folha de S.Paulo*, São Paulo, 15 nov. 2014. Folhinha, p. 8.

O que fez uma das aranhas considerar a outra aranha uma artista?

2▸ Copie em seu caderno a oração com o esquema e preencha-o.

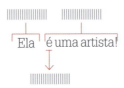

Agora, identifique e assinale a alternativa que indica a ideia principal sobre o sujeito expressa pelo predicado:

a) ação do sujeito

b) característica do sujeito

c) mudança de estado do sujeito

d) tempo do sujeito

Observe que, nesse contexto:

- A ideia principal sobre o sujeito *ela* (a aranha) é ser uma *artista*: foi atribuída a ela **uma qualidade**, **uma característica**.
- A forma verbal *é* tem, nessa oração, a função de **relacionar** a qualidade ou a característica do sujeito ao sujeito. É chamado, portanto, de **verbo de ligação**.
- A ideia principal sobre o sujeito está expressa na **qualidade** ou no **estado do sujeito**; nesse caso, tem-se o **predicado nominal**.
- A palavra ou expressão que traz a característica ou o estado do sujeito é chamada de **predicativo do sujeito**. Veja como fica a análise da oração acima:

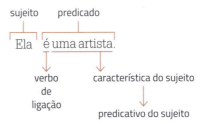

3▸ Leia as orações a seguir e localize o predicativo do sujeito, isto é, o que caracteriza ou qualifica o sujeito:

a) As temperaturas dos últimos verões **parecem** mais altas.

b) Todos **ficaram** assustados com os estouros na rua.

c) Os assaltantes **continuarão** presos até o julgamento.

d) **Ando** um pouco desanimado ultimamente.

Releia os verbos das orações acima: eles costumam atuar como verbos de ligação, pois relacionam qualidade ou estado ao sujeito.

Entre os verbos de ligação mais usuais, há: *ser, estar, parecer, permanecer, ficar, continuar, andar* (com o sentido de *estar*).

Predicado nominal e a construção de textos

1▸ Leia um trecho de um texto informativo sobre a serpente chamada urutu.

> A urutu é uma cobra grande e muito perigosa. Quando enfureci-da achata seu corpo e dá botes! Seu veneno é muito forte. Diz o di-tado popular: "veneno de urutu quando não mata, aleija!". Feliz-mente hoje existe soro para sua picada.
>
> BRIOSCHI, Gabriela. *Bichos do Brasil*. 2. ed. São Paulo: Odysseus, 2004. p. 37.

Serpente urutu.

Assinale a alternativa que indica a intenção predominante nesse trecho.

a) Narrar um acontecimento.

b) Descrever algo.

c) Conversar com o leitor.

d) Fazer a propaganda de um produto.

Pudemos perceber que o texto fornece as características da urutu. Vamos ver como pode ser construído um texto que tenha a intenção de caracterizar, descrever algo.

2▸ Copie no caderno esta frase e reproduza o esquema substituindo os sinais ⫾⫾⫾⫾⫾⫾⫾⫾⫾ pela classificação gramatical dos termos indicados pelos traços. Identifique também o termo da oração que é classificado como predicativo do sujeito.

O predicado nominal é uma construção muito empregada para desenvolver processos de descrição e caracterização, pois ele, geralmente, apresenta **atributos**, **qualidades**, **características**, **estado** ou **mudança de estado** de um sujeito.

3▸ Copie no caderno outra frase do trecho em que haja uma caracterização por meio de um predicado nominal. Destaque o verbo de ligação e o predicativo do sujeito.

Para caracterizar ou dar qualidades por meio do predicado nominal, é necessário que se perceba que, dependendo do verbo de ligação empregado, pode haver diferenças de sentido.

Leia e compare as frases que poderiam ser construídas sobre a serpente urutu.

A urutu é perigosa.
↓
expressa uma característica permanente,
um estado permanente

A urutu, às vezes, parece adormecida diante de suas presas.
↓
expressa aparência e pode ser transitório

A urutu está agitada.
↓
característica ou estado do momento,
mas não é permanente

A urutu anda esfomeada.
↓
estado que pode ser alterado, transitório

▶ Copie o esquema no caderno e complete-o com as palavras do quadro abaixo.

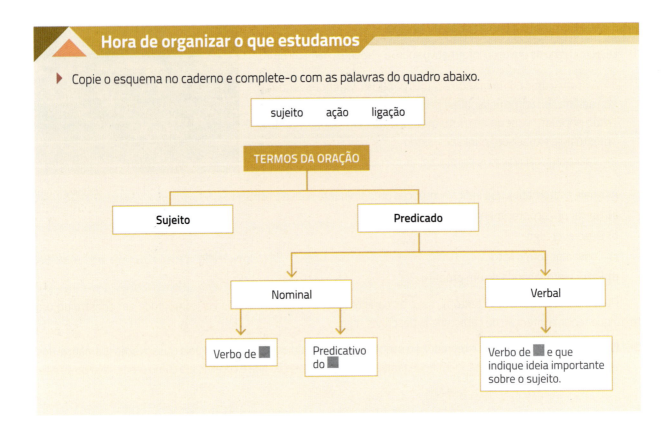

Atividades: sujeito e predicado

1▶ Leia a tira reproduzida a seguir e responda às questões no caderno.

WALKER, Mort. Recruta Zero. *O Estado de S. Paulo*, São Paulo, 14 dez. 2014. Caderno 2, p. C10.

a) Por que o sargento Tainha acha que o soldado Dentinho não foi feito para lutar em guerras?

b) Releia esta fala do Recruta Zero:

> Ele está ocupado.

- Copie o verbo da frase.
- Copie o predicativo do sujeito.

c) Assinale a alternativa que complete a afirmação abaixo.

Essa frase está indicando principalmente:

- a ação do personagem.
- o estado do personagem.
- a transformação do personagem.
- a característica do personagem.

2▸ Leia os quadrinhos reproduzidos a seguir e responda às questões no caderno.

ZIRALDO. *As melhores tiradas do Menino Maluquinho*. São Paulo: Melhoramentos, 2000. p. 86.

a) Pela fala da menina e pelo desapontamento dos meninos nos quadrinhos 3 e 4, pode-se inferir que eles queriam outra sobremesa. Provavelmente qual?

▸ inferir: concluir, deduzir.

b) O que se pode inferir que os meninos queriam nos quadrinhos 5 e 6, em vez do jogo de ecologia proposto pela menina?

c) Releia a fala:

> As frutas são os doces da natureza, meninos!

Nessa fala a menina expressa o que considera um atributo importante das frutas por meio de um predicativo do sujeito. Copie:
- o sujeito da oração
- o predicativo do sujeito
- o verbo de ligação

d) Assinale a alternativa que melhor completa a frase a seguir.

A menina expressou a caracterização das frutas por meio de:
- um estado passageiro.
- uma característica permanente.
- uma impressão sobre a aparência.

e) Releia esta frase e monte um esquema com seus termos principais:

> Os passarinhos são o rádio da natureza.

3 ▶ Copie as frases a seguir no caderno. Depois, grife os verbos das orações e circule os predicativos do sujeito.

a) O nível das represas está ficando cada vez mais baixo.

b) Estamos muito preocupados com a violência nas ruas.

c) As pessoas pareciam paralisadas com o susto.

d) Carlos e Filomena andam preocupados com a prova.

e) Muito apreensivos estavam os pais dos alunos concorrentes ao prêmio.

f) Foi violenta a tempestade de quinta-feira.

4 ▶ Leia a tira reproduzida a seguir e responda às questões no caderno.

BROWNE, Dik e Chris. *O melhor de Hagar, o Horrível*. Porto Alegre: L&PM, 2013. p. 9.

a) O que torna a tirinha engraçada?

b) Releia a fala da mulher de Hagar no segundo quadrinho. Ela fala do estado da escada para justificar sua impressão. Transcreva o termo que caracteriza a escada.

c) Que função exerce na fala esse termo que expressa um estado?

d) Transcreva o sujeito dessa fala.

e) Transcreva o verbo que ela utiliza.

5 ▶ Leia a frase em destaque no anúncio publicitário ao lado.

a) Transcreva no caderno:
- o verbo
- o sujeito
- o predicativo do sujeito

b) Essa frase poderia ter sido escrita assim: "Você é o melhor cliente". Qual é a provável intenção do anunciante ao escrevê-la como está no anúncio?

Disponível em: <http://picdeer.com/boloseciaaju>. Acesso em: 21 out. 2018.

Desafios da língua

Acento tônico e acento gráfico

▶ Leia os quadrinhos e divirta-se.

SOUSA, Mauricio de. *O Estado de S. Paulo*, São Paulo, 2 nov. 2014. Caderno 2, p. C4.

Responda no caderno:

a) O que provocou o humor nos quadrinhos?

b) Além da forma como a palavra *acento* vem escrita no balão de fala, como o leitor pode ficar sabendo a que Mônica se refere?

c) O que faz Cascão pensar que Mônica se refere ao assento do veículo ônibus?

O humor dos quadrinhos explora o fato de haver palavras na língua portuguesa que têm a mesma pronúncia, mas que diferem na escrita e no significado. Compare as duas palavras mencionadas nos quadrinhos:

- **acento**: nome do sinal gráfico que indica como deve ser pronunciada a vogal quanto à **tonicidade** (forte/fraco) e/ou **timbre** (aberto/fechado), bem como a ocorrência de crase. No caso da palavra *ônibus*, o acento circunflexo na vogal **o** indica que ela forma a sílaba tônica, forte e que essa vogal deve ser pronunciada fechada /ô/.

- **assento**: nome da superfície ou coisa sobre a qual se pode sentar; parte específica de uma cadeira, de um sofá, poltrona onde se pode sentar.

Vamos recordar alguns conhecimentos sobre as palavras.
As palavras são formadas por sílabas.

Sílaba: cada **impulso de voz produzido** ao se pronunciar uma palavra.

Em uma palavra há tantas sílabas quantos forem os impulsos de voz necessários para pronunciá-la. Exemplos:

cadeira	→ ca-dei-ra	→ 3 sílabas
desesperado	→ de-ses-pe-ra-do	→ 5 sílabas
carregar	→ car-re-gar	→ 3 sílabas
psicólogo	→ psi-có-lo-go	→ 4 sílabas
eu	→ eu	→ 1 sílaba
transporte	→ trans-por-te	→ 3 sílabas

Além do **número** de sílabas, é na fala que se percebe também qual das sílabas é **a mais forte**, **a sílaba tônica**.

Sílaba tônica: sílaba pronunciada com **mais intensidade** na palavra.

Fale estas palavras para observar qual das sílabas é pronunciada com mais intensidade:

| ca-**dei**-ra | de-ses-pe-**ra**-do | car-re-**gar** | psi-**có**-lo-go | **eu** | trans-**por**-te |

Classificação das palavras quanto à tonicidade

De acordo com **a posição da sílaba tônica**, a palavra recebe diferentes classificações. Confira:

Classificação de palavras quanto à posição da sílaba tônica		
Proparoxítona A sílaba tônica é a antepenúltima	**Paroxítona** A sílaba tônica é a penúltima	**Oxítona** A sílaba tônica é a última
psi-**có**-lo-go re-**lâm**-pa-go **dú**-vi-da **plás**-ti-co	trans-**por**-te es-**co**-la a-**mi**-go fe-li-ci-**da**-de	car-re-**gar** a-**lô** a-ba-ca-**xi** a-ça-**í**

Convencionou-se iniciar a contagem das sílabas do fim para o começo, pois em língua portuguesa geralmente não há palavras em que a sílaba tônica se posiciona antes da antepenúltima sílaba.

Leia as palavras do quadro destacando a sílaba tônica:

				Proparoxítona	Paroxítona	Oxítona
				Antepenúltima sílaba	Penúltima sílaba	Última sílaba
desimpedimento	de	sim	pe	di	men	to
abóbora			a	bó	bo	ra
engatinhar			en	ga	ti	nhar
juízo				ju	í	zo
vermífugo			ver	mí	fu	go
organizar			or	ga	ni	zar
avenida			a	ve	ni	da
ética				é	ti	ca
receptividade	re	cep	ti	vi	da	de

Observe que todas as **palavras proparoxítonas**, isto é, as palavras cuja sílaba tônica é a antepenúltima, receberam **acento gráfico**.

> Todas as palavras proparoxítonas são acentuadas graficamente.

A maioria das palavras em língua portuguesa é **paroxítona**, isto é, a sílaba tônica está na penúltima sílaba.

Outro texto do mesmo gênero

A crônica é uma narrativa geralmente curta produzida a partir de cenas e personagens comuns no dia a dia de todos.

A história a seguir narra um fato comum que acontece em uma barbearia, mas ela vai surpreendê-lo no final. Quer saber como? Leia a crônica e divirta-se.

Turco
Fernando Sabino

Assim que chegou a Paris, foi cortar o cabelo — coisa que não tivera tempo de fazer ao sair do Rio. O barbeiro, como os de toda parte, procurou logo puxar conversa:

— Eu tenho aqui uma dúvida, que o senhor podia me esclarecer.

— Pois não.

— Eu estava pensando... A Turquia tomou parte na última guerra?

— Parte ativa, propriamente, não. Mas de certa maneira esteve envolvida, como os outros países. Por quê?

— Por nada, eu estava pensando... A situação política lá é meio complicada, não?

Seu forte não era a Turquia. Em todo caso respondeu:

— Bem, a Turquia, devido a sua situação geográfica... Posição estratégica, não é isso mesmo? O senhor sabe, o Oriente Médio...

O barbeiro pareceu satisfeito e calou-se, ficou pensando.

Alguns dias depois ele voltou para cortar novamente o cabelo. Ainda não se havia instalado na cadeira, o barbeiro começou:

— Os ingleses devem ter muito interesse na Turquia, não?

Que diabo, esse sujeito vive com a Turquia na cabeça — pensou. Mas não custava ser amável — além do mais, ia praticando o seu francês:

— Devem ter. Mas têm interesse mesmo é no Egito. O canal de Suez.

— E o clima lá?

Gustavo Grazziano/Arquivo da editora

— Onde? No Egito?

— Na Turquia.

Antes de voltar pela terceira vez, por via das dúvidas procurou informar-se com um conterrâneo seu, diplomata em Paris e que já servira na Turquia.

— Desta vez eu entupo o homem com Turquia — decidiu-se.

Não esperou muito para que o barbeiro abordasse seu assunto predileto:

— Diga-me uma coisa, e me perdoe a ignorância: a capital da Turquia é Constantinopla ou Sófia?

— Nem Constantinopla nem Sófia. É Ancara.

E despejou no barbeiro tudo que aprendera com seu amigo sobre a Turquia. Nem assim o homem se deu por satisfeito, pois na vez seguinte foi começando por perguntar:

— O senhor conhece muitos turcos aqui em Paris?

Era demais:

— Não, não conheço nenhum. Mas agora chegou a minha vez de perguntar: por que diabo o senhor tem tanto interesse na Turquia?

— Estou apenas sendo amável — tornou o barbeiro, melindrado: — Mesmo porque conheço outros turcos além do senhor.

— Além de mim? Quem lhe disse que sou turco? Sou brasileiro, essa é boa.

— Brasileiro? — e o barbeiro o olhou, desconsolado: — Quem diria! Eu seria capaz de jurar que o senhor era turco...

Mas não perdeu tempo:

— O Brasil fica é na América do Sul, não é isso mesmo?

SABINO, Fernando. *Crônicas*. São Paulo: Ática. Vol. 2, coleção Para Gostar de Ler.

conterrâneo: que é da mesma terra.

melindrado: ofendido, magoado, contrariado.

desconsolado: triste.

Minha biblioteca

Fernando Sabino na sala de aula. Fernando Sabino. Panda Books.

Nessa coletânea, Fernando Sabino detém seu olhar sobre os mais variados fatos da vida. Ternura, humor, espanto, crítica e comoção estão presentes na obra desse escritor que domina como poucos a arte de entreter o leitor.

Reprodução/ Panda Books

Gustavo Grazziano/Arquivo da editora

Gostou de ler a crônica? Converse com os colegas sobre as questões a seguir.

1▸ É comum encontrar pessoas como o personagem do barbeiro dessa crônica? Por quê?

2▸ Você já soube de algum fato como o dessa crônica: uma pessoa ser confundida com outra e ter de responder a muitas perguntas sobre o que não conhecia? Em caso afirmativo, conte a história a seus colegas e ouça a deles.

3▸ O que sugere o fato de a crônica terminar com uma pergunta do barbeiro sobre o Brasil para o seu cliente?

Crônica

Observe a seguir algumas cenas do cotidiano flagradas em foto. A proposta é escolher uma delas para ser o ponto de partida para a criação de uma crônica. Para isso, siga as orientações adiante.

❧ **Preparação**

1▸ Pense sobre as seguintes questões.

a) Escolha da cena:

- Observando as imagens, o que chamou mais sua atenção: o cenário, os personagens retratados, a ação ou outro elemento?
- Qual seria a história que poderia resultar da cena, quanto aos momentos da narrativa: situação inicial, conflito, clímax e desfecho?

b) Intenção narrativa:

- Você pretende lançar um olhar crítico diante da cena, explorar algum aspecto humorístico, externar emoção diante do fato observado, evocar uma lembrança?

c) Leitor:

- O provável **leitor** do seu texto tem perfil diferente dos leitores representados por seus amigos e colegas?

d) Linguagem:

- Como a crônica é uma narrativa centrada em fatos e personagens do cotidiano, a linguagem também deve se aproximar do cotidiano: mais informal, próxima da fala do dia a dia.

2▸ Leia o esquema para visualizar todos os tópicos para a produção:

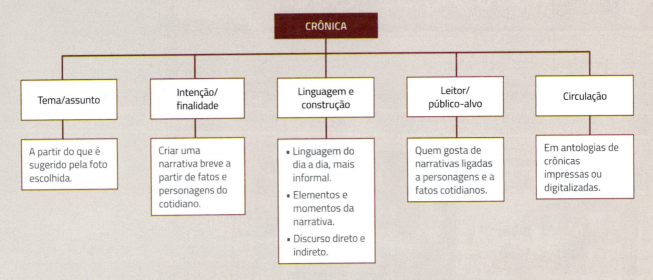

⟶ Versão inicial

1▸ Faça o rascunho do texto, dando espaço para sua liberdade de criação, para suas emoções e reflexões.

2▸ Releia o texto e confira se o efeito produzido por ele está de acordo com sua intenção ao criá-lo: humor, crítica, emoção, ironia, etc.

3▸ Releia o texto acrescentando o que faltou, alterando o que é preciso, pontuando de acordo com a intenção, verificando o uso de travessão no discurso direto (se houver), apagando o que está em excesso.

4▸ Não se esqueça de dar um título à sua crônica.

⟶ Revisão

1▸ Troque de texto com um colega para que possam ter o olhar do outro como possibilidade de uma leitura mais crítica.

2▸ Conversem sobre as sugestões e dúvidas um do outro, mantendo uma postura crítica e respeitosa em relação ao texto do colega e uma atitude autocrítica em relação ao próprio texto.

⟶ Versão final

1▸ Escreva a versão final da crônica considerando ou não o que foi observado pelo colega leitor.

2▸ Não se esqueça da autoria da crônica: escreva seu nome como o autor do texto logo abaixo do título.

⟶ Circulação

1▸ Aguarde as orientações do professor quanto à forma de disponibilizar sua produção para a leitura de possíveis leitores: reescrevendo o texto à mão em papel selecionado, digitando-o para ser impresso ou mesmo para compor um arquivo a ser disponibilizado *on-line* para que um maior número de leitores tenha acesso a todas as crônicas.

2▸ Siga as orientações do professor para a circulação dessa produção. Seja impressa ou digitalizada, cuide para que a foto que deu origem à crônica acompanhe o texto.

Autoavaliação

Chegou o momento de fazer um balanço de tudo o que foi estudado na Unidade 7. Leia o quadro de conteúdos para recordar o que estudou e, no caderno, avalie seu desempenho usando os tópicos propostos a seguir como orientação. Isso ajudará você na hora de organizar seus estudos.

Meu desempenho

- **Compreendi bem** (registre no caderno os itens que você compreendeu)
- **Avancei em** (registre no caderno os itens em que você melhorou)
- **Preciso rever** (registre no caderno os itens que você precisa estudar mais)
- **Outras observações e/ou outras atividades**

UNIDADE 7	
Gênero Crônica	**LEITURA E INTERPRETAÇÃO** · Leitura da crônica "A aranha", de Orígenes Lessa · Localização e identificação, na crônica, dos elementos e momentos da narrativa · Identificação da relação entre a crônica e cenas do cotidiano · Localização e análise dos "floreios" na produção de uma história · Relação entre os recursos de linguagem e de construção para a produção de outra história dentro de uma crônica **PRODUÇÃO** **Oral** · Leitura dramatizada da crônica **Escrita** · Produção de crônica baseada em foto de cena do cotidiano
Ampliação de leitura	**CONEXÕES** · Outras linguagens: Foto com detalhamento científico · A teia de aranha: do mito ao conhecimento científico **OUTRO TEXTO DO MESMO GÊNERO** · "Turco", de Fernando Sabino
Língua: usos e reflexão	· Discurso direto e discurso indireto · Marcas de fala no discurso direto · Sujeito e predicado · Predicado nominal · Desafios da língua: acento tônico e acento gráfico
Participação em atividades	· Orais · Coletivas · Em grupo

Gustavo Grazziano/Arquivo da editora

svetikd/E+/Getty Images

UNIDADE

8

Defender ideias e opiniões...

Defender nossas opiniões é algo que fazemos no dia a dia, em diversas situações, às vezes até sem perceber. Muitas são as situações que esperam de nós um posicionamento, aceitando, rejeitando ou acatando ideias ou fatos que chegam até nós todos os dias, principalmente por meio da mídia e das redes sociais. Você costuma expor sua opinião? E como reage diante de opiniões de outras pessoas, principalmente se forem diferentes das suas?

Nesta unidade você vai:

- ler e interpretar artigo de opinião;
- localizar ideias e partes principais do texto;
- identificar recursos de persuasão em textos argumentativos;
- participar de leituras de outros textos de caráter argumentativo;
- criar comentário em *site*;
- participar de debate regrado;
- produzir parágrafo argumentativo e texto de opinião;
- identificar e empregar recursos coesivos no texto argumentativo;
- identificar formas de organizar as orações: tipos de predicado;
- estudar a acentuação de palavras.

ARTIGO DE OPINIÃO

O texto a seguir é um artigo de opinião. Nele, o jornalista Michael Kepp expõe a própria opinião e defende as próprias ideias sobre fatos que acontecem na sociedade. Qual foi o principal motivo que levou esse jornalista a escrever esse artigo?

Faça uma primeira leitura de forma silenciosa e procure compreender qual é o assunto principal do texto.

Leitura

A mania nacional da transgressão leve

Michael Kepp

Pequenos delitos são transgressões leves que passam impunes e, no Brasil, estão tão institucionalizados que os transgressores nem têm ideia de que estão fazendo algo errado. Ou então acham esses "miniabusos" irresistíveis, apesar de causarem "minidanos" e/ou levarem a delitos maiores. Esses maus exemplos são também contagiosos. E, em uma sociedade na qual proliferam, ser um cidadão-modelo exige que se reme contra uma poderosa maré ou que se beire a santidade.

Alguns pequenos delitos — fazer barulho em casa a ponto de incomodar os vizinhos ou usar as calçadas como depósito de lixo e de cocô de cachorro — diminuem a qualidade de vida em pequenas, mas significativas, doses. Eles ilustram a frase do escritor Millôr Fernandes: "Nossa liberdade começa onde podemos impedir a dos outros".

No ano passado, o grupo de adolescentes que furou a enorme fila para assistir ao *show* gratuito de Naná Vasconcelos, na qual eu e outros esperávamos por horas, impediu nossa liberdade. Os jovens receberam os ingressos gratuitos que, embora devessem ser nossos, se esgotaram antes de chegarmos à bilheteria.

A frase de Millôr também cai como uma luva para o casal que recentemente pediu a um amigo — na minha frente, na fila de bebidas, no intervalo de uma peça — que comprasse comes e bebes para ambos. O fura-fila indireto me irritou não só porque demorou mais para me atenderem, mas também porque o segundo ato estava prestes a começar. Qual é a diferença deles para os motoristas que me ultrapassam pelo acostamento nas estradas e depois

---

transgressão: ato de transgredir, violar ou desrespeitar uma ordem, lei ou regra; infração ou violação.

impune: não punido; que não recebeu o devido castigo.

institucionalizado: algo que se tornou oficial; que é apresentado publicamente como verdade ou como aceito pela maioria das pessoas.

proliferar: aumentar.

delito: infração, crime.

furam a fila, atrasando minha viagem? E que dizer daqueles motoristas que costuram atrás das ambulâncias?

Outros pequenos delitos causam danos porque representam uma pequena parte da reação em cadeia que corrói o tecido social. Os brasileiros que contribuem para a rede de consumo de drogas não são apenas os que as compram, mas até os que as consomem de vez em quando em festas. Uma simples tragada liga você, mesmo que de modo ínfimo, ao traficante e à bala perdida, mas atos aparentemente tão inócuos e difíceis de condenar nos forçam a pensar no que constitui um pequeno delito.

Por exemplo, que dano social pode ser causado pelo roubo de "lembrancinhas" — de toalhas e cinzeiros de hotel a cobertores de companhias aéreas? Bem, os hotéis e companhias aéreas compensam os custos de substituir esses objetos aumentando levemente o preço. Os varejistas fazem o mesmo para compensar as perdas com pequenos furtos.

Outros pequenos delitos são mais fáceis de classificar, mas igualmente tentadores de cometer. Veja o caso da pessoa que não diz ao caixa que recebeu por engano uma nota de R$ 50 em vez da correta nota de R$ 10. Ou do garoto que obedece ao trocador, passa por baixo da roleta e lhe passa uma nota de R$ 1 em vez de pagar à empresa de ônibus R$ 1,60. Esse suborno não é igual a pagar à polícia uma propina para se safar? Essas caixinhas não seriam também crias do famoso caixa dois, que já virou uma instituição?

Um dos meus vizinhos disse que alguns desses pequenos delitos, como vários tipos de caixa dois, são fruto da necessidade. Ele escreve, embora não assine, monografias para que universitários preguiçosos/ocupados terminem seus cursos. É assim que põe comida na mesa. Apesar de defender sua atividade antiética dizendo que "a fome também é antiética", ele bem que poderia perder 20 quilos.

Outro vizinho vendeu sua cobertura no Rio com uma vista espetacular da floresta da Tijuca porque descobriu que, no prazo de um ano, um arranha-céu seria construído, acabando com a vista e desvalorizando o imóvel em R$ 50 mil. Ele disse isso aos compradores? Não. E eu também não considero esse delito tão pequeno diante do valor do prejuízo.

Apesar de os delitos pequenos estarem institucionalizados demais para notar ou serem tentadores demais para resistir, dizer "não" a eles beneficia a sociedade como um todo. E um "não" vigoroso o bastante pode alertar os distraídos e os fracos de espírito para que, em uma sociedade que se guia pela "lei de Gerson", nossa bússola moral possa nos apontar o caminho.

KEPP, Michael. *Folha de S.Paulo*, São Paulo, 26 ago. 2004. Folha Equilíbrio, p. 9.

tecido social: organização da sociedade; forma como a sociedade está organizada.

inócuo: que não causa mal.

varejista: aquele que faz a venda diretamente ao comprador final.

suborno: corrupção, ato de dar dinheiro a fim de conseguir alguma coisa ilegalmente.

propina: gratificação por algo indevido.

caixa dois: contabilidade não declarada para não se pagar tributo.

monografia: trabalho escrito conforme determinadas normas.

antiético: aquilo que não é ético, isto é, que não é moral, não é correto, não segue regras de um grupo social ou de uma sociedade.

"lei de Gerson": referência à frase de uma propaganda em que o ex-jogador de futebol Gerson dizia: "É preciso levar vantagem em tudo!".

bússola: instrumento que serve para guiar, determinar a posição de um lugar ou de algo.

moral: que tem costumes corretos segundo regras estabelecidas por um grupo de pessoas; que ensina, educa; que tem valores desejáveis, dignos.

Carlos Barretta/Folhapress

Michael Kepp nasceu em 1950, na cidade de St. Louis, em Missouri (Estados Unidos). Jornalista radicado no Brasil desde 1983, é autor dos livros de crônicas *Sonhando com sotaque — confissões e desabafos de um gringo brasileiro* e *Tropeços nos trópicos — crônicas de um gringo brasileiro*, publicados pela editora Record.

Depois de ler o texto do artigo de opinião, veja a página de jornal em que ele foi publicado.

Editoria de Arte/Folhapress

outras ideias *michael kepp*

A mania nacional da transgressão leve

Pequenos delitos são transgressões leves que passam impunes e, no Brasil, estão tão institucionalizados que os transgressores nem têm idéia de que estão fazendo algo errado. Ou então acham esses "miniabusos" irresistíveis, apesar de causarem "minidanos" e/ou levarem a delitos maiores. Esses maus exemplos são também contagiosos. E, em uma sociedade na qual proliferam, ser um cidadão-modelo exige que se reme contra uma poderosa maré ou que se beire a santidade.

Alguns pequenos delitos —fazer barulho em casa a ponto de incomodar os vizinhos ou usar as calçadas como depósito de lixo e de cocô de cachorro— diminuem a qualidade de vida em pequenas, mas significativas, doses. Eles ilustram a frase do escritor Millôr Fernandes: "Nossa liberdade começa onde podemos impedir a dos outros".

No ano passado, o grupo de adolescentes que furou a enorme fila para assistir ao show gratuito de Naná Vasconcelos, na qual eu e outros esperávamos por horas, impediu nossa liberdade. Os jovens receberam os ingressos gratuitos que, embora devessem ser nossos, se esgotaram antes de chegarmos à bilheteria.

A frase de Millôr também cai como uma luva para o casal que recentemente pediu a um amigo —na minha frente, na fila das bebidas, no intervalo de uma peça— que comprasse comes e bebes para ambos. O fura-fila indireto me irritou não só porque demorou mais para me atenderem mas também porque o segundo ato estava prestes a começar. Qual é a diferença deles para os motoristas que me ultrapassam pelo acostamento nas estradas e depois furam a fila, atrasando a minha viagem? E que dizer daqueles motoristas que costumam atrás das ambulâncias?

Outros pequenos delitos causam danos porque representam uma pequena parte da reação em cadeia que corrói o tecido social. Os brasileiros que contribuem para a rede de consumo de drogas não apenas os que as compram mas até os que as consomem de vez em quando em festas. Uma simples tragada liga você, mesmo que de modo ínfimo, ao traficante e à bala perdida, mas atos aparentemente tão inócuos e difíceis de condenar nos forçam a pensar no que constitui um pequeno delito.

Por exemplo, que dano social pode ser causado pelo roubo de "lembrancinhas" —de toalhas e cinzeiros de hotel a cobertores de companhias aéreas? Bem, os hotéis e companhias aéreas compensam o custo de substituir esses objetos aumentando levemente o preço. Os varejistas fazem o mesmo para compensar as perdas com pequenos furtos.

Outros pequenos delitos são mais fáceis de classificar, mas igualmente tentadores de cometer. Veja o caso da pessoa que não diz ao caixa que recebeu por engano uma nota de R$ 50 em vez da correta nota de R$ 10. Ou do garoto que obedece ao trocador, passa por baixo da roleta e lhe passa uma nota de R$ 1 em vez de pagar à empresa de ônibus R$ 1,60. Esse suborno não é igual a pagar à polícia uma propina para se safar? Essas caixinhas não seriam também crias do famoso caixa dois, que já virou uma instituição?

Um dos meus vizinhos disse que alguns desses pequenos delitos, como vários tipos de caixa dois, são fruto da necessidade. Ele escreve, embora não assine, monografias para que universitários preguiçosos/ocupados terminem seus cursos. É assim que põe comida na mesa. Apesar de defender sua atividade antiética dizendo que "a fome também é antiética", ele bem que poderia perder 20 quilos.

Outro vizinho vendeu sua cobertura no Rio com uma vista espetacular da floresta da Tijuca porque

Apesar de os delitos pequenos estarem institucionalizados demais para notar ou serem tentadores demais para resistir, dizer "não" a eles beneficia a sociedade como um todo. E um "não" vigoroso o bastante pode alertar os distraídos e os fracos de espírito para que, em uma sociedade que se guia pela "lei de Gerson", nossa bússola moral possa nos apontar o caminho

descobriu que, no prazo de um ano, um arranha-céu seria construído, acabando com a vista e desvalorizando o imóvel em R$ 50 mil. Ele disse isso aos compradores? Não. E eu também não considero esse delito tão pequeno diante do valor do prejuízo.

Apesar de os delitos pequenos estarem institucionalizados demais para notar ou serem tentadores demais para resistir, dizer "não" a eles beneficia a sociedade como um todo. E um "não" vigoroso o bastante pode alertar os distraídos e os fracos de espírito para que, em uma sociedade que se guia pela "lei de Gerson", nossa bússola moral possa nos apontar o caminho.

MICHAEL KEPP, jornalista norte-americano radicado há 21 anos no Brasil, é autor do livro de crônicas "Sonhando com Sotaque -Confissões e Desabafos de um Gringo Brasileiro" (ed. Record); site: www.michaelkepp.com.br

FOLHA DE S.PAULO

folhaequilíbrio ▪ quinta-feira, 26 de agosto de 2004 | **9**

FOLHA de S.Paulo, São Paulo, 26 ago. 2004. Folha Equilíbrio, p. 9.

Nesse suporte, além do nome do autor há o nome da seção, *Outras ideias*, e uma ilustração feita para o texto.

▸ Converse com os colegas sobre as seguintes questões:

a) Por que provável motivo esse texto foi publicado em uma seção com o título *Outras ideias*?

b) O que é possível observar na ilustração que tenha relação com o texto lido?

c) Na opinião de vocês, a situação retratada na ilustração pode ser considerada um pequeno delito? Por quê?

Interpretação do texto

Compreensão inicial

O texto que você leu é um **artigo de opinião**. Leiam juntos o que caracteriza esse gênero textual:

> **Artigo de opinião:** texto que traz a interpretação do autor sobre algum fato ou um tema/ideia. Pode ter um foco sobre a política, sobre a ciência, sobre um evento cultural, sobre um fato acontecido no dia a dia. É um texto assinado pelo autor, que deve responsabilizar-se pelo que expressa. Artigos de opinião são geralmente publicados na mídia tanto impressa (jornais, revistas, periódicos) quanto eletrônica.

1▸ Quem assina o artigo de opinião lido?

2▸ No quadro abaixo, os delitos estão divididos em quatro grupos. Localize no artigo e transcreva no caderno dois exemplos de cada grupo de delito.

Delitos	Grupo A prejudicam a qualidade de vida de outras pessoas e impedem sua liberdade.
	Grupo B perturbam as relações sociais e causam danos à sociedade toda.
	Grupo C são tentadores.
	Grupo D são justificados como fruto de necessidade.

Jean Galvão/Arquivo da editora

3▸ Releia este outro trecho do texto:

> Pequenos delitos são <u>transgressões</u> leves que passam <u>impunes</u> e, no Brasil, estão tão <u>institucionalizados</u> que os transgressores nem têm ideia de que estão fazendo algo errado.

Releia, ao lado, o significado dos termos destacados.
Agora, reescreva no caderno o trecho do texto substituindo os termos em destaque por expressões equivalentes e fazendo as adequações necessárias.

4▸ Explique a frase: "Esses maus exemplos são também contagiosos". Registre sua resposta no caderno.

▸ **transgressão:** ato de transgredir, violar ou desrespeitar uma ordem, lei ou regra; infração ou violação.

▸ **impune:** não punido; que não recebeu o devido castigo.

▸ **institucionalizado:** algo que se tornou oficial; que é apresentado publicamente como verdade ou como aceito pela maioria das pessoas.

5▸ Releia este trecho do texto:

> [...] ser um cidadão-modelo exige que se reme contra uma poderosa maré ou que se beire a santidade.

Que "poderosa maré" é essa?

Jean Galvão/Arquivo da editora

Linguagem e construção do texto

1▸ O autor do texto emprega aspas como recurso expressivo nas palavras "miniabusos", "minidanos" e "lembrancinhas". Assinale a alternativa que completa adequadamente a frase a seguir.

O uso de aspas nessas palavras indica que:

a) essas palavras não existem na língua portuguesa.

b) o autor diz o contrário do que pensa a fim de indicar que não são coisas pequenas.

c) o autor quer apenas dar um destaque às palavras.

d) essas palavras foram empregadas de forma diferente da usual.

2▸ O autor do texto faz ironias para mostrar o que pode haver por trás das situações e dos comportamentos que menciona no decorrer do texto. Qual ironia ele faz sobre o vizinho que, com a desculpa de pôr comida na mesa, executa trabalhos para estudantes preguiçosos/ocupados?

> ▸ **ironia:** modo de se exprimir, geralmente dizendo o contrário do que se pensa, com a intenção de criticar, depreciar algo ou ser sarcástico.

3▸ No texto, o autor fez algumas escolhas de linguagem para dar mais força para seus argumentos. Releia dois trechos observando principalmente as partes destacadas:

> I. [...] ser um cidadão-modelo exige que se reme contra **uma poderosa maré** ou que **se beire a santidade**.
>
> II. Apesar de os delitos pequenos estarem institucionalizados demais para notar [...] dizer "não" a eles beneficia a sociedade como um todo. **E um "não" vigoroso o bastante pode alertar os distraídos e os fracos de espírito para que, em uma sociedade que se guia pela "lei de Gerson", nossa bússola moral possa nos apontar o caminho.**

Leia as frases a seguir e indique qual alternativa pode explicar cada um dos trechos acima:

a) Rejeitar as transgressões pode servir de aviso e orientação para os que ainda continuam a aceitar e a praticar esses delitos.

b) Só conseguiríamos rejeitar todos os pequenos delitos se fôssemos santos, pois é uma tarefa muito difícil e ninguém consegue enfrentar.

c) As pessoas só evitarão pequenos delitos se receberem um conjunto de regras para orientar suas vidas.

d) Para ser um bom cidadão é preciso enfrentar grandes resistências dos que acham que não há problema em cometer pequenos delitos.

4 ▸ O texto está escrito em que pessoa: 1ª ou 3ª?

a) Dê um exemplo que comprove sua resposta.

b) Que efeito o uso da pessoa indicada traz para o texto?

5 ▸ A expressão "lei de Gerson", como indicação do hábito de querer levar vantagem em tudo, ficou muito conhecida pelas pessoas por ter sido produzida por um atleta famoso. Qual é a provável razão de ter sido usada pelo autor?

6 ▸ Qual é a citação de Millôr Fernandes feita pelo autor para fortalecer seus argumentos?

7 ▸ Vamos observar como o autor organizou as ideias em um parágrafo:

> Pequenos delitos são transgressões leves que passam impunes e, no Brasil, estão tão institucionalizados que os transgressores nem têm ideia de que estão fazendo algo errado. Ou então acham esses "miniabusos" irresistíveis, apesar de causarem "minidanos" e/ou levarem a delitos maiores. Esses maus exemplos são também contagiosos. E, em uma sociedade na qual proliferam, ser um cidadão-modelo exige que se reme contra uma poderosa maré ou que se beire a santidade.

Pelas cores podemos observar que o parágrafo tem quatro períodos:

Ideia principal ⟶ **Argumento/explicação** ⟶ **Argumento/explicação** ⟶ **Conclusão ou fechamento**

Algumas palavras ou expressões de ligação ajudam nesse encadeamento. Observe as destacadas: ajudam a encadear, a fazer as ideias terem uma continuidade, dando mais clareza ao que se quer expressar. São palavras de ligação:

E (inicial) — acrescenta uma ideia à primeira parte da frase.

Ou então — dá outra possibilidade.

E (final) — faz o encerramento das ideias do parágrafo.

Leia os trechos a seguir e assinale o item que expressa o sentido que as palavras de ligação destacadas trazem para eles:

a) "No ano passado, o grupo de adolescentes que furou a enorme fila para assistir ao *show* gratuito de Naná Vasconcelos, na qual eu e outros esperávamos por horas, impediu nossa liberdade. Os jovens receberam os ingressos gratuitos que, **embora** devessem ser nossos, se esgotaram antes de chegarmos à bilheteria."

Nesse período, a palavra de ligação **embora** traz:

- acréscimo de ideia.
- ideia contrária à anterior.
- justificativa.
- comparação.

b) "**Por exemplo**, que dano social pode ser causado pelo roubo de 'lembrancinhas' — de toalhas e cinzeiros de hotel a cobertores de companhias aéreas? **Bem**, os hotéis e companhias aéreas compensam os custos de substituir esses objetos aumentando levemente o preço."

Nesse período, a expressão de ligação **por exemplo**:

- traz ideia contrária.
- expressa finalidade.
- acrescenta ideia.
- faz comparação.

A palavra de ligação **bem** nesse período:

- expressa finalidade.
- apresenta ideia contrária.
- conclui a ideia anterior.
- faz comparação.

c) "O fura-fila indireto me irritou **não só porque** demorou mais para me atenderem, **mas também porque** o segundo ato estava prestes a começar."

Nesse período, as duas expressões de ligação se completam e podem indicar:

- ideias contrárias.
- comparação.
- justificativa.
- finalidade.

A estrutura do artigo de opinião

O texto "A mania nacional da transgressão leve" foi publicado originalmente em uma seção chamada *Outras ideias*, de um jornal brasileiro.

Entre os significados da palavra *ideia*, encontramos: "maneira de ver", "opinião pensada ou formulada sobre um assunto".

O fato de o texto ter sido publicado em uma seção que leva essa palavra no título reforça que se trata de um **artigo de opinião**, isto é, expressa ideias de alguém.

Para defender as próprias ideias, geralmente o autor busca argumentos que possam sustentá-las.

Assim, o texto poderá ser desenvolvido com as seguintes partes:

a) apresentar a **ideia** ou **opinião** principal;

b) expor **argumentos para convencer** o leitor;

c) apresentar suas **conclusões**.

Leia os esquemas sobre o texto para verificar as etapas acima:

A mania nacional da transgressão leve

Introdução:
apresentação
da opinião do autor.

1º parágrafo — Pequenos delitos são transgressões leves que passam impunes [...]

Argumentação:
fatos, ideias, citações,
exemplos que
sustentam a opinião.

2º parágrafo — Alguns pequenos delitos — fazer barulho em casa a ponto de incomodar os vizinhos ou usar as calçadas como depósito de lixo e de cocô de cachorro — diminuem a qualidade de vida [...]

3º parágrafo — No ano passado, o grupo de adolescentes que furou a enorme fila para assistir ao *show* gratuito de Naná Vasconcelos [...]

4º parágrafo — A frase de Millôr também cai como uma luva para o casal que recentemente pediu a um amigo [...]

5º parágrafo — Outros pequenos delitos causam danos porque representam uma pequena parte da reação em cadeia [...]

6º parágrafo — Por exemplo, que dano social pode ser causado pelo roubo de "lembrancinhas" [...]

7º parágrafo — Outros pequenos delitos são mais fáceis de classificar, mas igualmente tentadores de cometer. [...]

8º parágrafo — Um dos meus vizinhos disse que alguns desses pequenos delitos, como vários tipos de caixa dois, são fruto da necessidade. [...]

9º parágrafo — Outro vizinho vendeu sua cobertura no Rio com uma vista espetacular da floresta da Tijuca [...]

Conclusão:
retomada da opinião
apresentada na
introdução e resumo das
ideias do autor, reforçando
seu posicionamento.

10º parágrafo — Apesar de os delitos pequenos estarem institucionalizados demais para notar ou serem tentadores demais para resistir, dizer "não" a eles beneficia a sociedade como um todo. [...]

Veja abaixo o esquema com a representação dessas partes do texto:

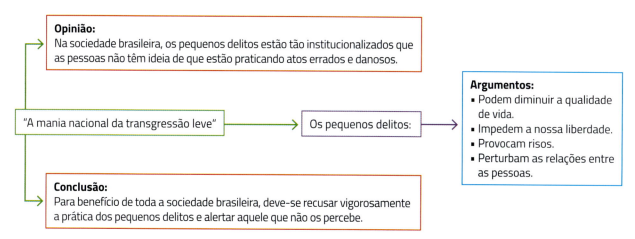

Opinião:
Na sociedade brasileira, os pequenos delitos estão tão institucionalizados que as pessoas não têm ideia de que estão praticando atos errados e danosos.

"A mania nacional da transgressão leve" → Os pequenos delitos:

Argumentos:
- Podem diminuir a qualidade de vida.
- Impedem a nossa liberdade.
- Provocam risos.
- Perturbam as relações entre as pessoas.

Conclusão:
Para benefício de toda a sociedade brasileira, deve-se recusar vigorosamente a prática dos pequenos delitos e alertar aquele que não os percebe.

▶ Depois de ler e compreender bem os esquemas, responda:

a) Qual (Quais) argumento(s) você considera que melhor pode(m) convencer o leitor?

b) Releia a parte da conclusão do texto. O autor defende que um "não" vigoroso aos pequenos delitos vai beneficiar a sociedade. Você:

- concorda totalmente?
- discorda?
- concorda em parte e sugere alguma coisa a mais?

Hora de organizar o que estudamos

▶ Copie o esquema a seguir no caderno e complete-o com as palavras do quadro.

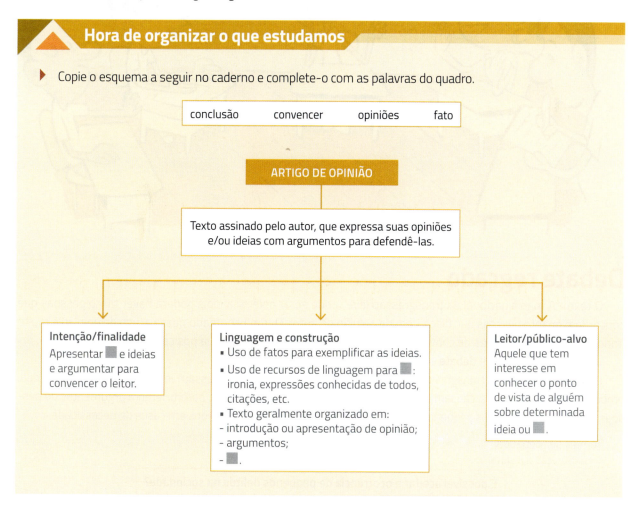

| conclusão | convencer | opiniões | fato |

ARTIGO DE OPINIÃO

Texto assinado pelo autor, que expressa suas opiniões e/ou ideias com argumentos para defendê-las.

Intenção/finalidade
Apresentar ▨ e ideias e argumentar para convencer o leitor.

Linguagem e construção
- Uso de fatos para exemplificar as ideias.
- Uso de recursos de linguagem para ▨: ironia, expressões conhecidas de todos, citações, etc.
- Texto geralmente organizado em:
- introdução ou apresentação de opinião;
- argumentos;
- ▨.

Leitor/público-alvo
Aquele que tem interesse em conhecer o ponto de vista de alguém sobre determinada ideia ou ▨.

Prática de oralidade

Conversa em jogo

Pequenos delitos

▶ Converse com os colegas sobre o dia a dia de vocês:

a) Vocês observam algum dos delitos apontados no texto? Se sim, exemplifiquem com fatos presenciados ou vivenciados por vocês.

b) Há outros fatos que também podem ser considerados pequenas transgressões e incomodam vocês? Por quê?

c) Vocês concordam com a ideia de que essas transgressões são uma "mania nacional"?

Jean Galvão/Arquivo da editora

Debate regrado

O texto "A mania nacional da transgressão leve" pode gerar polêmica, pois poderá haver tanto pessoas que concordem quanto pessoas que discordem da opinião do autor. O tema abordado nesse artigo de opinião é muito importante para as relações de convivência. Por isso, cada um deve definir sua posição sobre ele.

Vamos, então, fazer um **debate** seguindo algumas regras.

Pequenos delitos são transgressões leves que, segundo Michael Kepp, passam impunes. Ele cita delitos que, embora pareçam pequenos, causam danos a toda a sociedade. O próprio autor, porém, lembra argumentos de pessoas que consideram que os pequenos delitos são justificáveis se forem cometidos em casos de necessidade.

Tema a ser debatido:

> **É possível aceitar a ocorrência de pequenos delitos na sociedade?**

Preparação

1▸ Defina seu posicionamento sobre o tema do debate. Reflita sobre as razões, os motivos que levam você a assumir essa posição.

2▸ O professor dividirá os alunos em grupos, de acordo com as posições que surgirem.

a) No grupo em que você foi incluído, discutam as razões que os levaram a assumir essa posição: ideias, fatos, experiências, orientações que vocês receberam de seus pais ou responsáveis.

b) Façam uma lista com os argumentos, isto é, as justificativas que vocês considerarem mais fortes para sustentar sua posição no debate.

c) Escolham um dos participantes para representar seu grupo como **debatedor**. Ele deverá ter consigo a lista de argumentos elaborada pelo grupo. Os demais participantes poderão, em momento adequado, complementar a fala do debatedor do grupo.

Momento do debate

1▸ Um aluno deverá ser o **mediador** do debate. Ele terá as seguintes atribuições:

- apresentar o assunto a ser debatido;
- justificar a importância da discussão sobre a polêmica;
- controlar o tempo da fala de cada debatedor;
- interromper, com gentileza, a fala do debatedor, caso ultrapasse o tempo previsto, avisando-o de que seu tempo se esgotou;
- dirigir os debatedores, de modo que façam perguntas um ao outro sobre as posições apresentadas;
- organizar a participação dos observadores após o debate, isto é, dar a palavra, com tempo estabelecido, a quem quiser questionar os debatedores.

Jovens em sala de aula.

2▸ No dia determinado pelo professor, realizem o debate.

> **! Atenção**
>
> Lembre-se de que, mesmo havendo opiniões contrárias, no debate deve prevalecer o respeito: você precisa ouvir a opinião do outro com atenção sem desfazer das posições contrárias à sua, esperar a vez de falar, não interromper quem fala.
>
> Se necessitar interromper alguém em algum momento, seja gentil: utilize expressões como "com licença", "permita-me", "por favor", "obrigado(a)".

Avaliação

▸ Copie a tabela no caderno e preencha-a.

Item avaliado	Qualidade dos argumentos	Atuação dos debatedores	Participação dos observadores	Desempenho do mediador
Comentários				

Comentário em *site*

Na seção anterior, você e seus colegas participaram de um debate sobre o tema do texto "A mania nacional da transgressão leve". Agora, retomem as equipes do debate para elaborar um comentário expressando a opinião defendida.

> **Comentário** é um texto, escrito ou oral, em que se apresenta um ponto de vista, uma opinião, uma avaliação ou uma observação sobre algo. Geralmente é breve, assinado e se vincula a uma publicação com conteúdo verbal e/ou visual.
>
> Os comentários podem circular em mídias impressas e digitais e atualmente são muito comuns em redes sociais e *sites* da internet.

Vejam alguns exemplos:

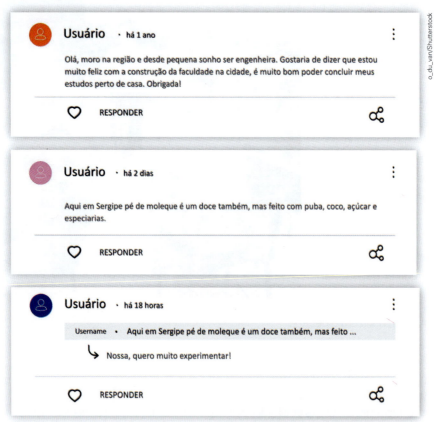

o_du_van/Shutterstock

Conversem sobre os comentários lidos: São mais formais e planejados ou são mais espontâneos e informais? Justifiquem sua opinião.

Os textos produzidos pelas equipes serão publicados pelo professor em um *site*, em forma de comentário relacionado a uma publicação na internet sobre o assunto debatido. Assim, os argumentos de vocês poderão alcançar mais pessoas e ampliar a discussão!

➤ **Planejamento**

1▸ **Com a turma toda.** Além das pequenas transgressões já citadas por vocês na subseção *Conversa em jogo*, acompanhem o conteúdo que o professor vai apresentar não só sobre outras pequenas transgressões, mas também sobre os danos que elas podem causar na sociedade e os motivos que, em alguns casos, as pessoas alegam ter para cometê-las.

2▸ Conversem sobre as novas informações.

3▸ Na sala de informática ou em outro ambiente da escola com computadores conectados à internet, acessem, em duplas ou em pequenos grupos, o *site* em que o conteúdo exposto foi publicado e verifiquem o espaço destinado aos comentários. Caso outras pessoas tenham comentado, leiam o que elas escreveram. Vocês também podem acessar outros *sites* para investigar como os comentários costumam ser postados. Conversem com o professor sobre isso.

➠ **Produção**

1▸ Em sala de aula, reúna-se novamente com a equipe que você integrou durante o debate. Retomem a lista de argumentos que o grupo elaborou na etapa de preparação do debate e que foi utilizada como base para o posicionamento do grupo na prática oral.

2▸ Considerando tudo o que vocês observaram sobre a construção dos comentários lidos na internet e a linguagem empregada na redação deles, escrevam o texto, lembrando-se de:

- organizar o comentário em três partes — **apresentação da opinião** da equipe, **argumentos** contra ou a favor sobre a afirmação de que pequenos delitos são sempre condenáveis porque podem trazer grandes consequências e **conclusão**;
- usar uma linguagem clara e objetiva, que pode ser mais informal, mas resultar em um texto bem escrito;
- expressar a opinião aos possíveis leitores de forma ética e respeitosa;
- assinar o texto, escrevendo o nome da equipe e o nome da escola em que estudam e identificando a sua turma.

➠ **Revisão e edição**

1▸ Revisem e editem o texto produzido em conjunto, fazendo as adequações que julgarem necessárias.

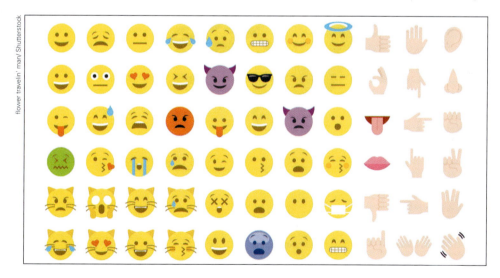

flower travelin' man/ Shutterstock

⊘ Atenção

Se quiserem, vocês podem escolher *emoticons* (aqueles ícones divertidos, com rostinhos e outras imagens) ou outros símbolos do teclado e usá-los no comentário, indicando no texto em que momento cada elemento deve entrar.

2▸ Após a revisão, escolham um aluno para digitar o texto finalizado. Salvem o conteúdo no local indicado pelo professor.

➠ **Circulação**

1▸ Combinem com o professor uma data e um horário para a publicação do comentário das equipes para que vocês possam acompanhá-lo no momento da postagem.

2▸ Depois da publicação, estabeleçam datas para visitar o *site*. Assim, é possível avaliar a repercussão dos comentários da turma e interagir com internautas que possam ter respondido às postagens de vocês.

Outras linguagens: Foto, tira e cartum como forma de expressar opinião

Vocês leram um artigo de opinião em que o autor manifesta um posicionamento e argumenta para defender as próprias ideias.

Há outras formas de manifestar posicionamentos e expressar opinião sobre algum fato.

Ao tirar uma foto, o fotógrafo pode escolher o ângulo que melhor atende sua intenção de mostrar algo. Dependendo do foco escolhido, a foto pode revelar a intenção do fotógrafo de expressar uma ideia que possa ser compreendida por meio de uma imagem, mesmo que o leitor não leia o texto.

1. As duas fotos a seguir fazem parte de **notícia** e **reportagem**. Observem ambas e conversem sobre elas.

   Foto A: Faz parte da notícia que denuncia um fato grave ocorrido por causa dos fios desencapados.

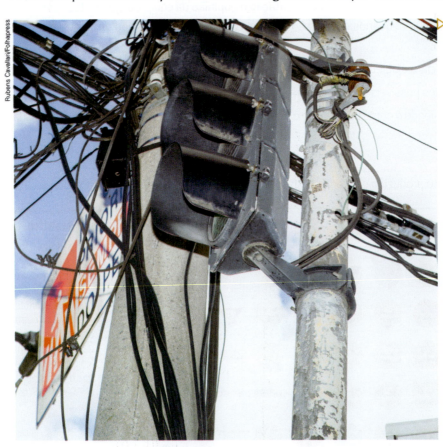

Rubens Cavallari/Folhapress

▷ Poste com fios desencapados na esquina das ruas Silva Bueno e Lima e Silva, no bairro Ipiranga, em São Paulo, 2017.

a) Nas imagens, geralmente podemos observar planos que revelam o que se pretende expressar com ênfase. O que aparece em primeiro plano e, portanto, mostra o foco dado pelo fotógrafo a essa foto?

b) Leiam a legenda da foto: Qual é o problema mais grave apontado na legenda?

c) Leiam as três alternativas a seguir. Conversem sobre qual pode indicar a finalidade predominante dessa foto:

   - Apenas comprovar um fato.
   - Denunciar algo irregular.
   - Somente ilustrar a notícia.

2. Agora observe esta outra foto.

Foto B: Faz parte de uma reportagem sobre o trabalho de crianças no garimpo de Bom Futuro, no município de Ariquemes, no estado de Rondônia.

"Infância roubada", de Antônio Gaudério, retrato de crianças trabalhando no garimpo Bom Futuro, em Ariquemes (RO), 1998.

Antonio Gaudério/Folhapress

a) Observem os planos nessa foto:

- O que está em primeiro plano?
- E no segundo plano?

b) Observem as cores, os pés descalços, as crianças que aparecem no ângulo formado pelas pernas e conversem: Fotos podem ser uma forma de manifestar uma opinião sobre algum fato? Se sim, que tipo de posicionamento do fotógrafo a respeito do trabalho de crianças em garimpos essa imagem pode expressar?

Tira, cartum e opinião

1▶ Observem esta sequência de três tiras e um cartum criados pela cartunista Laerte.

> **cartum:** desenho humorístico que satiriza comportamentos humanos, geralmente destinado à publicação jornalística.

1

© Laerte/Acervo da cartunista

LAERTE. *Classificados*. São Paulo: Devir, 2002. v. 2.

2

LAERTE. *Classificados.* São Paulo: Devir, 2002. v. 2.

3

LAERTE. *Classificados.* São Paulo: Devir, 2002. v. 2.

4

LAERTE. *Classificados.* São Paulo: Devir, 2002. v. 2.

As tiras e o cartum reproduzidos apresentam, cada qual, um pequeno (ou grande) **delito**, isto é, um ato que vai contra uma lei, uma regra ou uma ordem, constituindo uma falta que sempre prejudica alguém. Relacionem a cada tira e cartum os delitos apresentados a seguir.

a) Desrespeitar o direito das outras pessoas, desconsiderando-as.

b) Enganar as pessoas aproveitando-se do tipo de cargo ou profissão que tem para conseguir privilégios para si próprio.

c) Desrespeitar a propriedade da coletividade ou do outro.

d) Tentar fazer que outra pessoa seja seu cúmplice.

2 Conversem sobre quais foram as possíveis intenções de quem produziu as tiras e o cartum.

a) Provocar humor, fazer rir.

b) Mostrar que os delitos são insignificantes, sem importância.

c) Salientar que atos aparentemente inofensivos podem ser prejudiciais.

d) Estimular o leitor a praticar os mesmos atos.

e) Motivar o leitor a se posicionar criticamente contra "pequenos" delitos.

Poema e opinião

É possível defender um posicionamento ou uma opinião em versos? Vocês vão conferir essa possibilidade nos textos a seguir.

Leiam juntos o poema "Razão de ser":

Razão de ser
Paulo Leminski

Escrevo. E pronto.
Escrevo porque preciso,
Preciso porque estou tonto.
Ninguém tem nada com isso.
Escrevo porque amanhece,
e as estrelas lá no céu
lembram letras no papel,
quando o poema me anoitece.
A aranha tece teias.
O peixe beija e morde o que vê.
Eu escrevo apenas.
Tem que ter por quê?

LEMINSKI, Paulo. *Melhores poemas.*
São Paulo: Global, 2002. p. 33.

Conversem sobre as questões a seguir:

a) Qual é a ideia principal que o poema quer defender?

b) Quais são as razões ou os argumentos apresentados para defender essa ideia?

Letra de canção e opinião

Leiam — e se possível cantem — um trecho da letra da canção do grupo O Rappa.

Minha alma (a paz que eu não quero)

Marcelo Yuka

A minha alma tá armada e apontada
Para a cara do sossego!
(Sêgo! Sêgo! Sêgo! Sêgo!)
Pois paz sem voz, paz sem voz
Não é paz, é medo!
(Medo! Medo! Medo! Medo!)

Às vezes, eu falo com a vida,
Às vezes, é ela quem diz:
"Qual a paz que eu não quero conservar,
Pra tentar ser feliz?"

As grades do condomínio
São pra trazer proteção
Mas também trazem a dúvida
Se é você que tá nessa prisão
[...]

YUKA, Marcelo. Minha alma (a paz que eu não quero). Intérprete: O Rappa. In: *Instinto coletivo*: ao vivo. São Paulo: Warner Brasil, 2001. 1 CD. Faixa 7.

Gustavo Grazziano/Arquivo da editora

▶ Conversem sobre a seguinte questão:
Qual é a ideia principal defendida nesse trecho da letra de canção?

🎧 **Ouça mais**

Seja você mesmo. Gabriel o Pensador. Sony BMG. CD.

Gabriel é um dos mais importantes nomes do *rap* brasileiro. Cheio de ideias e argumentos, neste CD ele fala sobre as injustiças que vemos em nosso país. Conheça um pouco mais da obra desse compositor que nos mostra que "a gente pensa que é livre pra falar tudo que pensa, mas a gente sempre pensa um pouco antes de falar".

Reprodução/Sony BMG

Língua: usos e reflexão

Formas de organizar as orações: tipos de predicado

Para atender às nossas necessidades de comunicação, podemos organizar as frases de diversas maneiras. Para essa organização, uma das coisas que devem ser observadas é o sentido que as relações entre o sujeito e o predicado pode produzir nos textos.

Na unidade anterior, você estudou o predicado nominal para **caracterizar o sujeito** — indicar estado, qualidade, mudança de estado — por meio do **predicativo do sujeito**. Vamos ver outras formas de o predicado trazer informações sobre o sujeito. Copie os esquemas a seguir no caderno e compare as duas orações:

Oração A

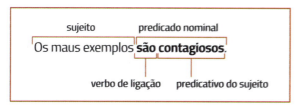

Oração B

1▸ Escreva em seu caderno em qual oração:

a) o predicado informa uma ação do sujeito.

b) o predicado informa uma qualidade do sujeito.

O predicado é a parte da oração que traz as informações principais sobre o sujeito. Essas informações podem estar concentradas principalmente sobre dois termos:

Oração A: A informação importante expressa pelo predicado está no **predicativo do sujeito**, isto é, na característica ou no estado do sujeito — *contagiosos*. O predicativo do sujeito é o núcleo. O predicado é **nominal**, e o verbo é de **ligação**.

Oração B: A informação importante expressa pelo predicado está na ação do sujeito: *causam*. O verbo é o núcleo do predicado e é chamado de **significativo**, pois expressa uma ideia fundamental sobre o sujeito. O predicado é **verbal**.

Atenção: Observe que é sempre fundamental **localizar o verbo** para identificarmos que tipo de informação é expressa sobre o sujeito.

2▸ Leia as orações a seguir e identifique em qual delas o predicado informa uma ação do sujeito e em qual delas o predicado informa uma qualidade do sujeito.

a) Um grupo de adolescentes furou uma enorme fila à minha frente.

b) Pequenos delitos são transgressões leves.

A seguir, veja mais detalhes do predicado verbal.

Predicado verbal

Transitividade verbal: verbos transitivos e verbos intransitivos

1▸ Leia os quadrinhos reproduzidos a seguir e responda às questões.

LAERTE. Lola, a andorinha. *Folha de S.Paulo*, São Paulo, 2 nov. 2013. Folhinha, p. 8.

No caderno, responda:

a) Quem está falando sobre as habilidades do nenê?

b) A andorinha Lola parece querer também mostrar suas habilidades perto do nenê. Como ela faz isso?

c) Qual é a provável razão de Lola ter respondido que não sabe sobre quem é o desenho feito pelo nenê?

2▸ Compare as frases ditas sobre o nenê:

    I. "Nenê já anda."

    II. "Nenê já fala."

   III. "Nenê já faz desenho."

a) Qual é o sujeito dessas frases?

b) Assinale a alternativa correta sobre o que indicam os verbos dessas frases:

- estado do sujeito
- ação do sujeito
- característica do sujeito

c) Nas frases **I** e **II**, não há um complemento para o verbo. Qual é o complemento do verbo na frase **III**? Copie esse verbo e o termo que o complementou.

Nas frases **I** e **II**, as formas verbais *anda* e *fala* expressam ações, ideias significativas sobre o sujeito e não precisam de complementos para ter o sentido completo.

Dizemos que se trata de verbos **intransitivos**.

Na frase **III**, a forma verbal *faz* expressa a ação do sujeito, mas foi necessário um complemento — *desenho* — para que tivesse sentido completo. Por precisar de complemento, trata-se de um verbo transitivo.

> *Transitivo* é uma palavra que vem de *transitar*: passar, andar, percorrer.

Os verbos **transitivos** expressam uma ação que não fica apenas com o sujeito. O efeito da ação precisa de um complemento para ter o sentido completo. Assim, na frase **III**, o nenê pratica uma ação (*faz*), e essa ação precisa de um complemento (*desenho*).

Verbos **transitivos** ou **intransitivos** são **significativos**, isto é, trazem a ideia central sobre o sujeito. Por isso são sempre núcleos do predicado verbal.

Complementos verbais

3▸ Leia a tira reproduzida a seguir e responda às questões no caderno.

BROWNE, Dik e Chris. *O melhor de Hagar, o horrível*. Porto Alegre: L&PM, 2013. v. 5, p. 13.

a) Por que foi pedido que se cortasse o óleo de lagarto que Helga, mulher de Hagar, deu a ele?

b) Releia a fala de Helga e observe como ela foi construída:

> Eu lhe dei pó de asa de morcego e óleo de lagarto duas vezes ao dia.

Indique:
- o sujeito.
- o predicado.

c) Responda: O verbo dessa oração é de ação ou de ligação? Por quê?

d) Qual é o papel da parte destacada com cor?

Observe:

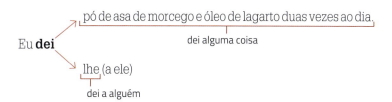

A forma verbal *dei* precisou de dois complementos para ter sentido completo. Portanto, trata-se de um verbo **transitivo**. Esses complementos são chamados de **objetos**.

Observe como esses complementos — os objetos — podem se relacionar com o verbo que estão complementando:

a) ligados ao verbo **sem preposição**

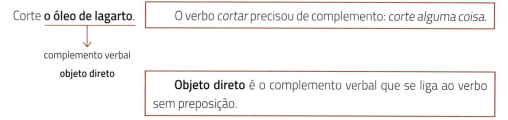

b) ligados ao verbo **com preposição**

Hagar precisa **de óleo de lagarto**.

preposição   complemento verbal

objeto indireto

> O verbo *precisar* necessitou de um complemento: Hagar *precisa de alguma coisa*.

> **Objeto indireto** é o complemento verbal que se liga ao verbo por meio de preposição.

Leia outras orações e observe os complementos:

O governo construirá **novos reservatórios de água**.

complemento verbal

objeto direto

> O verbo *construir* precisou de complemento: o governo *construirá alguma coisa*.

A escola necessita **de áreas de lazer**.

preposição   complemento verbal

objeto indireto

> O verbo *necessitar* precisou de complemento: a escola *necessita de alguma coisa*.

Observe que, na oração seguinte, o verbo precisará de dois complementos — um objeto direto e um objeto indireto — para que o sentido fique completo:

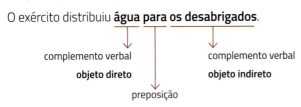

O exército distribuiu **água para os desabrigados**.

complemento verbal   complemento verbal

objeto direto   **objeto indireto**

preposição

> O verbo *distribuir* precisou de dois complementos: o exército *distribuiu alguma coisa para alguém*.

Hora de organizar o que estudamos

▸ Copie o esquema no caderno e escolha as palavras do quadro que completam corretamente as lacunas.

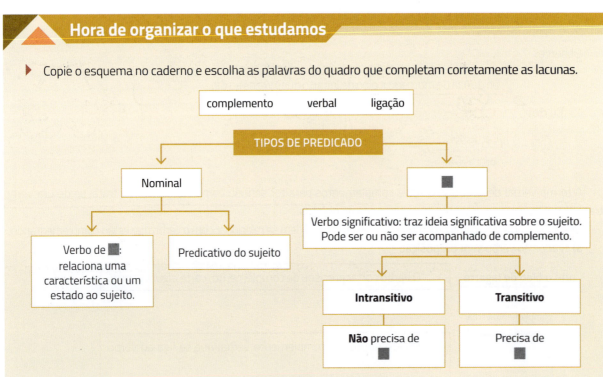

Atividades: tipos de predicado e complementos verbais

1▸ Leia a tira reproduzida a seguir. Depois, responda às questões no caderno.

WALKER, Mort. Recruta Zero. *O Estado de S. Paulo*, 23 nov. 2014. Caderno 2, p. C10.

a) Por que o personagem se espantou ao ver o Recruta Zero usando boias?

b) Copie as frases a seguir no caderno e complete as partes dos esquemas substituindo o sinal ■ pelo nome das funções de cada um dos elementos.

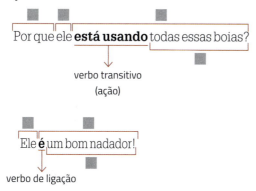

Por que ele **está usando** todas essas boias?
↓
verbo transitivo
(ação)

Ele **é** um bom nadador!
↓
verbo de ligação

2▸ Leia a tira reproduzida a seguir e responda às questões no caderno.

BROWNE, Dik. *O melhor de Hagar, o horrível.* Porto Alegre: L&PM, 2103. v. 5. p. 41.

a) O que mudou o comportamento de Hagar e de seu amigo?

b) Copie o esquema da oração em seu caderno. Depois, substitua o sinal ■ pelo nome das funções de cada um dos elementos:

A comida **está** um horror.

c) Leia a frase abaixo e responda às questões a seguir. Repare que o sujeito está subentendido: *você*.

> Chame o gerente aqui!

- Qual é o tipo de sujeito dessa oração?
- Transcreva no caderno o predicado.
- Qual é o verbo e qual é o seu complemento?
- Qual é o tipo de predicado dessa oração?

3▸ Das frases a seguir, assinale apenas as que tiverem complementos para o verbo, grifando-os:

a) A seca está cada vez mais intensa.

b) Por falta de água, suspenderam as aulas.

c) O nível da represa permanece baixo.

d) Pessoas estão economizando mais água.

e) As cidades precisam de mais reservatórios.

f) Governo dará desconto a quem economizar.

4▸ No caderno, copie as frases e indique o tipo de verbo que há nelas. A seguir, classifique o predicado em nominal ou verbal:

a) Alguns pequenos delitos diminuem a qualidade de vida.

b) Algumas ações foram fruto da necessidade imediata.

c) Muitos adolescentes saíram antes do fim do espetáculo.

d) O vizinho vendeu sua cobertura no Rio com uma vista espetacular.

e) Os compradores da casa ficaram prejudicados com a construção de um arranha-céu.

Tipos de predicado: sentidos e intenções dos textos

1▸ Leia o texto a seguir e responda às questões no caderno.

Edmund Hillary e Tenzing Norgay

Reidratando-se com canecas de chá depois de conquistarem o monte Everest, em maio de 1953, Hillary (à direita na foto abaixo), um esguio apicultor da Nova Zelândia, e Tenzing, um *sherpa* nepalês cujo segundo nome significa "o afortunado", relatam seu sucesso aos membros da nona Expedição Britânica que não foram ao cume. "Pronto", disse Hillary, "liquidamos o desgraçado!"

Algumas semanas depois, quando transportavam suprimentos para o colo oeste, um vale glacial inclinado (à direita), Tenzing salvou Hillary de uma queda letal em uma fenda, e a amizade dos dois escaladores cresceu.

▸ **reidratar:** tratar por água, beber líquido.

▸ **apicultor:** criador de abelhas.

▸ ***sherpa:*** povo da região mais montanhosa do Nepal, no alto do Himalaia.

▸ **nepalês:** oriundo do Nepal.

▸ **colo:** depressão entre duas elevações.

▸ **letal:** que pode causar a morte.

▸ **fenda:** buraco, rachadura profunda na terra.

Revista National Geographic Brasil. Grandes aventuras. Ed. Especial 173-A. São Paulo: Abril, 2014. p. 98.

a) Qual é a provável razão de os escaladores estarem se reidratando?

b) A quem Hillary se referia ao dizer: "Liquidamos o desgraçado!"?

c) Depois da conquista, a amizade entre Tenzing e Hillary aumentou. Por quê?

d) Observe os verbos empregados nesse texto. Responda no caderno: Que tipo de verbo foi mais empregado: verbo que indica ação ou verbo que ajuda a indicar características do que foi apresentado?

e) Observe ao lado a capa e, em especial, o título da revista de onde foi retirada a reportagem. Que relação pode existir entre o propósito da reportagem e o tipo de verbo empregado nela?

O tipo de predicado — nominal ou verbal — contribui para o estilo e a intenção predominantes do texto:

- **Predicado nominal**: foco predominante na caracterização; mais descritivo.
- **Predicado verbal**: foco predominante na ação; o destaque é sobre o fato, o acontecimento.

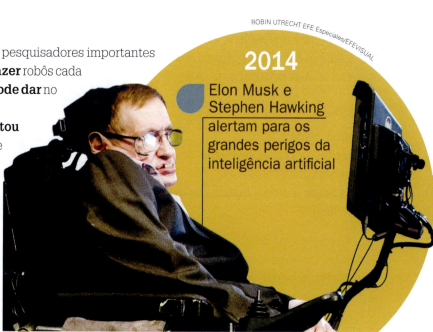

2▸ Leia o trecho de uma notícia em que Stephen Hawking (1942-2018), físico famoso que demonstrou sua preocupação com a crescente evolução de máquinas inteligentes, pois acreditava que elas poderiam sobrepor-se aos seres humanos. Depois, responda às questões no caderno.

A ameaça dos robôs

Salvador Nogueira
Colaboração para a Folha

O físico Stephen Hawking e outros pesquisadores importantes **estão** preocupados: essa história de **fazer** robôs cada vez mais inteligentes **é** um risco, que **pode dar** no fim da raça humana.

[...] Em entrevista à rede BBC, ele **alertou** para os perigos do desenvolvimento de máquinas superinteligentes.

"As formas primitivas de inteligência artificial que **temos** agora se **mostraram** muito úteis. Mas **acho** que o desenvolvimento de inteligência artificial completa **pode significar** o fim da raça humana", **disse** o cientista.

[...]

NOGUEIRA, Salvador. A ameaça dos robôs. *Folha de S.Paulo*, São Paulo, 16 dez. 2014. Cotidiano, p. C10.

O físico britânico Stephen Hawking.

a) Por que o físico estava preocupado com as máquinas inteligentes?

b) Releia a frase e resolva no caderno o que pedem os itens seguintes.

O físico Stephen Hawking e outros pesquisadores importantes estão preocupados.

- Transcreva o verbo.
- Que tipo de verbo é esse: de ligação ou de ação?
- Copie o sujeito.
- Copie o predicado e diga de que tipo ele é.

c) No trecho "[...] o desenvolvimento de inteligência artificial completa **pode significar** o fim da raça humana", é possível considerar a expressão verbal destacada uma ação? Explique.

d) No trecho da notícia estão destacados os verbos.

- Observe todos eles e diga que tipo de verbo predomina nesse trecho da notícia: verbos que expressam ação dos sujeitos a que se referem ou verbos que ligam estado ou características aos sujeitos a que se referem?
- Pelos verbos que você observou, qual é o tipo de predicado predominante na notícia?
- Transcreva três verbos que exemplifiquem sua resposta anterior.
- Pelos tipos de verbos indicados, você pode afirmar que a notícia se concentra em fatos/acontecimentos ou processos de descrição/caracterização?

A forma de organizar as frases de um texto contribui para expressar as intenções de quem escreve ou do gênero que está sendo produzido:

- Verbos significativos, de ação, podem predominar em gêneros mais narrativos, que expressem acontecimentos.
- Verbos que indicam estado ou mudança de estado ligam características ao sujeito. Esse tipo de predicado pode predominar em gêneros que sejam mais descritivos, ou seja, que precisem de mais caracterização.

Ordem frasal e efeitos de sentido nos textos

Na capa ao lado, várias frases foram organizadas para informar sobre as principais matérias de que a revista trata.

Leia a oração:

> Os "primos selvagens" dos nossos gatinhos domésticos perdem espaço nos biomas devastados [...].

Veja:

Verbo: *perdem*
Sujeito: *os "primos selvagens" dos nossos gatinhos domésticos*
Predicado: *perdem espaço nos biomas devastados* [...]

Observe que na oração acima o sujeito está antes do verbo e de todo o predicado. Pode-se esquematizar esse tipo de oração da seguinte maneira:

Sujeito ⟶ Predicado

Essa oração está na **ordem direta**.

Capa da revista *Terra da gente* n. 90, e outubro e 2011. A revista encerrou suas publicações em 2014.

Assim, ao ler a frase, o olhar do leitor recai primeiro sobre o **sujeito**. Veja:

Os "primos selvagens" dos nossos gatinhos domésticos perdem espaço nos biomas devastados [...].

Suponha que o jornalista queira chamar a atenção para o problema de os animais perderem espaço em seus *habitat*, dando destaque a essa ideia. A frase poderia ficar assim:

Perdem espaço nos biomas devastados os "primos selvagens" dos nossos gatinhos domésticos.

Nesse formato, a ordem da oração é:

Predicado ⟶ Sujeito

Nessa ordem, o sujeito ficou depois do verbo e de todo o predicado. Portanto, a oração está em **ordem inversa**.

Imagine agora que o jornalista quisesse dar destaque ao lugar em que o problema ocorre, no caso os *biomas devastados*:

Nos biomas devastados, perdem espaço os "primos selvagens" dos nossos gatinhos domésticos.

Nessa frase, também há ordem inversa, já que o sujeito está depois do verbo.

Atividades: ordem frasal

1▸ Identifique e marque no caderno o sujeito de cada uma das orações a seguir e indique também o núcleo de cada sujeito:

a) Alguns pequenos delitos diminuem a qualidade de vida em pequenas, mas significativas, doses.

b) Miniabusos podem causar minidanos.

2▸ Que tipo de ordem frasal há nas orações da atividade anterior: ordem direta ou ordem inversa?

3▸ O artigo de Michael Kepp é um texto jornalístico destinado a vários tipos de leitores. Volte a ele procurando observar, agora, que tipo de ordem frasal predomina: a direta ou a inversa?

4▸ Em sua opinião, há alguma relação entre essa modalidade de texto e a escolha das frases em ordem direta ou indireta?

5▸ Reescreva no caderno as frases em ordem inversa de duas maneiras diferentes. Para isso, você vai alterar a colocação do sujeito em relação ao verbo e ao predicado de acordo com cada pedido de destaque. Faça adaptações se for necessário.

a) "Lobos, linces, falcões e outros selvagens retornam à Alemanha." (*Terra da gente*, out. 2011.)

• Dê destaque ao retorno dos animais.

• Dê destaque ao lugar para onde voltaram.

Lince em seu hábitat, em Frankfurt, na Alemanha, 2017.

b) "Os macacos selvagens desenvolvem estratégias de sobrevivência na floresta [...]." (*Terra da gente*, out. 2011.)

• Dê destaque ao desenvolvimento de estratégias.

• Dê destaque ao local do desenvolvimento de estratégias.

6▸ Leia o título de notícia a seguir:

Espécie em extinção, três dos filhotes quadrigêmeos de guepardo descansam no zoo de Praga

Folha de S.Paulo, 20 dez. 2014. Cotidiano, C12.

Filhotes de guepardo, 2014.

a) Pela ordem dos termos na frase, que ideia teve destaque nesse título de notícia?

b) Reescreva o título de notícia no caderno alterando o destaque para:

- o descanso dos animais.
- os filhotes.

Oração sem sujeito

Você viu que há dois elementos que são essenciais na formação de uma oração: o **sujeito** e o **predicado**. Viu também que há tipos diferentes de sujeito.

Mas a gramática ainda aponta uma oração que é formada de um jeito diferente: é a **oração sem sujeito**. Observe esta oração:

É uma oração formada com os dois elementos: sujeito e predicado.

Já a frase a seguir é considerada pela gramática uma **oração sem sujeito**. Veja:

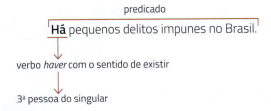

É considerada uma oração que tem apenas o predicado.

Veja uma oração com sujeito e predicado e, em seguida, outra oração com o verbo *haver* empregado com o sentido de existir:

sujeito	predicado	predicado
Maus exemplos	**são** contagiosos na sociedade.	**Há** maus exemplos contagiosos na sociedade.

O verbo *haver* com o sentido de existir, como no exemplo acima, é um verbo impessoal, empregado na 3ª pessoa do singular.

> A oração em que o verbo é impessoal, empregado na 3ª pessoa do singular, é chamada de **oração sem sujeito**.

Ter e *haver*

Na linguagem mais espontânea e menos monitorada do cotidiano, é mais comum o emprego do verbo *ter* no lugar do verbo *haver*:

> **Tem** maus exemplos contagiosos na sociedade.

em vez de:

> **Há** maus exemplos contagiosos na sociedade.

Casos de oração sem sujeito e verbos impessoais

A seguir, veja alguns casos considerados **orações sem sujeito** pela tradição gramatical do português. Em todos eles os verbos são empregados na 3ª pessoa do singular, pois são considerados **verbos impessoais**, uma vez que não há sujeito com o qual concordem.

1. Verbo *haver* sempre que tiver o sentido de *existir*:

> **Há** grandes artistas neste país.

Nessa frase, o verbo fica no singular e se considera que não há sujeito.

> **Existem** grandes artistas neste país.

Nessa frase, o verbo vai para o plural, pois se refere a *grandes artistas*, que é o sujeito simples dessa oração.

2. Verbos que indicam **fenômenos da natureza**: *chover, ventar, esfriar, nevar*, etc.:

> **Choveu** muito no Nordeste neste ano.

> **Ventava** na noite do acidente.

3. Verbos *ser* e *estar* indicando tempo ou fenômeno meteorológico:

> **É** <u>cedo</u> para você sair.

> **Era** <u>tarde</u> demais para consertar o erro.

> **Está** <u>um calor</u> insuportável.

4. Verbos *fazer* e *haver* quando indicam tempo decorrido:

> **Faz** <u>três horas</u> que estou na fila.

> **Há** <u>meses</u> não o vejo.

skynesher/E+/Getty Images

Atividades: tipos de sujeito

1▸ Leia a tira reproduzida a seguir.

SCHULZ, Charles M. Minduim. *O Estado de S. Paulo*, São Paulo, 1º out. 2011. Caderno 2, p. D6.

a) O que torna a tira engraçada?

b) Observe os verbos destacados na tira e indique o sujeito e como ele pode ser classificado.

2▸ Leia o cartum reproduzido a seguir e responda às questões no caderno.

THAVES, Bob. Frank & Ernest. *O Estado de S. Paulo*, São Paulo, 1º out. 2011. Caderno 2, p. D6.

a) Qual é a provável razão de o personagem "preferir" ratos a serpentes?

b) Qual é o sujeito a que se refere a forma verbal *preferia*?

c) Altere o sujeito para *nós* e reescreva a frase fazendo a concordância do verbo.

3▸ Leia os quadrinhos reproduzidos a seguir e responda às questões no caderno.

SOUSA, Mauricio de. *Almanaque Papa-Capim & Turma da mata*, n. 4, São Paulo: Panini Comics, out. 2011.

a) O que torna a tirinha engraçada?

b) Que tipo de sujeito pode ser identificado em relação ao verbo destacado no 1º quadrinho?

c) Jotalhão emprega uma forma verbal de um jeito bem informal. Transcreva-a e diga qual é o sujeito a que ela se refere.

d) Na fala "Elas não duram nada!", o verbo está na 3ª pessoa do plural. Pode-se afirmar que é um sujeito indeterminado? Explique sua resposta.

e) Ao dizer que desistiu de andar de bicicleta, Jotalhão afirma que "Elas não duram nada!". Por que ele usa o plural, e não o singular, nessa fala?

4▸ Localize o sujeito das frases a seguir, transcreva-o em seu caderno e classifique-o.

a) Encontraram ossos de dinossauros ainda desconhecidos dos cientistas.

b) Choveu muito durante as férias de janeiro.

c) Chuvas pesadas provocam enchentes no sul do país.

d) Há muitas crianças ainda sem escola no Brasil.

e) Faz muito tempo desde o encontro dos primeiros esqueletos da Pré-História.

f) Caíram nos telhados pedras enormes da construção.

g) É muito tarde para você dirigir sozinho na estrada.

h) Casas e carros foram arrastados pela enchente.

Desafios da língua

Ortografia e acentuação gráfica

Veja como é formada a palavra *ortografia*:

orto do grego *orthós*   e   **grafia**, do grego *grafia*

↓ correto   ↓ escrita

Lembremos o que significa *ortografia*: parte da gramática que estuda a maneira considerada correta de escrever as palavras de uma língua, de acordo com uma convenção estabelecida, isto é, de acordo com uma norma ou regra. As regras ou convenções ortográficas são determinadas por lei e fazem parte da gramática normativa.

As regras de acentuação são parte do estudo da ortografia.

Antes de rever e ampliar o estudo das regras de acentuação, reveja os conceitos de sílaba, sílaba tônica e classificação das palavras quanto à sílaba tônica.

Relembre também outros conceitos que facilitarão o emprego dos acentos gráficos.

▶ **convenção:** acordo sobre determinada atividade, assunto, etc., que obedece a entendimentos prévios e normas baseadas na experiência recíproca. As convenções ortográficas da língua portuguesa em uso no Brasil são estabelecidas pela ABL (Academia Brasileira de Letras), uma congregação de especialistas de língua portuguesa.

Encontros vocálicos

Observe os encontros vocálicos abaixo.

Ditongo — encontro de dois sons vocálicos pronunciados na mesma sílaba:

á-g**ua**   cá-r**ie**   cha-p**éu**

ou-tro   **Eu**-ro-pa   Pás-c**oa**

f**ei**-ra   d**oi**-do   m**ai**s

Tritongo — encontro de três sons vocálicos pronunciados na mesma sílaba:

Pa-ra-g**uai**   en-xa-g**uou**   a-g**uei**

Hiato — encontro de dois sons vocálicos pronunciados em duas sílabas:

s**a-í**-da   s**a-ú**-de   es-fr**i-a**r   r**a-í**-zes   j**u-i**z

Jean Galvão/Arquivo da editora

Vogais

As **vogais** (orais, nasais, abertas e fechadas) são a base de todas as sílabas em língua portuguesa. Leia:

t**a**pete ⟶ /a/   fogu**e**te ⟶ /ê/   t**e**to ⟶ /é/   ap**i**to ⟶ /i/

ap**o**sta ⟶ /ó/   r**o**sto ⟶ /ô/   aj**u**da ⟶ /u/

A língua portuguesa tem sete vogais denominadas orais, pois, ao serem pronunciadas, utilizam mais a cavidade bucal: /a/, /é/, /ê/, /i/, /ó/, /ô/, /u/.

Perceba que há diferenças na pronúncia da vogal nestas palavras:

fogu**e**te ⟶ /ê/: vogal fechada   t**e**to ⟶ /é/: vogal aberta

Há também vogais pronunciadas com a ajuda das cavidades nasais. Observe:

l**ã**   c**a**mpo   t**e**mpo   c**i**nto   **o**mbro   p**õ**e   conj**u**nto

São as chamadas vogais nasais: /ã/, /ẽ/, /ĩ/, /õ/, /ũ/.

Reveja agora as regras que orientam a acentuação gráfica das palavras.

Regras de acentuação

Tonicidade	Regras	Exemplos
1. Oxítonas	Acentuam-se as terminadas em **a(s)**, **e(s)**, **o(s)**, **em**, **ens**.	vatapá, dendê, carijó, também, vinténs
2. Paroxítonas	Acentuam-se as terminadas em **l**, **i(s)**, **n**, **us**, **r**, **ã(s)**, **x**, **um/uns**, **ei(s)**, **on(s)**, **ps**. Acentuam-se também as terminadas em ditongo.	fácil, júri, pólen, Vênus, caráter, ímã, tórax, álbum, álbuns, têxteis, prótons, bíceps história, negócios, água, espécie, enxágue, órgão, nódoa
3. Proparoxítonas	Todas são acentuadas.	sólido, cântico, excêntrico, fôlego, cítrico, lâmpada
4. Ditongos abertos *éu, éi, ói*	Acentuam-se os ditongos abertos **éu**, **éi**, **ói** quando forem a sílaba tônica nos monossílabos tônicos e nas palavras oxítonas.	céu, chapéu, anzóis, dói, pastéis
5. Formas verbais com pronome	cortar + a = cortá-la ↓ ↓ verbo pronome pessoal Para se acentuarem as formas verbais com pronome oblíquo, deve-se considerar cada uma das partes como uma palavra independente.	*cortá-lo* ⟶ *cortá*: oxítona terminada em **a**. ⟶ monossílabo átono **lo** *vendê-la* ⟶ *vendê*: oxítona terminada em **e**. ⟶ monossílabo átono **la**
6. Verbos *ter* e *vir* e seus derivados	Acentua-se a 3ª pessoa do plural, no presente do indicativo, para distingui-la da 3ª pessoa do singular. Nas formas derivadas, a 3ª pessoa do singular recebe acento agudo.	Ele tem ⟶ Eles têm Ele vem ⟶ Eles vêm Ele contém ⟶ Eles contêm Ele convém ⟶ Eles convêm
7. Vogais *i* e *u* tônicas do hiato	Acentuam-se quando: · formarem hiato com a vogal anterior; · estiverem sozinhas ou seguidas de **s**; · não forem seguidas de **nh**; · não vierem precedidas de ditongo nas palavras paroxítonas.	saúde, proíbem, juízo, reúne faísca rainha, moinho feiura, boiuna

1 ▸ Consultando o quadro da página anterior, identifique e transcreva no caderno a regra que determina a acentuação de cada um dos seguintes grupos de palavras:

a) espécime – tática – ótica – ônibus – Líbano

b) tábua – história – gênio – óleo – tênue – mágoa

c) pastéis – troféu – herói – réu – rói

d) acarajé – parabéns – alguém – avô – você – será

e) saúde – caído – egoísmo – Luís

f) fácil – sofrível – amável – possível

g) médium – bônus – fóruns

2 ▸ Reescreva as orações a seguir no caderno e empregue o acento gráfico nas palavras em que ele for necessário.

a) Os policiais detem todas as pessoas que tem atitude suspeita durante as Olimpiadas.

b) No forum para o desenvolvimento das nações, varias resoluções foram votadas pelos presentes nas assembleias e nos debates.

c) Dolar baixo deve reduzir exportações de produtos agropecuarios.

d) O lider de um grupo não deve conhecer apenas tecnicas, mas deve tambem saber o que é convivencia com tolerancia.

Acentuação de monossílabos

Monossílabos tônicos e monossílabos átonos

1 ▸ Leia em voz alta, sem pressa, e procure perceber quais são as sílabas mais fortes das duas frases a seguir:

I. Não depende apenas **da** nossa vontade o fim **da** violência em nosso tempo.

II. Não **dá** para enfrentar sozinho a resistência **das** pessoas em aceitar o diferente.

Na escrita dessas duas frases, percebemos que há a palavra *da*, sem o acento gráfico, e a palavra *dá*, com o acento gráfico. Responda no caderno:

a) Qual é a diferença de sentido entre as palavras destacadas nas frases I e II?

b) Ao pronunciar as frases, o que você percebeu nas duas palavras que pudesse justificar a ausência ou o uso do acento gráfico?

Quando falamos, em geral não pronunciamos as palavras separadamente, mas em conjunto, nas frases que construímos.

Os monossílabos integram-se às frases como sílabas tônicas ou como sílabas átonas de outras palavras, no conjunto da frase.

Na frase **I**, o primeiro *da* parece fazer parte da palavra *nossa* na fala. Releia:

I. Não depende apenas **da** nossa vontade o fim **da** violência em nosso tempo.

Na frase **II**, perceba que o *dá* é falado com mais intensidade e se destaca das palavras que o rodeiam.

II. Não **dá** para enfrentar sozinho a resistência das pessoas em aceitar o diferente.

> **Monossílabo tônico** é a palavra que, na fala, recebe uma entonação bem marcada. Destaca-se como se fosse uma sílaba tônica dentro da frase.

2▸ Leia as frases a seguir em voz alta, sem pressa, observando como aparecem todas as palavras monossílabas. Em seguida, no caderno, faça um quadro com duas colunas e separe os monossílabos átonos em uma coluna e os monossílabos tônicos em outra.

a) Estava só, na casa, e não se sentia solitário: queria estar apenas com seus pensamentos.

b) Por mais que tentássemos, não conseguíamos pôr o carro em funcionamento: tivemos de ir a pé.

3▸ Leia a frase a seguir em voz alta. Preste atenção aos termos destacados:

> Pedro admitiu **seu** erro e se sentiu no **céu**.

O que se pode observar de semelhante e de diferente entre eles?

4▸ Compare as duas colunas a seguir:

meu	véu
seis	réis
bois	sóis

Observando as palavras, que regra de acentuação pode ser formulada?

Veja o quadro a seguir:

Monossílabo tônico	Monossílabo átono
• Intolerância e discriminação são **más** atitudes e só causam desarmonia.	• Eu não gosto de filme de terror, **mas**, para acompanhá-lo, irei.
• Não tenhas medo do futuro, **sê** forte e tem fé.	• **Se** eu encontrar, compro o livro que você pediu.
• Tenha **dó** daqueles que não tiveram chances na vida e ajude-os.	• O caso **do** aluno doente será resolvido hoje.

Assim podemos expressar a regra dos monossílabos tônicos:

> Os **monossílabos tônicos** são acentuados quando terminam em **a**, **e**, **o**, seguidos ou não de **s**.

Os monossílabos átonos não serão acentuados.

São considerados monossílabos átonos:

- artigos: *o, os, a, as, um, uns*;
- conjunções: *mas, e, pois, nem, ou*, etc.;
- pronomes oblíquos: *me, te, se, lhe, o, os, a, as*, etc.

5▸ Leia em voz alta e de forma expressiva o seguinte trecho de letra de canção.

Brasil nativo

Danilo Caymmi e Paulo César Pinheiro

Brasil, sei lá
Eu não vi na Terra inteira
O que nessa terra dá
E o que é que dá?
Gabiroba, gameleira,
Guariroba, gravatá
Tambatajá, ouricuri e jurema
Xingu, Jari, Madeira e Juruá
Do boto-cor-de-rosa ao boitatá
Dá
Goiaba, cajá-manga e cambucá
Caju, pitanga e guaraná
E dá vontade de cantar
Brasil, sei lá
Ou meu coração se engana
Ou uma terra igual não há
E o que é que dá?
[...]

CAYMMI, Danilo; PINHEIRO, Paulo César.
Brasil nativo. In: JOBIM, Antonio Carlos.
Passarim. Verve Records, Poligram,
1987. 1 LP.

Gustavo Grazziano/Arquivo da editora

a) Você concorda com a afirmação contida nos versos: Ou meu coração se engana/ou uma terra igual não há? Por quê?

b) Que tipo de efeito produz a predominância de oxítonas e de monossílabos tônicos ao se ler em voz alta a letra de canção?

c) Além das oxítonas e dos monossílabos tônicos, que outro traço sonoro é bastante evidente ao se ler em voz alta esse texto? Que efeito ele produz?

Acento diferencial

Com o *Acordo Ortográfico da Língua Portuguesa* (AOLP) entre os países de língua portuguesa assinado em 1990 e aprovado em lei pelo Brasil em 2009, manteve-se o **acento diferencial**, isto é, o acento gráfico para diferenciar palavras quanto ao sentido em:

Com acento	Sem acento
pôr (verbo)	por (preposição)
pôde (pretérito do verbo *poder*)	pode (presente do verbo *poder*)

▶ Suponha que você seja revisor de texto de um jornal e cheguem os seguintes trechos, em que os autores omitiram todos os acentos gráficos para escrever mais rápido. Cabe a você acentuar corretamente as palavras para liberar as frases para a edição final. Mãos à obra!

No caderno, copie apenas as palavras que devem ser acentuadas e, em seguida, justifique o acento.

a) Em cenas sem precedentes na historia, um oceano de gente afluiu a Roma para as cerimonias funebres do Papa.

b) *Operação Araguaia* e o primeiro livro sobre a guerrilha na Amazonia baseado em relatorio do exercito.

c) Ameaça de novo virus: milhões de pessoas mortas pode ser o terrivel saldo da gripe do frango.

d) A ultima edição de uma revista cientifica inglesa traz uma boa noticia na luta contra o HIV.

e) Agronegocios são os novos aliados das ONGs na batalha pela preservação ambiental de areas cultivaveis.

f) O recem-lançado livro de Manoel de Barros esta sendo muito bem-aceito pela critica.

g) O presidente não pode responder de modo veemente às perguntas feitas pelos jornalistas, pois o cerimonial fazia sinais para que todos se retirassem.

h) No trevo da rodovia Anhanguera, o governador diz que, sem aumentar o pedagio, o governo teria de por dinheiro no sistema.

Jean Galvão/Arquivo da editora

Outro texto do mesmo gênero

O texto a seguir é um artigo de opinião sobre um assunto muito importante relacionado ao meio escolar. Foi escrito pelo médico psiquiatra Jairo Bouer, formado pela Universidade de São Paulo, autor conhecido de livros sobre adolescência e sobre a sexualidade humana e com página nas principais redes sociais.

Forme uma dupla com um colega, leiam juntos o texto e conversem sobre as questões propostas na sequência.

Bullying é arma para ganhar popularidade

Jairo Bouer

Você já parou para pensar que jovens que praticam *bullying*, causando violência física ou psicológica em seus colegas, podem estar, no fundo, tentando se tornar mais populares ou ganhar um "*status*" especial na escola? Pois é!

Uma pesquisa da Universidade da Califórnia entrevistou mais de 3 mil alunos do Ensino Médio americano e concluiu que os jovens que querem chegar ao topo da liderança de suas turmas recorrem, muitas vezes, a brigas, ofensas e boatos maldosos para chegar lá. É como se a humilhação fosse uma estratégia de poder.

O interessante da pesquisa é que ela mostra um lado diferente do *bullying*. Ele não surge apenas como resultado de questões pessoais dos agressores (problemas em casa, transtornos de personalidade, etc.), mas como consequência de uma complexa rede de interações sociais do grupo.

E o que você tem a ver com isso? Por questões pessoais ou por processos sociais, o *bullying* pode provocar muitas cicatrizes em quem sofre esse tipo de experiência. Fenômeno muito comum no Brasil, ele faz com que jovens sofram em silêncio e não queiram nem passar perto da escola.

Quem pratica, muitas vezes, não consegue perceber o impacto que essas agressões e violências podem ter na vida dos seus colegas. E é fundamental que o grupo mostre para esse agressor que não é nada legal humilhar colegas. Na verdade, isso é covardia das feias!

Que tal trocar valores como poder, competição e mando (que poderiam incitar práticas violentas) por outros que tornem as pessoas e os grupos mais unidos? Quer palpites? Companheirismo, amizade, solidariedade, cooperação e ajuda, entre outros tantos! Achou careta? Então, espere alguns anos para que "caia a sua ficha" e você possa entender do que estava tentando fugir quando era agressivo ou intolerante com os outros.

BOUER, Jairo. *Bullying* é arma para ganhar popularidade. *Folha de S.Paulo*, São Paulo, 28 fev. 2011. Folhateen, p. 5.

1▸ Qual é a ideia principal defendida pelo autor do artigo?

2▸ Qual é o principal argumento do autor para defender a ideia apresentada?

3▸ O artigo mostra um fato: pesquisa conclui que os jovens usam a humilhação do outro como estratégia de poder. Qual é a opinião de vocês sobre esse fato?

a) Concordam totalmente com o que é expresso no texto.

b) Discordam do que é expresso.

c) Concordam parcialmente com as ideias apresentadas.

Seja qual for a opinião de vocês, justifiquem suas respostas.

Vocês estão em duplas, portanto as ideias podem divergir, isto é, ser diferentes. Vocês podem tentar convencer o colega, mas devem respeitar a opinião dele. Em momento indicado pelo professor, digam o que a dupla considerou.

4▸ No texto, o autor apresenta soluções:

> Quer palpites? Companheirismo, amizade, solidariedade, cooperação e ajuda, entre outros tantos!

Que outras soluções vocês dariam para combater a violência e a intolerância da prática de *bullying*?

5▸ Leia:

> A Lei nº 13.185, em vigor desde 2016, classifica o *bullying* como intimidação sistemática, quando há violência física ou psicológica em atos de humilhação ou discriminação. A classificação também inclui ataques físicos, insultos, ameaças, comentários e apelidos pejorativos, entre outros.
>
> Disponível em: <http://portal.mec.gov.br/component/tags/tag/34487>. Acesso em: 5 out. 2018.

Sabendo dessa informação, conversem:

a) O que fazer quando vocês presenciam alguma intimidação que pode ser caracterizada como *bullying*?

b) O que fazer quando vocês são as vítimas de *bullying*?

Mundo virtual

<http://doutorjairo.uol.com.br/>

Para ver mais publicações sobre adolescência e comportamento humano em geral, você pode navegar no *site* oficial do médico Jairo Bouer. Acesso em: 5 out. 2018.

Parágrafo argumentativo

Em 2011, foi realizada uma enquete com posterior votação, em âmbito mundial, para eleger as **Sete Maravilhas da Natureza**. Entre os lugares eleitos está a Floresta Amazônica, na América do Sul.

Foram 28 finalistas de diferentes partes do mundo, como o Monte Kilimanjaro, no leste da África, e a grande barreira de corais na Austrália. Escolhemos e reproduzimos a seguir a imagem de três outras finalistas. Qual das três, na sua opinião, não poderia faltar entre as Sete Maravilhas da Natureza? Leia a descrição desses lugares e escolha um.

> **enquete:** pesquisa de opinião sobre determinado assunto, baseada em depoimentos, experiências pessoais, etc.

Galápagos

O arquipélago de dezenove ilhas vulcânicas no oceano Pacífico é ainda hoje o maior laboratório vivo de Biologia do mundo. Tem cerca de 5 mil espécies de animais [...]. Foi a partir da observação dos animais em Galápagos que Charles Darwin elaborou a *Teoria da Evolução* das espécies. Entre os bichos que só existem por lá estão as tartarugas-gigantes, as iguanas-da-terra, os tubarões-de-galápagos e milhares de insetos.

[...] A riqueza da fauna e da flora de Galápagos é favorecida por sua formação geológica incomum, com atividades sísmicas e vulcânicas constantes, e pelo fato de o arquipélago ser isolado do continente.

Disponível em: <www.planetasustentavel.abril.com.br/especiais/superinteressante/galapagos.shtml>. Acesso em: abr. 2015.

Tartaruga-gigante em Galápagos, 2015.

Mar Morto

Situado 408 metros abaixo do nível do mar, o lago conhecido como mar Morto é o mais baixo reservatório de água do mundo e também o mais salgado, com sete vezes mais sal que os oceanos.

Localizado na foz do rio Jordão, o lago faz fronteira com Israel, a oeste, e com a Jordânia, a leste. O mar Morto recebe abundante quantidade de água doce vinda do rio Jordão, mas o calor extremo e a baixíssima umidade da região acabam por evaporá-la, deixando-o sempre salgado.

A grande quantidade de sal permite a fácil flutuação. Alguns acreditam que sua água tenha propriedades medicinais, o que fez surgir em sua orla uma grande quantidade de balneários voltados à saúde.

Adaptado de: <www.apolo11.com/volta_ao_mundo.php>. Acesso em: abr. 2015.

Mulher lê enquanto boia no Mar Morto, no Oriente Médio, em 2016.

Tucano nas Cataratas do Iguaçu, em Foz do Iguaçu, Paraná, 2016.

Cataratas do Iguaçu

As cataratas receberam seu primeiro nome da cultura ocidental: Salto de Santa Maria. Entretanto, prevaleceu mesmo o termo adotado pelos Guarani: Iguaçu (muita água). [...]

As cataratas do Iguaçu são, na verdade, um complexo de 275 quedas que se estendem por quase cinco quilômetros do rio Iguaçu. [...] São cercadas por parques nacionais de mata Atlântica. No Brasil, pelo Parque Nacional do Iguaçu, criado em 1939, e, na Argentina, pelo Parque Nacional del Iguazú. É uma área com fauna e flora ricas.

Disponível em: <www.guiageo-parana.com/iguacu.htm>.
Acesso em: abr. 2015.

➤➤ **Opinar e argumentar**

1▸ Formem grupos de quatro alunos. Imaginem que vocês são jurados e, dentre as três paisagens que estão aqui apresentadas, cada grupo deverá escolher uma para ser a ganhadora, convencendo seus leitores ou ouvintes de sua escolha.

a) Qual é a paisagem escolhida pelo seu grupo?

b) Que razões levaram vocês a essa escolha?

2▸ Construam **um parágrafo** para ser exposto ou falado, apresentando a escolha do grupo e expondo a opinião de vocês sobre a maravilha escolhida.

Vejam no quadro a seguir as partes que podem compor o parágrafo:

> Indiquem o nome da paisagem natural escolhida por vocês.
>
> **1. Início**: Etapa em que vocês geralmente apresentam a sua escolha, com os dados completos sobre o que foi escolhido.
>
> **2. Argumentos**: Com base nos dados que acompanham a imagem escolhida e, se quiserem, também com base em dados que vocês tenham pesquisado, elaborem um argumento, uma justificativa para a escolha. Lembrem-se de que vocês pretendem convencer seus leitores ou seus ouvintes da importância de sua escolha. Se considerarem necessário, pesquisem mais a maravilha escolhida por vocês para que seus argumentos sejam bastante convincentes.
>
> **3. Conclusão**: Ao final do parágrafo, se julgarem conveniente, apresentem uma conclusão, reforçando, de forma breve, os motivos da escolha de vocês.

Para ajudar na estruturação do parágrafo, vocês podem empregar elementos de ligação adequados para a argumentação, como *porque*, *então*, *entretanto*, *dessa forma*, *portanto*, etc.

Se quiserem, comecem um novo parágrafo e concluam-no. Não se esqueçam de, conforme a necessidade do texto, empregar na conclusão termos de ligação (conectivos) como *então*, *assim*, *logo*, *portanto*, etc.

3▸ Se possível, pesquisem na internet mais imagens da paisagem escolhida por vocês para ilustrar seus parágrafos.

4▸ Aguardem instruções do professor para a apresentação dos trabalhos.

5▸ Após a apresentação, montem um mural para expor os textos e as respectivas imagens. Com esse material produzido, vocês podem promover uma votação, levando em consideração os argumentos de cada um para que sua imagem escolhida seja uma das Sete Maravilhas da Natureza.

Artigo de opinião

Vocês exercitaram a argumentação produzindo parágrafos argumentativos para a escolha de paisagens.

Agora é hora de vocês produzirem um texto opinativo, um artigo de opinião.

Nesta unidade vocês leram dois artigos de opinião: "A mania nacional da transgressão leve", de Michael Kepp, e "*Bullying* é arma para ganhar popularidade", de Jairo Bouer. Em ambos os textos, os autores expõem sua opinião contra pessoas que, para conseguirem o que querem, não medem esforços nem pensam nas consequências de seus atos.

Será que os objetivos de uma pessoa justificam qualquer coisa desde que eles sejam alcançados?

Leiam estes quadrinhos de Sergio Aragonés, cartunista espanhol com trabalho reconhecido no mundo todo.

© Sergio Aragonés/Acervo do cartunista

ARAGONÉS, Sergio. *Mais do que palavras*. São Paulo: Abril, 1999. p. 96 e 123.

O que o menino desses quadrinhos e o homem que vendeu a cobertura fizeram para alcançar seus objetivos? Será que sempre **"os fins justificam os meios"**?

Essa é uma frase muito empregada para justificar atitudes. Vocês conhecem algum fato que exemplifique essa ideia? Qual é a opinião de vocês? Vocês podem assumir posições:

- concordando com essa ideia;
- discordando dela;
- concordando parcialmente.

Conversem sobre o sentido dessa frase. Ela será o **tema/assunto** do artigo de opinião que vocês vão produzir.

Registrem a posição que vocês escolheram diante desse **tema/assunto**.

Observem as orientações dadas a seguir.

↠ **Preparação**

Relembrem as características do texto que vocês vão produzir:

↠ **Versão inicial**

1▸ Juntos, anotem as ideias principais que surgirem e as palavras-chave que vocês acham que devem estar presentes no texto de vocês.

2▸ Durante a escrita, para encadear as ideias, não se esqueçam de empregar palavras para ajudar a organizar as partes; por exemplo: *assim*, *dessa forma*, *porque*, *entretanto*, *mas*, *pois*, etc.

3▸ Releiam o que for sendo escrito para que as ideias sejam articuladas entre si.

↠ **Revisão e reescrita**

1▸ Façam uma releitura final e observem: ficou clara a posição assumida por vocês diante do tema/assunto proposto?

2▸ Deem um título para o texto.

3▸ Observem se o texto está adequado quanto:

- ao gênero;
- à intenção;
- à linguagem;
- à escrita correta das palavras (ortografia);
- à pontuação e à divisão dos parágrafos.

4▸ Escolham alguém do grupo para passar a limpo o texto em uma folha definitiva ou para digitá-lo.

↠ **Apresentação**

1▸ Aguardem as instruções do professor para organizar uma apresentação.

2▸ Escolham um aluno do grupo para apresentar oralmente o posicionamento do grupo. Se quiserem, o texto produzido poderá ser lido.

3▸ Ao término da apresentação de cada representante, alguém do grupo poderá pedir a palavra para explicar, ampliar detalhes sobre o que o grupo produziu.

↠ **Circulação**

1▸ Decidam com o professor como publicar os artigos para que outras pessoas conheçam suas ideias.

2▸ Se houver possibilidade, será interessante publicar os artigos no jornalzinho, no *site* ou no *blog* da escola. Se não houver, vocês podem elaborar um painel a ser exposto no mural da escola.

Chegou o momento de fazer um balanço de tudo o que foi estudado na Unidade 8. Leia o quadro de conteúdos para recordar o que estudou e, no caderno, avalie seu desempenho usando os tópicos propostos a seguir como orientação. Isso ajudará você na hora de organizar seus estudos.

Meu desempenho

- **Compreendi bem** (registre no caderno os itens que você compreendeu)
- **Avancei em** (registre no caderno os itens em que você melhorou)
- **Preciso rever** (registre no caderno os itens que você precisa estudar mais)
- **Outras observações e/ou outras atividades**

UNIDADE 8	
Gênero Artigo de opinião	**LEITURA E INTERPRETAÇÃO** · Leitura do artigo de opinião "A mania nacional da transgressão leve", de Michael Kepp · Localização de ideias e partes principais no artigo de opinião · Inferência de sentidos determinados por escolhas de linguagem do texto · Identificação de recursos de persuasão em textos argumentativos **PRODUÇÃO** **Oral** · Debate regrado **Escrita** · Produção de parágrafo argumentativo e artigo de opinião · Interatividade: Comentário em *site*
Ampliação de leitura	**CONEXÕES** · Outras linguagens: Foto, tira e cartum como forma de expressar opinião · Poema e opinião · Letra de canção e opinião **OUTRO TEXTO DO MESMO GÊNERO** · "*Bullying* é arma para ganhar popularidade", de Jairo Bouer
Língua: usos e reflexão	· Palavras de ligação no texto argumentativo · Oração: tipos de predicado · Verbos transitivos e intransitivos · Complementos verbais (objeto direto e objeto indireto) · Tipos de predicado e intenções do texto · Ordem frasal e efeitos de sentido no texto · Oração sem sujeito · Usos de verbos em linguagem informal · Desafios da língua: ortografia e acentuação gráfica
Participação em atividades	· Orais · Coletivas · Em grupo

Jean Galvão/Arquivo da editora

Quadros para ampliação dos estudos gramaticais

Unidade 3

Advérbio

Advérbio é a classe de palavras que pode acrescentar circunstâncias ao verbo, ao adjetivo ou a outro advérbio.

Os advérbios podem indicar diferentes **circunstâncias**. Veja exemplos no quadro a seguir.

Advérbios	
de tempo	agora, já, amanhã, ontem, jamais, nunca, logo, cedo, etc.
de negação	não, nunca, etc.
de modo	bem, mal, depressa, devagar, assim (além da maioria dos terminados em *-mente*, por exemplo: suavemente, claramente, raivosamente), etc.
de lugar	aqui, ali, lá, atrás, detrás, acima, embaixo, longe, etc.
de intensidade	mais, menos, muito, pouco, bastante, demais, etc.
de dúvida	talvez, possivelmente, provavelmente, etc.
de afirmação	sim, certamente, realmente, mesmo, de fato, etc.

Unidade 6

Classes de palavras que podem atuar como determinantes do substantivo

Artigos

Definidos	Indefinidos
o, os	um, uns
a, as	uma, umas

Numerais

Cardinais	um, dois, três, quatro, cinco, seis, sete, oito...
Ordinais	primeiro, segundo, terceiro, quarto, quinto, sexto, sétimo...
Fracionários	meio, metade, terço, quarto, quinto, sexto, sétimo...
Multiplicativos	duplo ou dobro, triplo ou tríplice, quádruplo, quíntuplo...

Pronomes

Possessivos

Pessoa		Pesssoa	
1ª do singular	meu(s), minha(s)	1ª do plural	nosso(s), nossa(s)
2ª do singular	teu(s), tua(s)	2ª do plural	vosso(s), vossa(s)
3ª do singular	seu(s), sua(s)	3ª do plural	seu(s), sua(s)

Demonstrativos

Masculino		Feminino		Invariáveis
Singular	Plural	Singular	Plural	
este	estes	esta	estas	isto
esse	esses	essa	essas	isso
aquele	aqueles	aquela	aquelas	aquilo

Observação: Há outras palavras que podem ser empregadas como pronomes demonstrativos: *mesmo(s)*, *mesma(s)*, *próprio(s)*, *própria(s)*, *semelhante(s)*.

Indefinidos

Variáveis	Invariáveis
algum, alguns, alguma(s)	alguém
nenhum, nenhuns, nenhuma(s)	ninguém
outro(s), outra(s)	outrem
todo(s), toda(s)	tudo
muito(s), muita(s)	nada
pouco(s), pouca(s)	cada
certo(s), certa(s)	algo
vário(s), vária(s)	quem
tanto(s), tanta(s)	–
quanto(s), quanta(s)	–
qualquer, quaisquer	–

Observação: os pronomes indefinidos invariáveis não atuam como determinantes, acompanham substantivos ou aparecem sozinhos, substituindo nomes.

Modelos de conjugação verbal

Verbos regulares — 1ª conjugação — modelo: *cantar*

INDICATIVO					
Presente	Pretérito imperfeito	Pretérito perfeito		Pretérito mais-que-perfeito	
		Simples	Composto	Simples	Composto
canto	cantava	cantei	tenho cantado	cantara	tinha cantado
cantas	cantavas	cantaste	tens cantado	cantaras	tinhas cantado
canta	cantava	cantou	tem cantado	cantara	tinha cantado
cantamos	cantávamos	cantamos	temos cantado	cantáramos	tínhamos cantado
cantais	cantáveis	cantastes	tendes cantado	cantáreis	tínheis cantado
cantam	cantavam	cantaram	têm cantado	cantaram	tinham cantado

INDICATIVO			
Futuro do presente		Futuro do pretérito	
Simples	Composto	Simples	Composto
cantarei	terei cantado	cantaria	teria cantado
cantarás	terás cantado	cantarias	terias cantado
cantará	terá cantado	cantaria	teria cantado
cantaremos	teremos cantado	cantaríamos	teríamos cantado
cantareis	tereis cantado	cantaríeis	teríeis cantado
cantarão	terão cantado	cantariam	teriam cantado

SUBJUNTIVO		
Presente	Pretérito perfeito	Pretérito imperfeito
cante	tenha cantado	cantasse
cantes	tenhas cantado	cantasses
cante	tenha cantado	cantasse
cantemos	tenhamos cantado	cantássemos
canteis	tenhais cantado	cantásseis
cantem	tenham cantado	cantassem

SUBJUNTIVO		
Pretérito mais-que-perfeito	Futuro	
	Simples	Composto
tivesse cantado	cantar	tiver cantado
tivesses cantado	cantares	tiveres cantado
tivesse cantado	cantar	tiver cantado
tivéssemos cantado	cantarmos	tivermos cantado
tivésseis cantado	cantardes	tiverdes cantado
tivessem cantado	cantarem	tiverem cantado

IMPERATIVO	
Afirmativo	**Negativo**
–	–
canta (tu)	não cantes (tu)
cante (você)	não cante (você)
cantemos (nós)	não cantemos (nós)
cantai (vós)	não canteis (vós)
cantem (vocês)	não cantem (vocês)

FORMAS NOMINAIS			
Infinitivo impessoal	**Infinitivo pessoal**	**Gerúndio**	**Particípio**
cantar	cantar	cantando	cantado
	cantares		
	cantar		
	cantarmos		
	cantardes		
	cantarem		

2ª conjugação — modelo: *vender*

INDICATIVO					
Presente	**Pretérito imperfeito**	**Pretérito perfeito**		**Pretérito mais-que-perfeito**	
		Simples	**Composto**	**Simples**	**Composto**
vendo	vendia	vendi	tenho vendido	vendera	tinha vendido
vendes	vendias	vendeste	tens vendido	venderas	tinhas vendido
vende	vendia	vendeu	tem vendido	vendera	tinha vendido
vendemos	vendíamos	vendemos	temos vendido	vendêramos	tínhamos vendido
vendeis	vendíeis	vendestes	tendes vendido	vendêreis	tínheis vendido
vendem	vendiam	venderam	têm vendido	venderam	tinham vendido

INDICATIVO			
Futuro do presente		**Futuro do pretérito**	
Simples	**Composto**	**Simples**	**Composto**
venderei	terei vendido	venderia	teria vendido
venderás	terás vendido	venderias	terias vendido
venderá	terá vendido	venderia	teria vendido
venderemos	teremos vendido	venderíamos	teríamos vendido
vendereis	tereis vendido	venderíeis	teríeis vendido
venderão	terão vendido	venderiam	teriam vendido

SUBJUNTIVO		
Presente	Pretérito perfeito	Pretérito imperfeito
venda	tenha vendido	vendesse
vendas	tenhas vendido	vendesses
venda	tenha vendido	vendesse
vendamos	tenhamos vendido	vendêssemos
vendais	tenhais vendido	vendêsseis
vendam	tenham vendido	vendessem

SUBJUNTIVO		
Pretérito mais-que-perfeito	Futuro	
	Simples	Composto
tivesse vendido	vender	tiver vendido
tivesses vendido	venderes	tiveres vendido
tivesse vendido	vender	tiver vendido
tivéssemos vendido	vendermos	tivermos vendido
tivésseis vendido	venderdes	tiverdes vendido
tivessem vendido	venderem	tiverem vendido

IMPERATIVO	
Afirmativo	Negativo
–	–
vende (tu)	não vendas (tu)
venda (você)	não venda (você)
vendamos (nós)	não vendamos (nós)
vendei (vós)	não vendais (vós)
vendam (vocês)	não vendam (vocês)

FORMAS NOMINAIS			
Infinitivo impessoal	Infinitivo pessoal	Gerúndio	Particípio
vender	vender	vendendo	vendido
	venderes		
	vender		
	vendermos		
	venderdes		
	venderem		

3ª conjugação — modelo: *partir*

INDICATIVO					
Presente	**Pretérito imperfeito**	**Pretérito perfeito**		**Pretérito mais-que-perfeito**	
		Simples	**Composto**	**Simples**	**Composto**
parto	partia	parti	tenho partido	partira	tinha partido
partes	partias	partiste	tens partido	partiras	tinhas partido
parte	partia	partiu	tem partido	partira	tinha partido
partimos	partíamos	partimos	temos partido	partíramos	tínhamos partido
partis	partíeis	partistes	tendes partido	partíreis	tínheis partido
partem	partiam	partiram	têm partido	partiram	tinham partido

INDICATIVO			
Futuro do presente		**Futuro do pretérito**	
Simples	**Composto**	**Simples**	**Composto**
partirei	terei partido	partiria	teria partido
partirás	terás partido	partirias	terias partido
partirá	terá partido	partiria	teria partido
partiremos	teremos partido	partiríamos	teríamos partido
partireis	tereis partido	partiríeis	teríeis partido
partirão	terão partido	partiriam	teriam partido

SUBJUNTIVO		
Presente	**Pretérito perfeito**	**Pretérito imperfeito**
parta	tenha partido	partisse
partas	tenhas partido	partisses
parta	tenha partido	partisse
partamos	tenhamos partido	partíssemos
partais	tenhais partido	partísseis
partam	tenham partido	partissem

SUBJUNTIVO		
Pretérito mais-que-perfeito	**Futuro**	
	Simples	**Composto**
tivesse partido	partir	tiver partido
tivesses partido	partires	tiveres partido
tivesse partido	partir	tiver partido
tivéssemos partido	partirmos	tivermos partido
tivésseis partido	partirdes	tiverdes partido
tivessem partido	partirem	tiverem partido

IMPERATIVO	
Afirmativo	**Negativo**
–	–
parte (tu)	não partas (tu)
parta (você)	não parta (você)
partamos (nós)	não partamos (nós)
parti (vós)	não partais (vós)
partam (vocês)	não partam (vocês)

FORMAS NOMINAIS			
Infinitivo impessoal	Infinitivo pessoal	Gerúndio	Particípio
partir	partir	partindo	partido
	partires		
	partir		
	partirmos		
	partirdes		
	partirem		

Verbos auxiliares — *ser*

INDICATIVO					
Presente	Pretérito imperfeito	Pretérito perfeito		Pretérito mais-que-perfeito	
		Simples	Composto	Simples	Composto
sou	era	fui	tenho sido	fora	tinha sido
és	eras	foste	tens sido	foras	tinhas sido
é	era	foi	tem sido	fora	tinha sido
somos	éramos	fomos	temos sido	fôramos	tínhamos sido
sois	éreis	fostes	tendes sido	fôreis	tínheis sido
são	eram	foram	têm sido	foram	tinham sido

INDICATIVO			
Futuro do presente		Futuro do pretérito	
Simples	Composto	Simples	Composto
serei	terei sido	seria	teria sido
serás	terás sido	serias	terias sido
será	terá sido	seria	teria sido
seremos	teremos sido	seríamos	teríamos sido
sereis	tereis sido	seríeis	teríeis sido
serão	terão sido	seriam	teriam sido

Nik Neves/Arquivo da editora

SUBJUNTIVO		
Presente	Pretérito perfeito	Pretérito imperfeito
seja	tenha sido	fosse
sejas	tenhas sido	fosses
seja	tenha sido	fosse
sejamos	tenhamos sido	fôssemos
sejais	tenhais sido	fôsseis
sejam	tenham sido	fossem

SUBJUNTIVO		
Pretérito mais-que-perfeito	Futuro	
	Simples	Composto
tivesse sido	for	tiver sido
tivesses sido	fores	tiveres sido
tivesse sido	for	tiver sido
tivéssemos sido	formos	tivermos sido
tivésseis sido	fordes	tiverdes sido
tivessem sido	forem	tiverem sido

IMPERATIVO	
Afirmativo	Negativo
–	–
sê (tu)	não sejas (tu)
seja (você)	não seja (você)
sejamos (nós)	não sejamos (nós)
sede (vós)	não sejais (vós)
sejam (vocês)	não sejam (vocês)

FORMAS NOMINAIS			
Infinitivo impessoal	Infinitivo pessoal	Gerúndio	Particípio
ser	ser	sendo	sido
	seres		
	ser		
	sermos		
	serdes		
	serem		

estar

INDICATIVO					
Presente	Pretérito imperfeito	Pretérito perfeito		Pretérito mais-que-perfeito	
		Simples	Composto	Simples	Composto
estou	estava	estive	tenho estado	estivera	tinha estado
estás	estavas	estiveste	tens estado	estiveras	tinhas estado
está	estava	esteve	tem estado	estivera	tinha estado
estamos	estávamos	estivemos	temos estado	estivéramos	tínhamos estado
estais	estáveis	estivestes	tendes estado	estivéreis	tínheis estado
estão	estavam	estiveram	têm estado	estiveram	tinham estado

INDICATIVO			
Futuro do presente		**Futuro do pretérito**	
Simples	Composto	Simples	Composto
estarei	terei estado	estaria	teria estado
estarás	terás estado	estarias	terias estado
estará	terá estado	estaria	teria estado
estaremos	teremos estado	estaríamos	teríamos estado
estareis	tereis estado	estaríeis	teríeis estado
estarão	terão estado	estariam	teriam estado

SUBJUNTIVO		
Presente	Pretérito perfeito	Pretérito imperfeito
esteja	tenha estado	estivesse
estejas	tenhas estado	estivesses
esteja	tenha estado	estivesse
estejamos	tenhamos estado	estivéssemos
estejais	tenhais estado	estivésseis
estejam	tenham estado	estivessem

SUBJUNTIVO		
Pretérito mais-que-perfeito	**Futuro**	
	Simples	Composto
tivesse estado	estiver	tiver estado
tivesses estado	estiveres	tiveres estado
tivesse estado	estiver	tiver estado
tivéssemos estado	estivermos	tivermos estado
tivésseis estado	estiverdes	tiverdes estado
tivessem estado	estiverem	tiverem estado

IMPERATIVO	
Afirmativo	Negativo
–	–
está (tu)	não estejas (tu)
esteja (você)	não esteja (você)
estejamos (nós)	não estejamos (nós)
estai (vós)	não estejais (vós)
estejam (vocês)	não estejam (vocês)

FORMAS NOMINAIS			
Infinitivo impessoal	Infinitivo pessoal	Gerúndio	Particípio
estar	estar	estando	estado
	estares		
	estar		
	estarmos		
	estardes		
	estarem		

ter

INDICATIVO					
Presente	Pretérito imperfeito	Pretérito perfeito		Pretérito mais-que-perfeito	
		Simples	Composto	Simples	Composto
tenho	tinha	tive	tenho tido	tivera	tinha tido
tens	tinhas	tiveste	tens tido	tiveras	tinhas tido
tem	tinha	teve	tem tido	tivera	tinha tido
temos	tínhamos	tivemos	temos tido	tivéramos	tínhamos tido
tendes	tínheis	tivestes	tendes tido	tivéreis	tínheis tido
têm	tinham	tiveram	têm tido	tiveram	tinham tido

INDICATIVO			
Futuro do presente		Futuro do pretérito	
Simples	Composto	Simples	Composto
terei	terei tido	teria	teria tido
terás	terás tido	terias	terias tido
terá	terá tido	teria	teria tido
teremos	teremos tido	teríamos	teríamos tido
tereis	tereis tido	teríeis	teríeis tido
terão	terão tido	teriam	teriam tido

SUBJUNTIVO		
Presente	Pretérito perfeito	Pretérito imperfeito
tenha	tenha tido	tivesse
tenhas	tenhas tido	tivesses
tenha	tenha tido	tivesse
tenhamos	tenhamos tido	tivéssemos
tenhais	tenhais tido	tivésseis
tenham	tenham tido	tivessem

SUBJUNTIVO		
Pretérito mais-que-perfeito	Futuro	
	Simples	Composto
tivesse tido	tiver	tiver tido
tivesses tido	tiveres	tiveres tido
tivesse tido	tiver	tiver tido
tivéssemos tido	tivermos	tivermos tido
tivésseis tido	tiverdes	tiverdes tido
tivessem tido	tiverem	tiverem tido

IMPERATIVO	
Afirmativo	Negativo
–	–
tem (tu)	não tenhas (tu)
tenha (você)	não tenha (você)
tenhamos (nós)	não tenhamos (nós)
tende (vós)	não tenhais (vós)
tenham (vocês)	não tenham (vocês)

FORMAS NOMINAIS			
Infinitivo impessoal	Infinitivo pessoal	Gerúndio	Particípio
ter	ter	tendo	tido
	teres		
	ter		
	termos		
	terdes		
	terem		

haver

INDICATIVO					
Presente	Pretérito imperfeito	Pretérito perfeito		Pretérito mais-que-perfeito	
		Simples	Composto	Simples	Composto
hei	havia	houve	–	houvera	–
hás	havias	houveste	–	houveras	–
há	havia	houve	tem havido	houvera	tinha havido
havemos	havíamos	houvemos	–	houvéramos	–
haveis	havíeis	houvestes	–	houvéreis	–
hão	haviam	houveram	–	houveram	–

INDICATIVO			
Futuro do presente		Futuro do pretérito	
Simples	Composto	Simples	Composto
haverei	–	haveria	–
haverás	–	haverias	–
haverá	terá havido	haveria	teria havido
haveremos	–	haveríamos	–
havereis	–	haveríeis	–
haverão	–	haveriam	–

SUBJUNTIVO		
Presente	Pretérito perfeito	Pretérito imperfeito
haja	–	houvesse
hajas	–	houvesses
haja	tenha havido	houvesse
hajamos	–	houvéssemos
hajais	–	houvésseis
hajam	–	houvessem

SUBJUNTIVO		
Pretérito mais-que-perfeito	Futuro	
	Simples	Composto
–	houver	–
–	houveres	–
tivesse havido	houver	tiver havido
–	houvermos	–
–	houverdes	–
–	houverem	–

IMPERATIVO	
Afirmativo	Negativo
–	–
há (tu)	não hajas (tu)
haja (você)	não haja (você)
hajamos (nós)	não hajamos (nós)
havei (vós)	não hajais (vós)
hajam (vocês)	não hajam (vocês)

FORMAS NOMINAIS			
Infinitivo impessoal	Infinitivo pessoal	Gerúndio	Particípio
haver	haver	havendo	havido
	haveres		
	haver		
	havermos		
	haverdes		
	haverem		

Verbos irregulares — *fazer*

INDICATIVO					
Presente	Pretérito imperfeito	Pretérito perfeito		Pretérito mais-que-perfeito	
		Simples	Composto	Simples	Composto
faço	fazia	fiz	tenho feito	fizera	tinha feito
fazes	fazias	fizeste	tens feito	fizeras	tinhas feito
faz	fazia	fez	tem feito	fizera	tinha feito
fazemos	fazíamos	fizemos	temos feito	fizéramos	tínhamos feito
fazeis	fazíeis	fizestes	tendes feito	fizéreis	tínheis feito
fazem	faziam	fizeram	têm feito	fizeram	tinham feito

INDICATIVO			
Futuro do presente		Futuro do pretérito	
Simples	Composto	Simples	Composto
farei	terei feito	faria	teria feito
farás	terás feito	farias	terias feito
fará	terá feito	faria	teria feito
faremos	teremos feito	faríamos	teríamos feito
fareis	tereis feito	faríeis	teríeis feito
farão	terão feito	fariam	teriam feito

SUBJUNTIVO		
Presente	Pretérito perfeito	Pretérito imperfeito
faça	tenha feito	fizesse
faças	tenhas feito	fizesses
faça	tenha feito	fizesse
façamos	tenhamos feito	fizéssemos
façais	tenhais feito	fizésseis
façam	tenham feito	fizessem

SUBJUNTIVO		
Pretérito mais-que-perfeito	Futuro	
	Simples	Composto
tivesse feito	fizer	tiver feito
tivesses feito	fizeres	tiveres feito
tivesse feito	fizer	tiver feito
tivéssemos feito	fizermos	tivermos feito
tivésseis feito	fizerdes	tiverdes feito
tivessem feito	fizerem	tiverem feito

IMPERATIVO	
Afirmativo	Negativo
–	–
faz/faze (tu)	não faças (tu)
faça (você)	não faça (você)
façamos (nós)	não façamos (nós)
fazei (vós)	não façais (vós)
façam (vocês)	não façam (vocês)

FORMAS NOMINAIS			
Infinitivo impessoal	Infinitivo pessoal	Gerúndio	Particípio
fazer	fazer	fazendo	feito
	fazeres		
	fazer		
	fazermos		
	fazerdes		
	fazerem		

dizer

INDICATIVO					
Presente	Pretérito imperfeito	Pretérito perfeito		Pretérito mais-que-perfeito	
		Simples	Composto	Simples	Composto
digo	dizia	disse	tenho dito	dissera	tinha dito
dizes	dizias	disseste	tens dito	disseras	tinhas dito
diz	dizia	disse	tem dito	dissera	tinha dito
dizemos	dizíamos	dissemos	temos dito	disséramos	tínhamos dito
dizeis	dizíeis	dissestes	tendes dito	disséreis	tínheis dito
dizem	diziam	disseram	têm dito	disseram	tinham dito

INDICATIVO			
Futuro do presente		Futuro do pretérito	
Simples	Composto	Simples	Composto
direi	terei dito	diria	teria dito
dirás	terás dito	dirias	terias dito
dirá	terá dito	diria	teria dito
diremos	teremos dito	diríamos	teríamos dito
direis	tereis dito	diríeis	teríeis dito
dirão	terão dito	diriam	teriam dito

SUBJUNTIVO

Presente	Pretérito perfeito	Pretérito imperfeito
diga	tenha dito	dissesse
digas	tenhas dito	dissesses
diga	tenha dito	dissesse
digamos	tenhamos dito	disséssemos
digais	tenhais dito	dissésseis
digam	tenham dito	dissessem

SUBJUNTIVO

Pretérito mais-que-perfeito	Futuro	
	Simples	Composto
tivesse dito	disser	tiver dito
tivesses dito	disseres	tiveres dito
tivesse dito	disser	tiver dito
tivéssemos dito	dissermos	tivermos dito
tivésseis dito	disserdes	tiverdes dito
tivessem dito	disserem	tiverem dito

IMPERATIVO

Afirmativo	Negativo
–	–
diz/dize (tu)	não digas (tu)
diga (você)	não diga (você)
digamos (nós)	não digamos (nós)
dizei (vós)	não digais (vós)
digam (vocês)	não digam (vocês)

FORMAS NOMINAIS

Infinitivo impessoal	Infinitivo pessoal	Gerúndio	Particípio
dizer	dizer	dizendo	dito
	dizeres		
	dizer		
	dizermos		
	dizerdes		
	dizerem		

trazer

INDICATIVO

Presente	Pretérito imperfeito	Pretérito perfeito		Pretérito mais-que-perfeito	
		Simples	Composto	Simples	Composto
trago	trazia	trouxe	tenho trazido	trouxera	tinha trazido
trazes	trazias	trouxeste	tens trazido	trouxeras	tinhas trazido
traz	trazia	trouxe	tem trazido	trouxera	tinha trazido
trazemos	trazíamos	trouxemos	temos trazido	trouxéramos	tínhamos trazido
trazeis	trazíeis	trouxestes	tendes trazido	trouxéreis	tínheis trazido
trazem	traziam	trouxeram	têm trazido	trouxeram	tinham trazido

INDICATIVO			
Futuro do presente		**Futuro do pretérito**	
Simples	Composto	Simples	Composto
trarei	terei trazido	traria	teria trazido
trarás	terás trazido	trarias	terias trazido
trará	terá trazido	traria	teria trazido
traremos	teremos trazido	traríamos	teríamos trazido
trareis	tereis trazido	traríeis	teríeis trazido
trarão	terão trazido	trariam	teriam trazido

SUBJUNTIVO		
Presente	Pretérito perfeito	Pretérito imperfeito
traga	tenha trazido	trouxesse
tragas	tenhas trazido	trouxesses
traga	tenha trazido	trouxesse
tragamos	tenhamos trazido	trouxéssemos
tragais	tenhais trazido	trouxésseis
tragam	tenham trazido	trouxessem

SUBJUNTIVO		
Pretérito mais-que-perfeito	Futuro	
	Simples	Composto
tivesse trazido	trouxer	tiver trazido
tivesses trazido	trouxeres	tiveres trazido
tivesse trazido	trouxer	tiver trazido
tivéssemos trazido	trouxermos	tivermos trazido
tivésseis trazido	trouxerdes	tiverdes trazido
tivessem trazido	trouxerem	tiverem trazido

IMPERATIVO	
Afirmativo	Negativo
–	–
traz/traze (tu)	não tragas (tu)
traga (você)	não traga (você)
tragamos (nós)	não tragamos (nós)
trazei (vós)	não tragais (vós)
tragam (vocês)	não tragam (vocês)

FORMAS NOMINAIS			
Infinitivo impessoal	Infinitivo pessoal	Gerúndio	Particípio
trazer	trazer	trazendo	trazido
	trazeres		
	trazer		
	trazermos		
	trazerdes		
	trazerem		

Projeto de Leitura

Caro leitor,

Conhecer nossa história pessoal nos dá segurança sobre nossa identidade e nosso lugar no mundo. Talvez seja por esse motivo que, em geral, as pessoas gostem muito de relatar fatos da própria vida, recordando acontecimentos e personagens que tornaram significativo algum momento da sua existência.

Na coletânea *Relatos: realidade e imaginação em jogo*, que faz parte deste volume, foram reunidos alguns relatos (ficcionais ou não), compostos em diferentes linguagens:

- em prosa ou versos — quando escritos;
- em desenho, fotografia, pintura — quando a linguagem visual foi a escolhida;
- em quadrinhos — com a linguagem verbal (escrita) e a linguagem não verbal (visual).

Comparando os diferentes relatos, você observará como as escolhas dos recursos de linguagem contribuem para distinguir uma produção de outra, pois, ao relatar o que é pessoal, cada autor imprime sua "marca" especial. Isso também acontece se um personagem "decide" fazer um relato pessoal.

Para explorar todas as possibilidades que a reunião desses relatos oferece, você está convidado a participar de um projeto de leitura estruturado em atividades desafiadoras, que vão fazê-lo interagir com os textos, com a arte e com os colegas, desfrutando do prazer de criar, cantar, desenhar, escrever... Aguarde as instruções do professor.

Explicações dadas e convite feito, vamos ao projeto!

Participe!

As autoras

Relatos: realidade e imaginação em jogo

Coletânea

Sumário

No coração

Juca Novaes e Ize Novaes

A noite estrelada
escura, encantada
nos traz solidão
eu paro no tempo
procuro e relembro
o tempo tão bom
lembro a velha casa
com parque, sacada,
jardim e porão
o meu cão Bolinha
a avó na surdina
o gol no botão

Simone Matias/Arquivo da editora

me lembro do quarto
daquele retrato
do primeiro amor
da mamãe gritando
um, dois, três, chamando
pra comer feijão
e quando eu acordo
com os olhos molhados
percebo, então,
que tudo é passado
são fatos guardados
no meu coração.

NOVAES, Juca; NOVAES, Ize. Intérprete: Lucila Novaes.
Frestas de céu. [s.l.]: Dabliú Discos, 1998. 1 CD.

José de Araujo Novaes Neto (Juca Novaes) nasceu em 1958, na cidade de Avaré (SP). É compositor, cantor e produtor cultural. Lançou dez discos com sua obra autoral e mais oito como integrante do conjunto vocal paulistano Trovadores Urbanos, do qual é um dos criadores. Tem músicas gravadas por artistas como Jane Duboc, Lenine, Danilo Caymmi, entre outros. **Luiz Cesar Piedade Novaes** (Ize Novaes) nasceu em Avaré (SP), em 1961, é um dos irmãos de Juca Novaes e também é músico.

O Menino Maluquinho

ZIRALDO. *As melhores tiradas do Menino Maluquinho.*
São Paulo: Melhoramentos, 2000. © Cia. Melhoramentos de São Paulo.

Texto 3

Calvin e Haroldo

WATTERSON, Bill. *Felino, selvagem, psicopata, homicida.* São Paulo: Best Expressão Social, 1996.

Texto 4

O que você está fazendo?

NEPOMUCENO, Tiago. Disponível em: <tiagonepomuceno.com.br>. Acesso em: jan. 2019.

Ziraldo Alves Pinto nasceu em 1932, em Caratinga (MG). Além de desenhista, é escritor, jornalista, chargista e pintor. Começou sua carreira em jornais e revistas.

William Boyd (Bill) Watterson nasceu em 1958, em Washington, Estados Unidos. É o criador das histórias de Calvin, um garoto de 6 anos, e Haroldo, seu tigre de pelúcia. A primeira tira de Bill Watterson foi lançada em novembro de 1985. Com o sucesso de sua publicação diária, seus quadrinhos ganharam fama pelo mundo. Desenhista e escritor, Bill Watterson já recebeu muitos prêmios por seu trabalho. Ao lado, um autorretrato do artista.

Tiago Nepomuceno nasceu em Osasco (SP). Na Universidade Braz Cubas (Mogi das Cruzes, SP), graduou-se como tecnólogo em Web Designer. Desenha tiras, expressando sua visão e opinião do mundo atual, as quais publica em: <tiagonepomuceno.com.br>.

Fazenda

Nelson Angelo

água de beber
bica no quintal
sede de viver tudo
e o esquecer era tão normal
que o tempo parava
e a meninada
respirava o vento
até vir a noite
e os velhos falavam
coisas dessa vida
eu era criança
hoje é você
e no amanhã
nós

água de beber
bica no quintal
sede de viver tudo
e o esquecer era tão normal
que o tempo parava
tinha sabiá, tinha laranjeira
tinha manga-rosa
tinha o sol da manhã
e na despedida
tios na varanda
jipe na estrada
e o coração lá

Capa do disco *Geraes*, de Milton Nascimento.
Rio de Janeiro: Odeon, 1976.

NASCIMENTO, Milton. *Geraes*. Rio de Janeiro: EMI, 1976. Edições Musicais Tapajós Ltda. 1 CD.
Disponível em: <http://www.miltonnascimento.com.br/letras.php>. Acesso em: 11 fev. 2019.

Milton Nascimento nasceu no Rio de Janeiro, em 1942, e, aos 10 anos, mudou-se com seus pais adotivos para Minas Gerais. Cantor, compositor e músico de talento mundialmente reconhecido, recebeu vários prêmios internacionais por suas canções.

No CD *Geraes*, Milton Nascimento evoca imagens de Minas Gerais — como na música "Fazenda" — que trazem à lembrança sensações e emoções da infância.

Retratos

Roseana Murray

A avó

A avó tem cabelos muito brancos, curtos e lisos. Pouco cabelo. A pele é toda enrugada. Parece que já está virando árvore. O corpo também é pequeno. Ela toda parece um pássaro. Usa um xale de renda na cabeça e nas mãos carrega sempre um livro sagrado e cheiro de cebola. Tem passos miúdos. Às vezes parece orvalho. Já está quase desaparecendo, dá pra notar. Os olhos pousados em coisas distantes, invisíveis navios, alguma terra do lado de lá?

Reprodução/Acervo pessoal de Roseana Murray

O avô

O avô não tem a doçura da avó. É sério, grande, pesado. Talvez pareça um urso. Come a comida que a avó prepara e sente um grande sono. E dorme e sonha que é jovem, ardente, apaixonado. Como um jovem urso.

Reprodução/Acervo pessoal de Roseana Murray

Filipe Rocha/Arquivo da editora

O aniversário

Festa de aniversário é na casa da avó. Todos os primos juntos e os amigos da rua e da escola. Um bolo enorme, a roupa mais bonita, o maior sorriso. A avó, como um passarinho piando, pra lá e pra cá, toda felicidade. Mães e pais em conversas de gente grande. No final da festa, as roupas tortas, um cansaço bom, e o corpo indo, escorregando pro país do sono.

MURRAY, Roseana Kligerman. *Retratos*. 11. ed. Belo Horizonte: Miguilim, 2003. Adaptado.

Filipe Rocha/Arquivo da editora

Reprodução/Acervo pessoal de Roseana Murray

Divulgação/Acervo da autora

Roseana Kligerman Murray nasceu na cidade do Rio de Janeiro (RJ), em 1950. Escreveu diversos livros para jovens e crianças, muitos dos quais foram premiados. Seu primeiro livro de poesia para crianças, *Fardo de carinho*, foi publicado em 1980. São também de sua autoria: *Caixinha de música*, *Jardins*, *Todas as cores dentro do branco*, *Fruta no ponto*, *Manual da delicadeza*, entre outros. Atualmente, mora em Saquarema (RJ), com seu marido, Juan Arias.

Reprodução/Editora Miguilim

Capa do livro *Retratos*, de Roseana Murray, editora Miguilim.

Caipirinha

Tarsila do Amaral

Paris. 19 abr. 1923.

Sinto-me cada vez mais brasileira, quero ser a pintora da minha terra.

Como agradeço por ter passado na fazenda a minha infância toda. As reminiscências desse tempo vão se tornando preciosas para mim. Quero, na arte, ser a caipirinha de São Bernardo, brincando com bonecas de mato, como no último quadro que estou pintando.

Trecho de carta de Tarsila do Amaral à família, escrita em Paris, 19 de abril de 1923. In: ARANHA, Cecília; ACEDO, Rosane. *Encontro com Tarsila*. São Paulo: Minden, [s.d.]. p. 13.

Trecho de carta de Tarsila do Amaral à família. Paris, 19 abr. 1923.

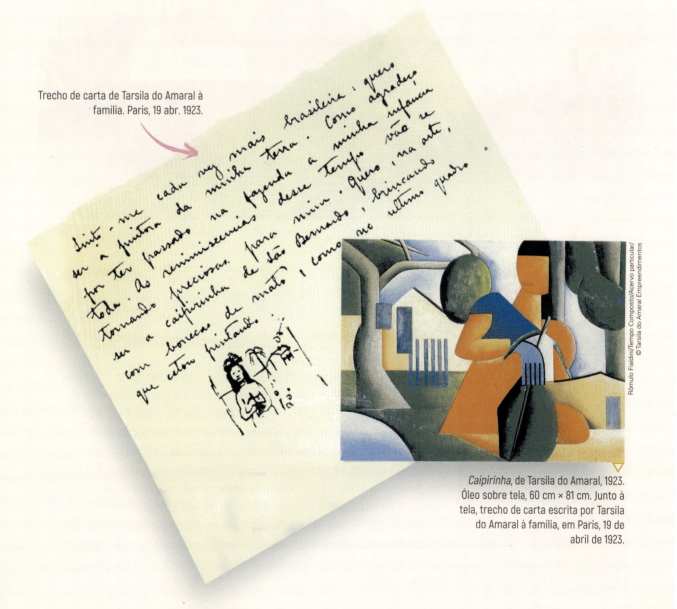

Rômulo Fialdini/Tempo Composto/Acervo particular/ © Tarsila do Amaral Empreendimentos

Caipirinha, de Tarsila do Amaral, 1923. Óleo sobre tela, 60 cm × 81 cm. Junto à tela, trecho de carta escrita por Tarsila do Amaral à família, em Paris, 19 de abril de 1923.

Paisagem com touro, de Tarsila do Amaral, 1925. Óleo sobre tela, 52 cm × 65 cm.

Tarsila do Amaral nasceu em 1886, na fazenda São Bernardo, no município de Capivari (SP). Passou a infância e a adolescência no campo. Pintou sua primeira tela, *Sagrado Coração de Jesus*, aos 16 anos. Em 1920, foi estudar pintura na Europa e, na volta ao Brasil, juntou-se aos artistas do Grupo Modernista, que haviam realizado a Semana de Arte Moderna de 1922, um evento feito para mostrar ao público uma nova ideia sobre arte no Brasil. Desse grupo, faziam parte, entre outros, os pintores Anita Malfatti e Di Cavalcanti e os escritores Oswald de Andrade, Mário de Andrade e Menotti del Picchia. A tela *Abaporu*, de Tarsila do Amaral, pintada em 1928, é um dos marcos do estilo artístico fundado por esses artistas, conhecido como Modernismo brasileiro. Tarsila morreu em São Paulo, em 1973.

Um pintor que escreve

Candido Portinari

[...]
Não tínhamos nenhum brinquedo
Comprado. Fabricamos
Nossos papagaios, piões,
Diabolô.
À noite de mãos livres e
pés ligeiros era pique,
barra-manteiga, cruzado.
Certas noites de céu estrelado
E lua, ficávamos deitados na
Grama da igreja de olhos presos
Por fios luminosos vindos do céu
era jogo de
Encantamento. No silêncio podíamos
Perceber o menor ruído
Hora do deslocamento dos
Pequenos lumes... Onde andam
Aqueles meninos, e aquele
Céu luminoso e de festa?

Felipe Mayerle/Arquivo da editora

Reprodução autorizada por João Candido Portinari/Imagem do acervo do Projeto Portinari

▷ *Meninos brincando*, de Candido Portinari, 1955. Óleo sobre tela, 60 cm × 72,5 cm.

Os medos desapareciam
Sem nada dizer nos recolhíamos
Tranquilos...

[...]
Poucos são aqueles a quem falo
e muitos me procuram
por nada. Se tivesse
continuado a soltar papagaio
Seria livre como as andorinhas
Não entenderia os homens
Teria pena deles e de mim
Saberia a vida do vento
E a época dos vaga-lumes
Com as suas lanterninhas.
Saberia as idades
Das nuvens e os dias de arco-íris.

Felipe Mayerle/Arquivo da editora

PORTINARI, Candido. *Poemas*. [s.l.]: Projeto Portinari, 1999. p. 29 e 69.

Arquivo do jornal O Estado de S. Paulo/Agência Estado

Candido Portinari nasceu em 1903, em Brodósqui (SP). Era filho de imigrantes italianos. Aos 15 anos foi para o Rio de Janeiro e matriculou-se na Escola Nacional de Belas-Artes. Em 1928 teve uma obra premiada com uma viagem ao exterior e partiu para Paris. Saudoso da pátria, decidiu voltar em 1931 e retratar em suas telas o povo brasileiro. Foi um dos principais representantes das novas tendências artísticas do país. Seus trabalhos estão espalhados pelo mundo todo. O painel *Guerra e paz*, na sede da ONU, em Nova York, é um exemplo. Em 1954, iniciaram-se os primeiros sintomas de intoxicação por tinta, o que lhe causaria a morte em 1962.

Lição de vida

Tostão

Terminei o curso primário com 10 para 11 anos, na escola Silviano Brandão, em Belo Horizonte. Na época, o sonho de todo menino era fazer o curso ginasial e científico em um colégio público. Além de gratuitos, eram os melhores da cidade. Por morar perto, tinha mais um motivo para estudar no Colégio Municipal.

Era muito difícil conseguir uma vaga. A maioria dos alunos estudava um ano para fazer a prova de admissão, que era muito difícil. Terminei o grupo, estudei bastante nas férias, durante três meses, fiz a prova e passei. Foi uma grande festa em minha casa.

Foi também uma grande mudança em minha vida. Além de o Colégio Municipal ser muito rígido, passei a ser tratado como adulto, bem diferente do grupo, quando havia uma relação familiar paternalista. Passei a ter grande responsabilidade, sem estar preparado para isso. Fiquei perdido, confuso e fui reprovado. [...]

Na época, além das matérias tradicionais, tínhamos aulas de canto, desenho, latim, trabalhos manuais e outras. Era obrigado a cantar e a escrever todo o Hino Nacional Brasileiro. Na matéria de trabalhos manuais, tinha de fazer cestas e muitas outras coisas. Minha habilidade era muito mais com os pés do que com as mãos.

Na disciplina de desenho, era proibido utilizar régua e compasso. Tudo desenhado à mão. O professor era o Mangabeira, foi ele quem criou os mascotes dos times mineiros. O Cruzeiro é a Raposa, o Atlético é o Galo e o América, o Coelho. Não imaginava, com 11 anos, que cinco anos depois estaria jogando no time principal da Raposa, passando antes pelo Coelho.

Tinha uma grande dificuldade em fazer os desenhos com a mão. Como precisava de muitos pontos para passar de ano, tentei enganar o professor. Na prova final, fiz o desenho com régua e compasso e passei o lápis por cima.

No dia da correção da prova, o professor Mangabeira chamou-me em sua mesa, com os alunos dentro da sala. Tremi. Fiquei vermelho, o coração disparou, e as mãos suavam. Ele olhou várias vezes para o desenho e para mim e disse: "O seu desenho é suspeito". Não aguentei. Chorei, confessei o crime e fui reprovado.

Foi uma grande lição. Depois disso, fiz quatro anos do curso ginasial no Municipal, três anos de científico no Estadual e mais seis anos na faculdade de Medicina, sem levar bomba. Modéstia à parte, passei a ser bom aluno. Mais que uma lição profissional, o episódio foi uma lição de vida, de integridade.

TOSTÃO. *Carta na escola*. São Paulo: Confiança, 2009. p. 66.

Eduardo Knapp/Folhapress

Eduardo Gonçalves de Andrade (Tostão) nasceu em Belo Horizonte (MG), em 1947. É ex-jogador de futebol, médico, comentarista esportivo e colunista em vários jornais. Começou a jogar quando criança e se tornou um grande jogador, conhecido internacionalmente.

"Ô de casa!"

Cora Coralina

[...]
Acontecia à noite, alta noite com chuva, frio ou lua clara,
passantes com cargueiros e família darem: "Ô, de casa..."
Meu avô era o primeiro a levantar, abrir a janela:
"Ô de fora... Tome chegada."
O chefe do comboio se adiantava:
"De passagem para o comércio levando cargas, a patroa perrengue,
mofina, pedia um encosto até 'demanhã'."
Mais, um fecho para os 'alimais'.
Meu avô abria a porta, franqueava a casa.
Tia Nhá-Bá, de candeia na mão, procurava a cozinha,
acompanhada de Ricarda sonolenta. Avivar o fogo, fazer café, a praxe,
Aquecer o leite. Meu avô ouvia as informações. Não especulava.
Oferecia acomodação, no dentro, quarto de hóspedes.
Quase sempre agradeciam. Se arrumavam ali mesmo no vasto alpendre coberto.
Descarregavam as mulas, encostavam a carga.
Tia Nhá-Bá comparecia, oferecia bacião de banho à dona, e aos meninos,
quitandas.

Simone Matias/Arquivo da editora

Aceitavam ou não. Queriam, só mais, aquele encosto,
estendiam os couros, baixeiros, arreatas, se encostavam.
Meu avô franqueava o paiol. Milho à vontade para os animais
de sela, de carga.
Eles acendiam fogo, se arranjavam naquele agasalho bondoso,
primitivo.
Levantávamos curiosas, afoitas, ver os passantes.
Acompanhá-los ao curral, oferecer as coisas da casa.
Ajoujavam os cargueiros, remetiam as bruacas nas cangalhas.
Faziam suas despedidas, pediam a conta das despesas.
Meu avô recusava qualquer pagamento — Lei da Hospitalidade.
Os camaradas já tinham feito o almoço lá deles. Já tinha madrugado
para as restantes cinco léguas. Convidava-se a demorar mais na volta.
Despediam-se em gratidão e repouso.
Era assim no antigamente, naqueles velhos reinos de Goiás.

CORALINA, Cora. *Vintém de cobre*: meias confissões de Aninha. 5. ed. São Paulo: Global, 1995. p. 79.

Ana Lins dos Guimarães Peixoto Bretãs (Cora Coralina) nasceu na cidade de Goiás (GO), em 1889. Filha de desembargador, casou-se e teve quatro filhos: Paraguassu, Cantídio Filho, Jacinta e Vicência, que lhe deram quinze netos e 29 bisnetos. Iniciou sua carreira literária aos 14 anos, publicando seu primeiro conto, "Tragédia na roça", em 1910. Mudou-se para o interior de São Paulo em 1911. Em 1954, voltou à sua cidade natal e foi morar na Casa Velha da Ponte, iniciando-se na atividade de doceira, que desenvolveu por mais de vinte anos. Seu primeiro livro de poesia, *Poemas dos becos de Goiás e estórias mais*, foi lançado em 1956. Em 1976, foi lançado *Meu livro de cordel* e, em 1983, *Vintém de cobre*. Cora Coralina faleceu em 1985.

Capa do livro *Vintém de cobre*, de Cora Coralina, editora Global, 1995.

O livro na minha vida

Thalita Rebouças

[...]

Do alto dos meus 14 anos estava na fase "ler é chato", convicta de que livros eram tediosos e só serviam para fazer provas — e olha que passei a infância devorando Ziraldo, Ruth Rocha e Mauricio de Sousa e a pré-adolescência entregue aos títulos da série Vaga-lume. Quando o professor de literatura mandou a turma ler *Feliz Ano Velho*, de Marcelo Rubens Paiva, a coisa mudou de figura.

Ao contrário do que acontecia quando o mestre indicava obras literárias, não torci o nariz. Achei o título diferente, fiquei louca para ler. A curiosidade foi saciada em poucas horas, o tempo que levou para que eu me encantasse com a história — que me fez rir, chorar, refletir e, mais importante: me fez gostar de livros de novo. Pra sempre. Valeu, Marcelo!

[...]

REBOUÇAS, Thalita. Disponível em: <oglobo.globo.com/cultura/livros/sete-autores-dethalita-reboucas-antonio-torres-revelam-os-livros-mais-importantes-em-suas-vidas-14395016#ixzz3K5SpjgI2>. Acesso em: jan. 2019.

Weberson Santiago/Arquivo da editora

Fábio Guinalz/Fotoarena

Thalita Rebouças nasceu no Rio de Janeiro (RJ), em 1974, e é um dos maiores fenômenos da literatura juvenil no Brasil. Em novembro de 2013 a escritora ultrapassou a incrível marca de 1 milhão e 500 mil livros vendidos.

Frequentou a faculdade de Direito durante dois anos, mas resolveu mudar para o curso de Jornalismo. Trabalhou como jornalista e assessora de imprensa no Rio de Janeiro, no Guarujá (SP) e em Nova York.

Em 2009 lançou seus primeiros livros em Portugal, que também foram traduzidos para a América Latina. Escreveu, entre outros livros, *Tudo por um* pop star, *Por que só as princesas se dão bem?*, *Traição entre amigas*, *Adultos sem filtro*.

Texto 12

O que eu vou ser

Leonardo Brasiliense

Minha mãe diz que quando era pequeno eu queria ser veterinário, por causa do Sansão, nosso cachorro na época, com quem eu brincava o dia inteiro. Depois, lá pelos sete, quis ser piloto de Fórmula 1. Disso eu me lembro bem: vivia com um carrinho na mão, montava pistas e acelerava como se estivesse dentro. E teve também a fase do basquete: passava as tardes jogando com a turma e tinha esperança de crescer e ficar mais alto que a média da família. Agora, não sei, mas acho tudo isso meio bobo. Vejo a NBA na TV e me canso. Troco de canal, vejo programa de bichinho, e acho infantil demais. Fórmula 1, então, um tédio, e troco de canal, troco de canal, troco de canal...

BRASILIENSE, Leonardo. *Adeus conto de fadas*. Rio de Janeiro: 7 Letras, 2007. p. 12.

Filipe Rocha/Arquivo da editora

Marcelo Brum/Acervo do escritor

Leonardo Brasiliense, gaúcho de São Gabriel (RS), nasceu em 1972. É formado em Medicina pela Universidade Federal de Santa Maria. Publicou *O desejo da psicanálise*, *Meu sonho acaba tarde*, *Desatino*, *Adeus conto de fadas*, *Olhos de morcego* e *Whatever*.

Capa do livro *Adeus conto de fadas*, de Leonardo Brasiliense, editora 7 Letras.

Reprodução/7 Letras

Infância
(A Abgar Renault)

Carlos Drummond de Andrade

Meu pai montava a cavalo, ia para o campo.
Minha mãe ficava sentada cosendo.
Meu irmão pequeno dormia.
Eu sozinho menino entre mangueiras
lia a história de Robinson Crusoé,
comprida história que não acaba mais.

No meio-dia branco de luz uma voz que aprendeu
a ninar nos longes da senzala — e nunca se esqueceu
chamava para o café.
Café preto que nem a preta velha

Filipe Mayerle/Arquivo da editora

café gostoso
café bom.

Minha mãe ficava sentada cosendo
olhando para mim:
— Psiu... Não acorde o menino.
Para o berço onde pousou um mosquito.
E dava um suspiro... que fundo!

Lá longe meu pai campeava
no mato sem fim da fazenda.

E eu não sabia que minha história
era mais bonita que a de Robinson Crusoé.

ANDRADE, Carlos Drummond de. *Antologia poética. Carlos Drummond de Andrade*. São Paulo: Companhia das Letras, 2015. p. 83. Graña Drummond – <www.carlosdrummond.com.br>.

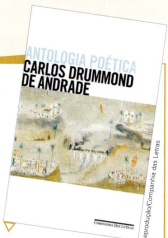

Carlos Drummond de Andrade nasceu em 1902 em Itabira (MG). Descendente de mineradores, passou a infância em uma fazenda em Itabira. Estudou em Belo Horizonte, onde se formou em Farmácia. Mudou-se para o Rio de Janeiro e lá trabalhou como jornalista profissional e funcionário público. Lançou sua primeira edição de poesias em 1930: *Alguma poesia*. Faleceu no Rio de Janeiro, em 1987. Suas obras foram publicadas em Portugal, Espanha, Alemanha, Suécia e Estados Unidos.

Capa do livro *Antologia poética*, de Carlos Drummond de Andrade, editora Companhia das Letras.

Aos poetas clássicos

Patativa do Assaré

Poetas niversitáro,
Poetas de Cademia,
De rico vocabularo
Cheio de mitologia;
Se a gente canta o que pensa,
Eu quero pedir licença,
Pois mesmo sem português
Neste livrinho apresento
O prazê e o sofrimento
De um poeta camponês.

Eu nasci aqui no mato,
Vivi sempre a trabaiá,
Neste meu pobre recato,
Eu não pude estudá.
No verdô de minha idade,
Só tive a felicidade
De dá um pequeno insaio
In dois livro do iscritô,
O famoso professo
Filisberto de Carvaio.

No premêro livro havia
Belas figuras na capa,
E no começo se lia:
A pá — O dedo do Papa,
Papa, pia, dedo, dado,
Pua, o pote de melado,
Dá-me o dado, a fera é má
E tantas coisa bonita,
Qui o meu coração parpita
Quando eu pego a rescordá.

Edson Ikê/Arquivo da editora

Foi os livro de valô
Mais maió que vi no mundo,
Apenas daquele autô
Li o premêro e o segundo;
Mas, porém, esta leitura
Me tirô da treva escura,
Mostrando o caminho certo,
Bastante me protegeu;
Eu juro que Jesus deu
Sarvação a Filisberto.

Depois que os dois livro eu li,
Fiquei me sintindo bem,
E ôtras coisinha aprendi
Sem tê lição de ninguém.
Na minha pobre linguage,
A minha lira servage
Canto o que minha arma sente
E o meu coração incerra,
As coisa de minha terra
E a vida de minha gente.

PATATIVA DO ASSARÉ. *Cante lá que eu canto cá*: filosofia de um
trovador nordestino. Petrópolis: Vozes, 1978. p. 17-18.

Antônio Gonçalves da Silva (Patativa do Assaré) nasceu em 1909, na Serra de Santana, pequena propriedade rural no município de Assaré, no sul do Ceará. Casado com dona Belinha, teve nove filhos. Tem diversos folhetos de cordel, além de poemas publicados em revistas e jornais. Seu primeiro livro foi lançado em 1956. Faleceu em 2002, aos 93 anos, em sua terra natal.

Capa do livro *Cante lá que eu
canto cá*, de Patativa do
Assaré, editora Vozes.

Os meninos morenos
Ziraldo

O Tejo é mais belo que o rio que corre pela minha aldeia.
Mas o Tejo não é mais belo que o rio
Que corre pela minha aldeia.
Porque o Tejo não é o rio que corre pela minha aldeia.

Estes versos são de um poema de Fernando Pessoa, quando ele se assina Alberto Caeiro e vira o poeta de sua província. Em Portugal, os poetas podem se referir à sua cidadezinha chamando-a de aldeia como os espanhóis chamam às suas de *pueblo*. No Brasil quando falamos "aldeia", por hábito e por costume, o que nos vem à cabeça são as pequenas povoações dos índios. Não temos, em português, uma boa palavra para se referir, com saudade, à cidadezinha onde nascemos, lembrando as curvas do seu rio.

Não dá para dizer, poeticamente, que estou com saudade do rio de meu arraial, do meu povoado, da minha vila, da minha pequena cidade, da minha cidadezinha, do lugar onde nasci... Não tem a força poética dos que falam espanhol. Eles não têm a palavra *saudade*, mas têm a palavra *pueblo*. Eu queria tanto sentir saudades do rio de *mi pueblo*.

Quando nasci, as cidades de minha infância eram exatos *pueblos*. E tinham rios. Mais belos do que o Tejo. Era bonito, ainda que mortal, o pequeno rio da minha primeira aldeia, o lugar onde nasci.

Era pouco mais do que um córrego, com belos remansos escondidos entre bambuzais, onde os meninos nadavam escondidos e morriam de esquistossomose, pois achávamos engraçadinhos os caramujos que vinham colados em nossas canelas, quando saíamos da água.

O rio da outra aldeia, este sim, era belo de verdade.

Corria por entre a mata densa e eram lindas as suas curvas, com as árvores debruçadas sobre seu leito. Tão grande quanto o Tejo, chamava-se Doce e dava lagostas. Minha avó gostava de pescar com os filhos nas suas margens. E dizia que não tinha sorte com peixes, que só sabia pescar lagostas. E falava: "Querem ver?". Aí, afundava a vara de seu anzol, remexia o fundo do rio, turvava a água e, em poucos segundos, saía com uma lagosta embolada na linha do anzol. "É fácil" — minha avó dizia. "Elas ficam distraídas, passeando lá no fundo."

Quero voltar ao Lajão. Lajão era o nome da vila à beira do rio Doce quando, comandada por meu avô, minha família se mudou para lá. Quero voltar porque preciso esclarecer tantas histórias. Ali vivi dos 3 aos 6 anos. Todas as lembranças são neblinosas e fora de ordem. A anta que, todas as tardes, atravessava a vila caminhando calmamente em direção ao rio é, na minha lembrança, uma mancha negra flutuando, em câmera lenta, numa nesga de luz. "A anta já passou?" — perguntavam. Sua passagem marcava as horas da tarde, seria a hora de servir o jantar? Mas o jantar estava sempre posto em cima do fogão, era só pegar o prato e se servir, o fogo estava sempre aceso e o feijão cozinhava sem parar.

ZIRALDO. *Os meninos morenos*.
São Paulo: Melhoramentos,
2004. p. 10-11.

Weberson Santiago/Arquivo da editora

Fábio Motta/Agência Estado

Ziraldo Alves Pinto nasceu em 1932, em Caratinga (MG). Filho de Zizinha Alves Pinto e Geraldo Moreira Alves Pinto, seu nome surgiu da combinação do nome dos pais. O mais velho de sete irmãos, Ziraldo formou-se em Direito em 1957, na Faculdade de Direito de Minas Gerais. Casou no ano seguinte com Vilma Gontijo, com quem teve três filhos: Daniela, Fabrizia e Antônio. Além de desenhista, é escritor, jornalista, chargista e pintor. Começou sua carreira em jornais e revistas. Lançou a primeira revista brasileira em quadrinhos feita por um só autor: *A turma do Pererê*. Em 1969 publicou seu primeiro livro infantil, *Flicts*. Em 1980, lançou *O Menino Maluquinho*, um grande sucesso, adaptado para teatro, quadrinhos, *videogame*, internet e cinema.

Reprodução/Editora Melhoramentos

Capa do livro *Os meninos morenos*, de Ziraldo, editora Melhoramentos, 2004.

Transplante de menina

Tatiana Belinky

Corria o ano de 1931. Aproximava-se a data do meu aniversário: eu ia completar 12 anos. Lá em Riga, nossos aniversários eram comemorados com animadas reuniões, no meio de uma grande família: avós, tios e tias, muitos primos e primas, a casa toda enfeitada, teatrinho feito por nós mesmos, jogos, cirandas, cantorias. E muitos presentes, muitos bolos e doces, e principalmente muito carinho e aconchego. A cadeira do aniversariante, na cabeceira da mesa, era decorada como um trono, com grinaldas e enfeites de papel, a criançada toda endomingada, ostentando chapéus de penacho e coroas de flores de crepom, tudo confeccionado por nossas próprias mãos. Eram eventos festivos, aguardados com palpitante antecipação, e registrados em fotografias feitas com "explosões" de magnésio, que faziam metade do grupo sair na foto de olhos fechados, e a outra, de olhos arregalados...

Mas os nossos primeiros aniversários no Brasil nem chegaram a ser comemorados, passaram "em branca nuvem", em meio à afobação e aos mil problemas da grande mudança. Assim, o dia dos meus 11 anos não teve festa. Mas agora eu ia fazer 12, e estava na Escola Americana, e morávamos numa casa bastante espaçosa, e eu tinha uma porção de coleguinhas — e achei que já poderia recebê-los. Achei, mas não falei nada: a proposta de fazer uma festinha para mim partiu dos meus pais, e eu, claro, fiquei muito contente. Eu deveria convidar alguns meninos e algumas meninas da minha classe, aqueles com quem me relacionava melhor, uns dez ou doze. Mamãe prepararia uma bonita mesa de doces e refrigerantes — uma extravagância, nas nossas condições econômicas. E eu e meu irmão faríamos a decoração com enfeites de papel, chapéus e bandeirolas, como fazíamos lá em Riga. E eu teria a minha primeira festa de aniversário no Brasil.

Dito e feito. Escrevi até convites, com letra caprichada, em cartões com vinhetas coloridas da minha própria lavra, e os entreguei aos colegas de classe, na escola, alguns dias antes do evento, encabulada e contente com a receptividade amável dos convidados.

Filipe Rocha/Arquivo da editora

Quando chegou o dia — era um sábado, dia sem aulas na Escola Americana — preparei tudo, enfeitei a sala, me "enchiquetei" com o primeiro vestido e o primeiro par de sapatos novos desde que chegamos a São Paulo, e esperei pelos meus convidados, ao lado da mesa toda decorada e cheia de guloseimas. Os convidados estavam demorando a chegar, mas já me haviam dito que no Brasil não se costuma chegar na hora, especialmente em festas — pontualidade também era "coisa de estrangeiros" —, então não me preocupei muito, apesar da natural impaciência. Só que a demora estava se prolongando, e uma hora depois da hora marcada ainda não chegara ninguém. Nem duas horas depois. E nem três. E a minha aflição aumentando, a angústia subindo como um nó na garganta, um aperto no coração... Resumindo, a triste e interminável tarde chegou ao fim, e anoiteceu, sem que aparecesse um só dos meus convidados, nem um único! Frustração, decepção, rejeição — essas foram as minhas companheiras naquele malfadado aniversário dos meus 12 anos. Eu não era de chorar, e diante dos meus aflitos pais, que não sabiam o que fazer para me ajudar naquele transe amargo, eu não podia "dar parte de fraca". Mas à noite, na minha cama, quando ninguém viu, chorei muito, sufocando as lágrimas no travesseiro. E no ano seguinte eu não quis festa nenhuma.

Este foi um dos grandes traumas de transição do meu primeiro ano no Brasil, na rua Jaguaribe. Felizmente foi também um dos últimos, senão o último, de tamanho impacto. Mas que me deixou uma "equimose" na alma, que custou muito a desaparecer.

BELINKY, Tatiana. *Transplante de menina*: da rua dos Navios à rua Jaguaribe. São Paulo: Moderna, 2003. p. 153-155.

Filipe Rocha/Arquivo da editora

Fábio Gunalz/Fotoarena

Tatiana Belinky nasceu em São Petersburgo, na Rússia, em 1919. Veio para o Brasil aos 10 anos. Naturalizou-se. Em 1949 começou a trabalhar com teatro infantil. Escreveu para a antiga TV Tupi os textos do teleteatro *O sítio do Pica-Pau Amarelo*, com base na obra de Monteiro Lobato. Eterna incentivadora da leitura, Tatiana fez participações em diversos seminários e simpósios sobre teatro e literatura infantojuvenis. Fez inúmeras traduções de obras literárias do inglês, do russo, do alemão e do francês. No livro *Transplante de menina*, Tatiana relatou vivências da época em que saiu de sua cidade natal, na Rússia, até chegar ao Brasil e procurar se adaptar ao clima, à língua, aos novos costumes e, principalmente, aos novos amigos. Faleceu em 2013, em São Paulo, aos 94 anos de idade.

Reprodução/Editora Moderna

Capa do livro *Transplante de menina*, de Tatiana Belinky, editora Moderna, 2003.

Laura
Graciliano Ramos

Aos 11 anos experimentei grave desarranjo. Atravessando uma porta, choquei no batente, senti dor aguda. Examinei-me, supus que tinha no peito dois tumores. Nasceram-me pelos, emagreci — e nos banhos coletivos do Paraíba envergonhei-me da nudez. Era como se o meu corpo se tivesse tornado impuro e feio de repente. Percebi nele vagas exigências, alarmei-me, pela primeira vez me comparei aos homens que se lavavam no rio.

Desejei avisar a família, consultar o Dr. Mota, cair de cama. Achava-me, porém, numa grande perplexidade. Nunca usara franqueza com meus parentes: não me consentiam expansões. Agora a timidez se exagerava, o caso me parecia inconfessável. E, se me atrevesse a falar ao Dr. Mota, ele iria dizer que o mal não tinha cura.

Refleti, afirmei que não estava doente nem precisava deitar-me. Era ruim deitar-me. Na loja, no colégio, na agência do correio, distraía-me; à noite ficava horas pensando maluqueiras, rolava no colchão, contava as pancadas do relógio da sala, buscava o sono debalde. Levantava-me, acendia a lâmpada de querosene, pegava um romance, estirava-me na rede, lia até cansar. O espírito fugia do livro: necessário reler páginas inteiras.

Inquietação inexplicável, depois meio explicável. O diagnóstico pouco a pouco se revelava, baseado em pedaços de conversas, lembranças de leituras, frases ambíguas que de chofre se esclareciam e me davam tremuras.

Aquilo ia passar: os outros rapazes certamente não viviam em tal desassossego. Mas a ansiedade aumentava, as horas de insônia dobravam-se, e de manhã o espelho me exibia olheiras fundas, uma cara murcha e pálida.

Recompus gradualmente o vestuário. Dispensava luxos, mas não sairia calçado em tamancos, metido em roupas de algodão, sem colarinho. Obtive um terno de casimira, chapéu de feltro, sapatos americanos, uma gravata vermelha. Não me animava a exigir mais de uma gravata: meu pai só me permitia, rigoroso, o suficiente. Isso bastava à minha representação — no colégio, no quinzenário, nas seções da Instrutora Viçosense, da Amor e Caridade, que me elegeu para segundo secretário. Foi então que vi Laura, num exame. Jovino Xavier fez-lhe perguntas comuns; notando-lhe a fortaleza, puxou por ela e declarou a análise sem jaça. Ouviu os discursos, recebeu os agradecimentos da professora e elogiou em demasia a inteligência e o progresso de Laura. Concordei. Invadiu-me súbita admiração, que em breve se mudou numa espécie de culto.

Simone Matias/Arquivo da editora

Mal percebi o rostinho moreno, as tranças negras, os olhos redondos e luminosos. O meu ideal de beleza estava nas donzelas finas, desbotadas, louras, que deslizavam à beira de lagos de folhetim, batidos pelos raios do luar, cruzados por cisnes vagarosos. Laura não possuía o azul e o ouro convencionais, mas dividia períodos, classificava orações com firmeza, trabalho em que as meninas vulgares em geral se espichavam. Imaginei-a compondo histórias curtas, a folhear o dicionário, entregue a ocupações semelhantes às minhas — e aproximei-a; encareci-lhe depois o mérito — e afastei-a. Se ela estivesse próxima, não me seria possível concluir a veneração que se ia maquinando. Situei-a além dos lagos azuis, considerei-a mais perfeita que as moças do folhetim.

[...]

RAMOS, Graciliano. *Infância (memórias)*. 9. ed. Rio de Janeiro: Record, 2003. p. 261-268.

Simone Matias/Arquivo da editora

Acervo UH/Folhapress

Graciliano Ramos nasceu em 1892, em Quebrangulo (AL). Era o primogênito de quinze filhos de um casal sertanejo. Passou parte da infância em Buíque, Pernambuco, e parte em Viçosa, Alagoas. Estudou em Maceió. Fez Jornalismo e Política, sendo prefeito da cidade alagoana de Palmeira dos Índios. Seu primeiro romance, *Caetés*, foi escrito em 1925. Preso em 1936 como subversivo, registrou o depoimento dessa experiência no livro *Memórias do cárcere*. Faleceu em 1953, no Rio de Janeiro.

Capa do livro *Infância*, de Graciliano Ramos, editora Record, 2003.

Reprodução/Editora Record

Meus pais

Gregorio Duvivier

O amor dos meus pais era poderoso — para mim, pelo menos, que era uma criança muito medrosa. Tinha medo de médico, de palhaço, de qualquer pessoa com muita maquiagem — Bozo, Vovó Mafalda, Hebe.

Quando meus pais se abraçavam, eu me aconchegava entre suas pernas e ia para longe de todos os perigos do mundo, de toda essa gente maquiada demais.

Gostava de viajar com eles, quando eles faziam *shows* pelo Brasil. Sentava na primeira fila e berrava de orgulho no final. Queria saber assobiar com os dedos, só pra fazer mais barulho.

Sabia o *show* de cor, especialmente uma parte em que eles contavam como tinham se conhecido.

Meu pai morava na rua Rumania, em Laranjeiras, quando minha mãe se mudou pra casinha da frente. Meu pai estudava sax. Minha mãe estudava canto. Começaram a fazer duetos — sem nunca terem se visto. Um dia, meu pai tomou coragem e atravessou a rua. Bateu na porta dela e deu no que deu. Tiveram três filhos. Gravaram dois discos. Construíram uma outra casa pra caberem os filhos e os discos.

Fomos muito felizes nessa casa. Minha mãe dava festas e jantares e saraus que enchiam a casa de música e alegria. Meu pai fez um estúdio no porão onde minha irmã e eu podíamos dormir no carpete, ouvindo ele compor. A piscina de dez metros quadrados tinha as dimensões do oceano Atlântico. Criamos no jardim muitos cachorros, alguns gatos, uma cabra, uma figueira, um limoeiro e um manacá muito cheiroso.

Um dia, estava dormindo no quarto e acordei com um quebra-quebra. Subi até a cozinha achando que era assalto. Os dois choravam, envergonhados. Foi a primeira vez que eu vi eles brigando. Meu pai desceu comigo e dormiu na minha cama. No meio da noite acho que ouvi ele chorar.

Não demorou pra que meu pai saísse de casa. Separados, tentaram ser amigos por muito tempo, e foram. Até que começaram a brigar pela casa que construíram juntos — quem construiu mais, quem construiu menos. Não sei quem está certo. Mas aprendi que as brigas de casal pertencem ao universo quântico. Duas pessoas falando coisas opostas podem estar igualmente certas — e frequentemente estão.

Acho que eles não vão gostar desta crônica. Vão dizer, com razão, que eu estou expondo uma questão de foro íntimo. Mas eu também não gostaria de participar das questões íntimas deles — então divido com vocês. Tudo o que eu queria era poder guardá-los no palco, tocando junto — infalíveis.

DUVIVIER, Gregorio. Meus pais. *Folha de S.Paulo*, São Paulo, 14 abr. 2014. Disponível em: <www1.folha.uol.com.br/colunas/gregorioduvivier/2014/04/1440143-meus-pais.shtml>. Acesso em: jan. 2019.

Ricardo Borges/Folhapress

Gregorio Duvivier é ator e escritor. Também é um dos criadores do portal de humor *Porta dos fundos*. Formado em Letras em 2008, começou a atuar aos 9 anos de idade, no curso de teatro Tablado. É autor de *Ligue os pontos — poemas de amor e big bang* e *Put some farofa*.

Lição de casa
(À Aurita)

Cineas Santos

Dia desses, parei num semáforo (sou do tempo em que isso era normal) e, num segundo, vi-me cercado por um enxame de garotos, quase todos do mesmo tope; todos eles da mesma cor: marrom--descaso. Obedecendo a uma hierarquia que desconheço, apenas um deles pediu-me "um trocado"; os outros, quietos, ficaram espiando. De repente, um deles adianta-se, saca do bolso uma flanelinha vermelha e, com ela, joga o bote certeiro: "Ajude uma criança, freguês! Só um real!". Decididamente, não sou o que se possa chamar de "freguês", tampouco necessito de flanelas.

A despeito disso, acabei comprando o pedacinho de pano amarrotado. Eu e D. Purcina sabemos por quê.

Menino ainda, morando em São Raimundo Nonato, presenciei uma cena que me marcaria para sempre. Numa manhã qualquer — naquela época, todas me pareciam iguais — passa um garoto entanguido vendendo lenha. A bem da verdade, não era lenha; era um simples feixe de gravetos de marmeleiro, coisa sem a menor serventia. Sem perguntar o preço, D. Purcina comprou-o. Seu Liberato, que a tudo assistira, cioso da sua autoridade de dono da casa, interpelou-a, com certa rispidez:

— Tá faltando lenha na casa?

— Não, respondeu minha velha.

— Tá sobrando dinheiro? — insistiu.

— Também não.

— Então, por que diabo você comprou essa porcaria?

Sem levantar a voz, D. Purcina explicou:

— Hoje esse garoto passa vendendo lenha; se ninguém comprar, amanhã passará pedindo esmolas; se ninguém der, depois de amanhã passará furtando o que encontrar pela frente. — E mais não disse porque mais não lhe foi perguntado.

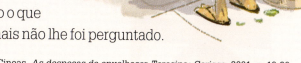

SANTOS, Cineas. *As despesas do envelhecer*. Teresina: Corisco, 2001. p. 19-20.

Cineas Santos nasceu em Campo Formoso, Caracol (PI), em 1948. É um competente cronista da literatura brasileira contemporânea. Suas crônicas encantam pela simplicidade e clareza. Revelam preocupação com a forma, pois Cineas também é professor de Língua Portuguesa e de Literatura Brasileira.

Capa do livro *As despesas do envelhecer*, de Cineas Santos, editora Corisco, 2001.

Catando piolhos, contando histórias

Daniel Munduruku

Sempre que chegava em casa, depois de um dia de muita correria pela aldeia e seus arredores, minha mãe mandava que eu fosse ao igarapé tomar um gostoso banho para tirar o suor do corpo. Dizia isso sem nenhuma obrigação. Apenas nos preparava para a noite que vinha. Dizia sempre que é preciso esperarmos a noite com o corpo limpo, perfumado. "A noite é como um véu que cobre a gente de beleza e felicidade", dizia, sem esconder a emoção. E nós, crianças ainda, corríamos para a beira do igarapé para lá brincar mais um pouco, até que o sol fosse engolido pela noite que se anunciava.

Depois do banho no rio, corríamos para casa, onde éramos recebidos com o saboroso alimento preparado por nossas mães. Assim, o dia passava mais uma vez e nos deixava com saudade do dia seguinte.

Nós — meus irmãos e eu — nos sentávamos então ao redor do fogo aceso no centro da casa para alimentar nosso corpo. Ali contávamos para todos os adultos presentes tudo o que havíamos feito durante o dia. Embora não parecesse, todos nos ouviam com atenção e respeito. Aquele era um exercício de participação na vida de nossa comunidade familiar.

Papai, em especial, dava toda a atenção ao que contávamos, perguntando coisas que nos faziam rir ou lamentar. Era uma forma muito carinhosa de nos ensinar o que precisávamos aprender.

Também mamãe ouvia atentamente, embora estivesse envolvida com os afazeres domésticos, sempre acompanhada por nossas irmãs. Todas elas sabiam que deveriam assim proceder para manter a harmonia de nosso lar.

MUNDURUKU, Daniel. *Catando piolhos, contando histórias*. São Paulo: Brinque-book, 2006. p. 7-8.

Daniel Munduruku nasceu em Belém, no Pará, em 1964. Pertence ao povo indígena Munduruku. Formado em Filosofia, mestre em Antropologia social e doutor em Educação pela USP, atua como escritor e professor. É autor de obras premiadas pela Fundação Nacional do Livro Infantil e Juvenil e recebeu menção honrosa da Unesco no Prêmio Literatura para Crianças e Jovens. Participa de palestras e seminários que visam destacar o papel da cultura indígena na formação da sociedade brasileira. Destaca-se como escritor na área da literatura infantil e é membro da Academia de Letras de Lorena.

Capa do livro *Catando piolhos, contando histórias*, de Daniel Munduruku, editora Brinque-Book, 2005.

Bibliografia

1. Livros

ABREU, Antônio Suárez. *Gramática mínima*: para o domínio da língua padrão. Cotia: Ateliê, 2003.

BAGNO, Marcos. *Gramática de bolso do português brasileiro*. São Paulo: Parábola, 2013.

_____. *Gramática pedagógica do português brasileiro*. São Paulo: Parábola, 2011.

_____. *Não é errado falar assim!*: em defesa do português brasileiro. São Paulo: Parábola, 2009.

_____. *Preconceito linguístico*. 54. ed. São Paulo: Loyola, 2011.

_____. *Sete erros aos quatro ventos*: a variação linguística no ensino de português. São Paulo: Parábola, 2013.

BAKHTIN, Mikhail. *Estética da criação verbal*. Tradução de Maria Ermantina G. G. Pereira. 2. ed. São Paulo: Martins Fontes, 1997.

_____. *Marxismo e filosofia da linguagem*. 16. ed. São Paulo: Hucitec, 2009.

BECHARA, Evanildo. *Moderna gramática portuguesa*. 38. ed. rev. e ampl. Rio de Janeiro: Nova Fronteira, 2015.

BORBA, Francisco da Silva. *Dicionário de usos do português do Brasil*. São Paulo: Ática, 2002.

BRANDÃO, Helena Nagamine (Coord.). *Gêneros do discurso na escola*: mito, conto, cordel, discurso político, divulgação científica. 5. ed. São Paulo: Cortez, 2012. (Aprender e Ensinar com Textos, v. 5).

BRASIL. Ministério da Educação. *Base Nacional Comum Curricular*. Educação é a base. Brasília, 2017.

_____. Ministério da Educação. Secretaria de Educação Fundamental. *Parâmetros Curriculares Nacionais*: terceiro e quarto ciclos do Ensino Fundamental — Língua Portuguesa. Brasília, 1998.

_____. Ministério da Educação. Secretaria de Educação Básica. *Plano de Desenvolvimento da Educação*: Prova Brasil — Ensino Fundamental: matrizes de referência, tópicos e descritores. Brasília, 2008.

CAMPS, Anna et al. *Propostas didáticas para aprender a escrever*. Tradução de Valério Campos. Porto Alegre: Artmed, 2006.

CARVALHO, Nelly. *O texto publicitário na sala de aula*. São Paulo: Contexto, 2014.

CASCUDO, Luís da Câmara. *Contos tradicionais do Brasil*. 11. ed. Rio de Janeiro: Ediouro, 1998.

CASTILHO, Ataliba T. de (Org.). *Gramática do português falado*. Campinas: Ed. da Unicamp, 2002. v. 3.

CASTILHO, Ataliba T. de. *Nova gramática do português brasileiro*. São Paulo: Contexto, 2012.

_____; ELIAS, Vanda Maria. *Pequena gramática do português brasileiro*. São Paulo: Contexto, 2012.

CITELLI, Adilson. *Linguagem e persuasão*. 16. ed. rev. e atual. São Paulo: Ática, 2004.

_____. *O texto argumentativo*. São Paulo: Scipione, 1994. (Ponto de Apoio).

COELHO, Nelly N. *Literatura infantil*. São Paulo: Ática, 1997.

COLL, César et al. *Os conteúdos na reforma*: ensino e aprendizagem de conceitos, procedimentos e atitudes. Tradução de Beatriz Affonso Neves. Porto Alegre: Artmed, 1998.

COLOMER, Teresa. *Andar entre livros*: a leitura literária na escola. São Paulo: Global, 2007.

COSTA, Sérgio Roberto. *Dicionário de gêneros textuais*. Belo Horizonte: Autêntica, 2008.

CUNHA, Celso; CINTRA, Luís F. Lindley. *Nova gramática do português contemporâneo*. 6. ed. Rio de Janeiro: Lexikon, 2013.

DIONÍSIO, Ângela P.; MACHADO, Anna R.; BEZERRA, Maria A. (Org.). *Gêneros textuais e ensino*. São Paulo: Parábola, 2010. (Estratégias de Ensino).

ELIAS, Vanda Maria (Org.). *Ensino de língua portuguesa*: oralidade, escrita e leitura. São Paulo: Contexto, 2014.

FÁVERO, Leonor Lopes. *Coesão e coerência textuais*. 9. ed. São Paulo: Ática, 2002.

_____; ANDRADE, Maria Lúcia C. V. O.; AQUINO, Zilda G. O. *Oralidade e escrita*: perspectivas para o ensino da língua materna. 8. ed. São Paulo: Cortez, 2012.

FAZENDA, Ivani C. A. *Dicionário em construção*: interdisciplinaridade. 2. ed. São Paulo: Cortez, 2002.

HERNÁNDEZ, Fernando. *Transgressão e mudança na educação*: os projetos de trabalho. Porto Alegre: Artmed, 1998.

HOFFMANN, Jussara. *Avaliação*: mito & desafio — uma perspectiva construtivista. Porto Alegre: Mediação, 2008. p. 57.

_____; JANSSEN, Felipe da Silva; ESTEBAN, Maria Teresa (Org.). *Práticas avaliativas e aprendizagens significativas em diferentes áreas do currículo*. 6. ed. Porto Alegre: Mediação, 2008.

ILARI, Rodolfo (Org.). *Gramática do português falado*. Campinas: Ed. da Unicamp, 1992.

ILARI, Rodolfo. *Introdução à semântica*: brincando com a gramática. São Paulo: Contexto, 2001.

_____. *Introdução ao estudo do léxico*: brincando com as palavras. São Paulo: Contexto, 2002.

_____; BASSO, Renato. *O português da gente*: a língua que estudamos, a língua que falamos. 2. ed. São Paulo: Contexto, 2012.

KLEIMAN, Angela. *Leitura*: ensino e pesquisa. 2. ed. Campinas: Pontes, 1996.

_____. *Oficina de leitura*: teoria e prática. 14. ed. Campinas: Pontes, 2012.

_____. *Os significados do letramento*: uma nova perspectiva sobre a prática social da escrita. Campinas: Mercado de Letras, 1995.

_____. *Texto e leitor*: aspectos cognitivos da leitura. 9. ed. Campinas: Pontes, 2005.

KLEIMAN, Angela; MORAES, Silvia. *Leitura e interdisciplinaridade:* tecendo redes nos projetos da escola. Campinas: Mercado de Letras, 1999.

_____; SEPÚLVEDA, Cida. *Oficina de gramática:* metalinguagem para principiantes. Campinas: Pontes, 2012.

KOCH, Ingedore Villaça. *A coesão textual.* 17. ed. São Paulo: Contexto, 2002.

_____. *As tramas do texto.* 2. ed. São Paulo: Contexto, 2014.

_____. *Desvendando os segredos do texto.* São Paulo: Cortez, 2002.

_____. *O texto e a construção dos sentidos.* 9. ed. São Paulo: Contexto, 2007.

_____. *Texto e coerência.* 13. ed. São Paulo: Cortez, 2011.

_____; ELIAS, Vanda Maria. *Escrever e argumentar.* São Paulo: Contexto, 2016.

_____; ELIAS, Vanda Maria. *Ler e compreender os sentidos do texto.* São Paulo: Contexto, 2006.

_____; ELIAS, Vanda Maria. *Ler e escrever:* estratégias de produção textual. 2. ed. São Paulo: Contexto, 2011.

_____; TRAVAGLIA, Luiz C. *A coerência textual.* 16. ed. São Paulo: Contexto, 1990.

_____; VILELA, Mário. *Gramática da língua portuguesa:* gramática da palavra, gramática da frase, gramática do texto/discurso. Porto: Almedina, 2001.

KOUDELA, I. D. *Ciências humanas em revista.* São Luís, v. 3, n. 2, dez. 2005.

LAGE, Nilson. *Estrutura da notícia.* 5. ed. São Paulo: Ática, 2002. (Série Princípios).

LERNER, Délia. *Ler e escrever na escola:* o real, o possível e o necessário. Porto Alegre: Artmed, 2002.

MACHADO, Irene A. *Literatura e redação:* os gêneros literários e a tradição oral. São Paulo: Scipione, 1994.

MARCUSCHI, Luiz Antônio. *Análise da conversação.* 6. ed. São Paulo: Ática, 2007. (Série Princípios).

_____. *Da fala para a escrita:* atividades de retextualização. 8. ed. São Paulo: Cortez, 2007.

_____. *Produção textual, análise de gêneros e compreensão.* São Paulo: Parábola, 2008.

_____; XAVIER, Antônio Carlos (Org.). *Hipertexto e gêneros digitais:* novas formas de construção de sentido. 3. ed. São Paulo: Cortez, 2010.

MARQUESI, Sueli Cristina; PAULIUKONIS, Aparecida Lino; ELIAS, Vanda Maria. *Linguística textual e ensino.* São Paulo: Contexto, 2017.

MORAIS, Artur Gomes de. *Ortografia:* ensinar e aprender. São Paulo: Ática, 2000.

MORAIS, José de. *A arte de ler.* São Paulo: Ed. da Unesp, 1996.

NEVES, Maria Helena de Moura. *Gramática de usos do português.* 2. ed. São Paulo: Ed. da Unesp, 2000.

_____. *Que gramática estudar na escola?:* norma e uso na língua portuguesa. 3. ed. São Paulo: Contexto, 2008.

NOVAK, J. D.; GOWIN, D. B. *Aprendiendo a aprender.* Barcelona: Martínez Roca, 1988.

OTHERO, Gabriel de Ávila. *Mitos de linguagem.* São Paulo: Parábola, 2015.

PALO, Maria José; OLIVEIRA, Maria Rosa. *Literatura infantil:* voz de criança. 3. ed. São Paulo: Ática, 2003.

PEÑA, Antonio Ontoria. *Mapas conceituais.* São Paulo: Loyola, 2006.

_____ et al. *Aprender com mapas mentais.* 3. ed. São Paulo: Madras, 2008.

PRETI, Dino. *A gíria e outros temas.* São Paulo: Edusp, 1984.

RANGEL, Egon de Oliveira; ROJO, Roxane (Coord.). *Língua Portuguesa:* Ensino Fundamental. Brasília: Ministério da Educação/Secretaria da Educação Básica, 2007. (Explorando o Ensino, v. 19).

ROJO, Roxane (Org.). *A prática da linguagem em sala de aula:* praticando os PCN. São Paulo: Educ; Campinas: Mercado de Letras, 2001.

_____; MOURA, Eduardo (Org.). *Multiletramentos na escola.* São Paulo: Parábola, 2012.

SANTAELLA, Lucia. *Por que as comunicações e as artes estão convergindo?.* São Paulo: Paulus, 2005.

SANT'ANNA, Afonso Romano de. *Paródia, paráfrase & cia.* 5. ed. São Paulo: Ática, 1995.

SCHNEUWLY, Bernard; DOLZ, Joaquim. Os gêneros escolares: das práticas de linguagem aos objetos de ensino. In: ROJO, Roxane; CORDEIRO, Glaís Sales (Org.). *Gêneros orais e escritos na escola.* Tradução de Roxane Rojo e Glaís Sales Cordeiro. Campinas: Mercado de Letras, 2004.

SOARES, Magda. *Alfabetização e letramento.* São Paulo: Contexto, 2003.

SOLÉ, Isabel. *Estratégias de leitura.* Tradução de Cláudia Schilling. 6. ed. Porto Alegre: Artmed, 1998.

TRAVAGLIA, Luiz Carlos. *Gramática e interação:* uma proposta para o ensino de gramática no 1º e 2º graus. 2. ed. São Paulo: Cortez, 2005.

_____. *Gramática:* ensino plural. 5. ed. São Paulo: Cortez, 2011.

VYGOTSKY, L. S. *Pensamento e linguagem.* 4. ed. São Paulo: Martins Fontes, 2008.

2. *Sites*

Base Nacional Comum Curricular (BNCC): <http://basenacionalcomum.mec.gov.br/>.

Centro de Referência em Educação Mário Covas: <www.crmariocovas.sp.gov.br>.

Ministério da Educação (Secretaria de Educação Básica): <http://portal.mec.gov.br/seb/arquivos/pdf/Ensfund/noveanorienger>.

Portal do Professor: <http://portaldoprofessor.mec.gov.br/index.html>.

Revista *Nova Escola:* <https://novaescola.org.br>.

Todos pela Educação: <www.todospelaeducacao.org.br>.

(Acessos em: 25 set. 2018.)